AH(AI+humanism) 시대

생각 혁명에 리부팅하라!

AH(AI+humanism) 시대

생각 혁명에 리부팅(Rebooting)하라!

글 안정애

도서출판
곰단지

머리말

변화의 AH 시대, 마음의 알아차림으로 길을 찾다

예측은 하나, 미래는 불투명하다. 살아가는 동안 여러 장애에 부딪힌다. 인공지능(AI) 시대 고도의 지식과 정보를 갖고 사는 현대인은 힘들다. AI 시대에 전원이 없다면 모두 허사이다. 이에 AI는 인간(humanism)과 연결되어야 한다. AI가 대체할 수 없는 점은 인간다움 중심에 감정을 이해, 조율, 공감하는 능력이다. 인공지능과 인간을 합성한 첫 글자 AH 시대라 통칭한다. 이런 시대 정신에 깨어있지 않으면 갈등하고 딜레마에 빠지며 패닉(panic)상태에 놓일 것이다. 진정한 나를 찾으려 모두 갈망한다. 그러면 과연 무엇을 먼저 챙겨야 할까? 나라는 중심 마음에 알아차림이 중요하다. 외부가 아닌 내면에 투사된 바로 나 자신 마음이다.

AI의 환경과 극한의 개인화 호명(呼名) 시대를 살아가는 핵 인간화! 시대 호명에 각자도생으로 살아간다. 디지털 환경과 권위주의 몰락과 집단 지성 해체로 인해 엄청난 속도의 새 룰(RULE)이 생성된다. 이런 시대 예보로 인해 같은 내용을 보고 들어도 해석과 수용의 양상은 천차만별이다.

과연, 이러한 생활환경과 문화적 경향에서 살아내어야 하는 삶 앞에 인식 멘탈 이미지에 대한 혜안의 몫과 반응은 바로 자신이다.

어떻게 하면 마음의 안락과 평안, 행복과 좋은 기운을 줄 것임에 핵심 가치를 두고 필자는 마치 거울을 보듯 풀어가고 있다.

세 장으로 구성된 알토란 정보이다.

단세포적인 핵 개인화에 노출된 MZ 세대와 알파 세대에게 아주 적합한 삶의 길라잡이다. 인간은 사회적 동물이라 혼자서는 삶을 영위할 수 없다. 이 배경에 인생을 바라보는 관점과 시각에 도움을 줄 좋은 지침서이다.

시인 김춘수님의 글귀처럼 이름을 불러주기 전 한낱 몸짓에 불과했던 미진한 존재가 자신이 우주라는 존재감을 부각할 때, AH 시대! 인공지능과 인간과의 공존은 생각 혁명에 리부팅이 되어 독수리 같은 도약과 비상을 가져올 것이다.

2025년 10월

안정애

차례

머리말 : 변화의 AH 시대, 마음의 알아차림으로 길을 찾다 ·············· 4

제1장 지금, 여기

생각 혁명에 리부팅하라! ··· 15
    Reboot to the thought revolution!

시대 예보, 호명(呼名)되길 원한다 ·· 18
    The forecast of the times, I want to be called.

질문하는 자! 행복하다 ·· 21
    AI Era, Questioner! I'm happy

AI 시대, 성인 문해력 증진 방안 ··· 24
    How to improve adult literacy in the digital age

살아낼 날을 위한 메신저 ··· 27
    A messenger for the day to live

꽃잔디의 평안을… ·· 30
    The peace of the flower grass

사람이 미래다 ·· 33
    Man is the future.

기대와 실망 사이에서… ·· 36
    Between anticipation and disappointment

직관과 통찰… ·· 39
    Intuitive and insight…

침묵의 향유 ··· 42
    The enjoyment of silence

백년 인생 ·· 45
    A hundred years of life

요노 시대를 사는 지혜 · 48
Wisdom to live in the era of Yono

내향성 경제인의 봄날은… · 51
The spring day of introverted businessmen

익숙함에서의 결별 · 54
Breakaway from familiarity

자신의 브랜드다 · 57
It's his own brand.

비둘기같이 순결하고 뱀처럼 지혜로이… · · · · · · · · · · · · · · · · 60
Purity like a pigeon and wisdom like a snake

인생은 계속 흘러간다. 오블라디 오블라다 · · · · · · · · · · · · · 63
Ob-La-Di Ob-La-Da

경제 & 정치, 리뉴얼 시대 · 66
Economy and Politics! Renewal Era

서사가 없는 오늘의 시대 · 69
Today's Times Without a Narrative

사랑한다는 것은… · 72
I love you…

세대 간, 살아내기 비법 · 75
The secret to intergenerational survival

플랫폼, 연결 힘 · 78
Platform, connectivity

인정투쟁과 적정 기술 · 81
Struggle for recognition and appropriate skills

미래 생존전략! 실천만이… · 84
Future survival. Only strategy practice

확증 편향적 사고에서 멀어져가기 · 87
Stepping away from confirmation-biased thinking

오늘에 눈부시도록 살아라! · 90
Live brilliantly today!

광속의 변화 정접에서… 93
　　At the tangent of the change of the speed of light

관찰과 성찰 전략 96
　　Observation and Reflection Strategies

나답게 살아서 살아내기… 99
　　Living as I am

하루 경영 102
　　One-day management

나노 자아와 평균 실종! 105
　　Nano-Ego and Mean Missing!

새로운 세대 환영해요 108
　　Welcome, New generation

시간의 알고리즘을 선물하라! 110
　　Present the algorithm of time!

생각을 넘어 생각 너머로… 114
　　Beyond your thoughts, beyond your thoughts!

제2장 좋은 생각, 좋은 삶

좋은 생각, 좋은 삶 119
　　A good idea. A good life

중독 경제 시대의 생존 기법 122
　　Survival Techniques in the Age of Addiction Economy

사랑은 위대하다 125
　　Love is great.

디지털 시대는 문해력이 필수! 128
　　Literacy is essential in the digital age

알파 세대가 온다 131
　　The alpha generation is coming.

무엇을 갈망하느냐가 그 사람이다 ………………………… 134
　　What he craves is him.

마처 세대의 자세 ……………………………………………… 137
　　End and First Generation Posture

규율과 성과의 시대 …………………………………………… 140
　　An age of discipline and performance

초록, 초록 들판에서… ………………………………………… 143
　　In the green field

감정, 그 알아차림 ……………………………………………… 146
　　Emotions, that perception

꽃비 오던 날, 그대를… ………………………………………… 149
　　On the day of flower rain, you…

하이프 커넥트 시대, 집중은! ………………………………… 152
　　In the era of Hype Connect, focus is!

귀티 나는 인생, 건강한 질투에서 …………………………… 155
　　Out of a glaring life, healthy jealousy

질문의 능력에서… ……………………………………………… 158
　　In the capacity of questioning

인간의 품격! 아우라… ………………………………………… 161
　　Human dignity! Aura…

변화는 유일한 상수다 ………………………………………… 164
　　Change is the only constant.

디지로그의 영성으로… ………………………………………… 167
　　With his spiritual nature

바람의 블루오션 ………………………………………………… 170
　　The wind's blue-ocean

인생의 스크래치가 그 사람을 세운다 ……………………… 173
　　The scratch of life sets him up.

좌로도 우로도 아닌 경계에서 꽃핀다 ……………………… 176
　　It blooms at the border, not at the left or right.

보이지 않는 것이 더 소중하다 ··· 179
　What is invisible is more precious.

조화로운 접점에서 지혜로운 경계를! ·· 182
　From a harmonious point of contact to a wise boundary!

꿈꾸지 않으면 사는 게 아니리! ··· 185
　If you don't dream, you don't live!

VUCA 시대의 학습법! ··· 188
　How to Learn in the VUCA Era

난 너로 인해 행복하고, 넌 나로 인하여 더 좋아 ······················· 191
　I'm happy because of you, and you're better because of me

좋은 말하기 훈련 ·· 194
　Training to say good things

환경 사랑과 안전 행복 더하기 ··· 197
　Add environmental love and safety happiness

맑음으로 사는 자세, 나 세워가기 ·· 200
　The attitude of living in a clear way, standing up for me

제3장 행복, 발견의 기쁨에서

행복, 그 발견의 기쁨에서··· ·· 205
　Happiness, from the joy of the discovery

힙(hip)하게··· ·· 208
　Individualistic and progressive disposition

순박한 마음으로··· ··· 212
　With an innocent heart

나만의 리즈는! ·· 215
　My own unspoken rizz···

성공하는 인생, 섬김! ·· 218
　Successful Life, Serving!

오매! 단풍 보니, 설렌다오! Looking at the autumn leaves, I'm excited.	221
다정함의 과학! The science of tenderness!	224
맨스플레인, 꼰대질! Mansplain, old man!	227
마음 도둑에서 살아남기 Surviving a heart thief…	230
두려운 설렘에 반응하기 Reacting to the dreaded excitement	233
1%의 비밀, 자존감의 미래 The Secret of 1%, the Future of Self-esteem	236
산다는 것, 물 드는 일이다 To live is to be colored	239
밥상 모임 Social Dinning	241
아름다운 일상 A beautiful daily life	244
배우며 사랑하며… Learning and loving	247
사랑의 힘, 질문하는 능력 The power of love, the ability to ask questions	250
미래 교육! 키워드는 왜! 이다 Future education! Keyword is "Why!"	253
단순한 것이 아름답다 The simple is beautiful.	256
모든 경계에는 꽃이… All boundaries have flowers…	259
안목계좌(眼目計座) 지수 & 정서계좌(情緒計座) 지수 Accumulating the Anim Account Index & Emotional Account Index	262

길이 끝나는 곳에 또 길은··· 265
　　Even at the end of the road, there is another road

새 행복 추구론 268
　　The pursuit of new happiness

최고의 나, 발견 기술 271
　　The best me, discovery technology

한 번도 하지 않은 일 하기 274
　　Doing something you've never done before

결혼! 쉬어서 가기 277
　　Marriage! Take a break and go

노마드 시대, 성품으로 리더하기! 280
　　Nomad era! Being a leader with character

놀이 인간! 지금, 이 순간··· 283
　　Playman, right now!

자신을 쓸모 있게 가꾸기 286
　　Making yourself useful

너 늙어 봤나, 나 젊어 봤다 289
　　Have you ever been old, I've been young.

제1장

지금, 여기

"현재를 즐겨라" 혹 "오늘을 붙잡아라"라는 뜻!
카르페디엠(Carpe Diem).
미래에 대한 걱정이나 과거의 후회 대신
"지금 이 순간"을 소중히 여기며 살아가는 삶의 태도…
카르페디엠을 부르짖어 본다.

생각 혁명에 리부팅하라!

Reboot to the thought revolution!

풀벌레 소리가 마치 가을 밤하늘의 별빛처럼 청아하고 쟁쟁히 밝게 들린다. 바람에 흐느끼는 촛불과도 같은 신세로 사는 초 현대인의 일상이다. 최근 한미일 다자 외교에 연동해 북·중·러 협상이다. 디지털 인공지능(AI) 시대의 급물살과 기후 위기로 인한 지구생태계, 저출산 고령화의 흐름에서 우리는 지금 무엇을 어떻게 준비해야 하냐에 초점을 맞춘다. 새 정부 각료 중 가장 중요한 교육부 장관 지명을 위한 추천에 잡음이 많다. 잠시 중국으로 눈을 돌려본다. 중국 베이징의 초중고는 가을학기부터 인공지능 커리큘럼을 전면 도입해 AI 교육을 8시간 이상 편성하고 베이징시 교육위원회는 학생 교사 AI 사이의 3각 학습모델을 만들겠다고 한다. 광동성에서는 단계적 AI 교육을 화이진핑 교육부 장관이 선두에 선다. 그분은 올해 AI 교육백서를 만들고 학교에서 딥시크와 휴머노이드를 어떻게 활용하는지 AR(증강현실) 교실을 어떻게 만들 것인지 중지를 모은다고 한다. 과연 우리가 지지하는 미래 교육을 일임할 분은 어떠한 분을 추천할지 고민해본다. 우리가 나아가야 할 글로벌 K-한국은 어디에 목표를 두어야 할까? 지금도 세계 도처에는 전쟁이 한창이다. 가자지구도 그러하고 우크라이나와 러시아 상황이 여전하다. 이러한 나라들 못지않게 휴전인 우리나라 역시 유사한 불안을 내려놓지 못한다. 하지만 긍정으로 살피며 좋은 희망 고문을 하면서 위로하며 삶을 꾸려간다. 잠시 나라 밖 글로벌 채널에 시선이 간다. 최근 보도에 따르면 올해 우리나라와 일본이 가장 더운 여름을 보냈다고 한다. 볼리비아에서는 비트코인으로 상거래를 하는 실정이고 네덜란드는 주 4일 근무임에도 불구하고 높은 생산성을 자랑하며 관세로 물가가 높아진 미국에서는 중고 거래 시장이 활기를 띤다. 일본 NHK 월드는 파키스탄인이 할랄푸드와 일식을 접목해 대박 난 스토리를 특별 방송으로 방영한다. 이러한 배경은 모두 기후와 날씨와 연관해 그 꼭지를 가져와 글로벌 스케일로 내보낸다. 싱가포르 CNA 방송은 아시아 허브 채널답게 뉴스를 송출하고 세계를 리더하고 지배하는 듯하다. 굵직한 CNN, BBC 방송사도 마찬가지이다. 지구 위성 사진 앞에서 전 세계 위성 상황을 전한다. 우리나라 채널 경우는 헤드라인은 정치 이야기로 시작한다. 이미 새 정부는 출발했다. 이 상황에서 개선할 것과 긍정적인 면에 부각되는 것에 치중했으면 한다. 지난 정권에 대한 제압적 모습에서는 서서히 정리했으면 한다.

저출산 고령화에는 다양한 정책과 제안을 수용하고 이민자들의 폭넓은 인식과 혜안을 수용해야 한다. 다양한 가족 형태와 출산도 인정하고 이민정책에 대한 인식 제고이다. 여성의 사회 진출로 인해 만혼에 대한 배려와 출산을 위한 행 재정적인 지원이 절실하다. 이에 따른 정책에 밀레니엄 MZ세대 토론의 장을 기대한다. 가정, 일, 자녀 양육 양립에 따른 인식 개선에 조율하고 지원할 정부의 현실적 방안이다. 혁신적이고 글로벌적인 사고와 폭넓은 마인드로 미래를 준비해야 한다. 다양한 리스크에 대응할 방대한 제도적 손길이다. 같은 나라이지만 한 곳에서는 수해로 강릉은 가뭄으로 인해 고통에 시달린다. 의대만을 고집하는 마인드를 과학으로 눈을 돌릴 교육 혁신이 절실하다. 이러한 역동적인 시급한 의식 체계로 전환해 부족 정치를 보완하고 소소히 머물기 보가 원대하고 광대한 생각혁명에 리부팅이 되길 바란다. 맑고 밝은 밤하늘의 별들이라도 풍전등화 촛불인 양 살아남아야만 회생이 되는 것이다.

그리하여 VUCA 시대[1])에 적응하고 살아남(Survivable)을 것이고 회복(Revival)이 될 것이다. 지금, 당장 행동하자. 생각 혁명에 깨어있자.

---

1) 변동성(Volatility), 불확실성(Uncertainty), 복잡성(Complexity), 모호성(Ambiguity)의 앞 글자 VUCA를 지칭

시대 예보, 호명(呼名)되길 원한다

The forecast of the times, I want to be called.

호명 시대(呼名 時代)를 살아가는 핵 개인화 시대이다. 디지털 환경과 비대면 사회로 인해 흩어져 홀로서기에 익숙해져 가고 있다. 권위주의 몰락과 집단지성 해체로 인해 엄청난 속도로 새 규칙 안에 움직임이 보인다. 이러한 시대 예보로 인해 같은 내용을 들어도 해석하고 받아 주는 양상이 지리멸렬하고 통탄할 만 한 일로 확연히 다르게 수용된다. 과연, 이러한 생활환경과 문화적 성향에서 그래도 살만하고 살아내어야 하는 여건 속에 인생 행로를 멋지게 가꾸는 길을 모색해 나가야 한다. 과연 어떻게 하면 마음의 안락과 평안, 행복하고 좋은 기운과 행운을 줄 조건과 상황을 연출할 것인지 알아보고자 한다.

이미 우리는 인지하지 못해도 김춘수 시인의 「꽃」이라는 시에서 배움을 해 왔다. "내가 그의 이름을 불러주기 전에 그는 다만 하나의 몸짓에 지나지 않았다" -중략- 마지막 연에 보면 "우리는 모두 무엇이 되고 싶어 한다. 너는 나에게 나는 너에게 잊히지 않은 하나의 눈짓이 되고 싶다." 여기서 보면 이름을 불러주고 내가 그에게 이름이 불린 상태일 때 역사는 이뤄지게 된다. 이름을 불러주었을 때, 즉 호명할 때 생각 호명으로 다가와 연결되고 행운을 여는 고리가 된다.

요즘은 관공서나 어디를 가도 호칭을 선생님이란 용어를 자주 듣고 하게 된다. 42여 년의 교직 경험으로 인해 자연스럽게 들어왔고 필자

지신도 아무렇지도 않게 쉽게 하는 용어이다. 굳이 여기서 구분하자면 Teacher(교사)라기보다 Sir(예의를 갖추어 상대를 부르는 존칭어)라는 호칭으로 알고 있다. 그러나 호명될 때 아직은 전자에 대한 의식으로 인식하는 분이 있다. 세밀한 차이를 알아가야 하지 못하는 시대적 착오이다. 사회의 중추적 역할에 임하는 2030 세대들의 활약이 주류이다. 그들은 아주 공정하고 현명하고 계산이 빠르고 대다수가 스마트하고 이성적이다. 충분히 이해된다. 학교에서 그렇게 배웠고 또 그리해야 한다. 지금 언론에서 이루어지는 각종 뉴스나 사건의 요지를 보면 그러한 문화적 흐름에 둔감하여 온 결과물이다. 지난 정부 중추인물들의 오류가 이러한 거름망에서 바라보았을 때 잘못이고 오류이다. 원칙과 근거 하에서 당연하고도 바람직한 시대 예보의 문제이다. 원칙과 공정 아래 이루어진 개정 교육과정 안에서 공부한 아이들이 지금 변호사 판사의 시각에서 바라보았을 때 당연히 범법자이고 반사회적인 행위자들이다. 교육일선에서 승진의 기회를 놓쳐, 아니 양보했다고 보아도 필자는 당당하다. 모든 가산점과 여건 조성이 되어있었던 경우였다. 그 당시 분위기는 오너의 눈에 들면 중추적인 일을 도맡게 되고 금일봉 등 뇌물로 둘둘 말아 아부적인 자세로 보필해야 주목받는다. 알면서도 눈을 감는 시기였다. 그 후 공명정대한 입장에서 근평을 내는 다면평가가 나오고 정책과 제도도 바뀐다. 지역 점수 연구점수 가산점 등등 쌓았으나 억울하고 분했다. 그 사이 필자는 승진이라는 호명에 내려놓음으로 인해 많은 공부를 하고 재능을 연마할 기회를 얻어 즐겨하고 부각할 관심에 집중해 여러 권의 책을 출판한다. 찬란하고 극렬한 체험적 글을 모아 10권의 온라인 출판해 인터넷으로 판매한다. 단지 교사에서 꽃 교감은 못되어도 당당하다. 즐겨하고 좋아하는 일에 호명 받앉으니 행복하다. 이러한 새로운 호명 사회(Nominative Society) 핵 개인의 각성은 자립 후 상대에게 인지되고 불리는 것에서 시작된다. 수직적 통제가 아닌 건강한 연대와 대등한 협력의 네트워크를 형성해 나갈 때 아름다운 호명이 이루어져 공동체의 행복이 열리는 좋은 빛이 될 것이다.

질문하는 자! 행복하다

AI Era, Questioner! I'm happy

　　디지털 대전환과 기후 위기로 인해 많은 것이 급변하는 사회에 살아간다. 융합과 연결의 4차 산업과 코로나19로 인한 비대면 원격은 교육 분야 외 여러 부분에도 만나서 활동을 하던 일이 드물다. 기후 위기 재앙으로 인해 화마와 수마로 인한 재난은 엄청난 여파를 가져다준다. 어제 보도된 언론에 의하면 바나나가 서울 경기지방에서 수확이 되고 작년 통계치이기는 하나 44만 다문화 가족과 외국인 정착 인구가 200만이나 되는 시대를 살아간다. 무한 경쟁 시대라는 말이 아주 자연스럽게 피부에 와닿는다. 미국발 트럼프 정책 관세로 인한 무역전쟁은 첨예화되고 정책과 현 교육과정이 이러한 환경을 따라잡지 못하는 현실이다.

　　과연 지금 무엇을 어떻게 하여야 할까? 자라나는 미래세대가 적응할 환경을 어떻게 마련해 주고 준비할 것에 집중해야 한다. 이러한 시점에 우리가 살아갈 사전 준비는 바로 과학이다. 지상파 방송 채널에서 지난 주말 시사 프로그램에 "의대에 미친 한국, 공대에 미친 중국" 다큐식 토론하는 장면을 보았다. 이러한 시대적 요청에 많은 공감이 갔고 정부와 교육계 학부모 학생이 깨어있지 않으면 도태될 우리나라의 미래이니 하루빨리 인식 전환이 절실함을 강조하며 방송이 매듭을 맺는다.

　　필자는 지난 3월부터 디지털 튜터 지도자 활동을 위해 C 연구원 사무실 미팅룸에서 IT, 디지털 학습의 총체적인 것을 다룬다. 생활 속에서의 AI 활용, 로봇, 드론 등이 교육내용이다. 그 연구원 자체도 반도체산업과 관련이 있는 회사라 각별한 심정으로 학습 활동하는 재미가 쏠쏠하다. 이미 생성형 AI(인공지능) 챗GPT의 등장은 교육 현장에 거대한 파장을 일으키고 있다. 포털사이트에서 검색하기보다 생성형 AI로 접근할 때 너무나 그 깊이와 차이가 크다는 점이다. 심지어 배우는 학생들도 AI에게 물어보면 다 아는데 굳이 왜 공부해야 하지? 하는 학생이 많아 교육계에서도 고민이다. 단순히 AI를 정답 검색기로 접근하기보다 사고력 파트너로 활용하는 새로운 교육 모델을 모색 활용하는 점에 접근해야만 발전 가능성이 크다는 대학의 전공자 관련 전문가 의견이다. 교육학에서 언급하는 PBL 수업에서 AI와 연계해 접목 때는 효용성이 곱절이다. 다양한 플랫폼에서 실제 데이터 간의 상호작용 기록을 바탕으로 AI 튜터를 재학습하는 시스템 활용이다. 다시 말해 사용하면 할수록 학생 개개인의 학습 수준은 어떤 이력과 필요에 맞춰 더욱 정교하고 개인화된 지원을 제공하는 AI 학습파트너로 성장하게 된다. 예를 들어 강의 설계나 진로상담 코드생성 등 특정 목적에 맞는 최적의 답변을 부여받아 그 구조는 AI의 할루시네이션 (AI가 사실 아닌 정보를 생성하는 현상)을 최소화하고 정보의 정확성을 보이며 학생의 학습 의도와 맥락에 따라 챗봇의 응답(페르소나) 패턴이다. 다시 말해 실시간으로 조정하고 고도화된 맞춤형 학습이 지원된다는 점이다. 결국 문제 기반 학습(PBL)에서 연결 결합 확산까지 이루어지는 교육의 패러다임을 단순 정답에서 질문을 여는 단계로 진화하는 점이다. 인공 지능 기술의 발전이 가져온 교육계의 위기와 역설적인 효율성을 얼마나 잘 적용하고 분배하느냐가 관건이다. 최근 문제가 되는 AI 디지털 교과서 역시 큰 틀에서 보면 위에서 접근한 부분을 어떻게 접목하느냐의 입장의 차이라고 보면 된다. 올 신학기부터 AI 디지털 교과서가 전국의 약 1/3 초중고등학교에 도입해 교과별로 접근해 다소 차이는 있어도 결국 도구이다. AI 디지털 교육 생태계가 행복하고 지속 가능하려면 현 정책과 현장 사이에 긴밀한 협력체계와 질문이다.

AI시대, 성인 문해력 증진 방안

How to improve adult literacy in the digital age

　스마트 기기 사용으로 인해 생활에 유불리함도 분명하다. 아울러 AI 활용으로 인한 부분도 모든 생활 영역에 파급되어 급진적으로 변하고 있다. 이제는 디지털 기기와 인간은 불가분의 관계이다.

　지난달 19일 교육부에서는 성인 디지털 문해능력조사 결과를 발표했다. 이번 조사는 지난해 국가 평생교육진흥원이 처음 실시한 전국 단위의 문항 기반 표본조사로 전국 18세 이상 성인 약 1만 명을 대상으로 진행했다. 그 결과 우리나라 성인 중 일상생활에서 디지털 기기 조작에 어려움을 겪는 '수준 1' 성인은 전체의 8.2%, 약 350만 명으로 나타났다. 이들은 디지털에 대한 기본적 이해와 경험이 부족해 키오스크나 지도 앱 등 일상적인 기술 활용에 상당한 부담을 느낀다. '수준 2'는 기본적인 조작은 가능하나 실생활에 활용하기엔 부족한 수준으로 전체의 17.7%(약 758만 명)였다. 이에 반해 일상 속 문제를 해결할 수 있는 '수준 3'은 21.4%(약 918만 명)로 다양한 문제를 능숙히 해결할 수 있는 '수준 4'는 52.5%로 2,266명으로 파악됐다. 이러한 조사는 디지털 활용 수준 외에도 연령, 지역, 소득, 학력 등에 따른 격차도 확인되었다. 수준 1의 비율은 연령이 높고, 농산어촌 거주자일수록, 학력과 소득이 낮을수록 높았다. 60세 이상 성인의 경우 23.3%, 중학교 졸업 이하 학력자는 34.6%, 월 가구 소득 300만원 미만은 25.9%로 이 항목에 해당했다. 이에 비해 18~39세 청년층은 0.8%에 불과했다. 주로 사용하는 성인의 디지털 활용 영역과 사용 목적은 가족, 지인과의 연락(97.0%), 일상 정보 검색(84.8%) 유튜브 시청 등 여가(84.4%), 온라인 쇼핑, 결제(70.8%) 등 다양한 분야로 나타났다. (참고: 서울주간교육신문) 이 조사에서 분석하고 살피 역시 양극화 현상이 앞으로 더 두드려질 것이다. 이러한 문제에 소시민적인 관점에서 접근하면 해결 방안은 단순하다. 기본으로 회귀해야 한다. 많은 우리말과 글에 대한 어휘력과 지식, 상식을 꿰어야 할 것이다. 언어 역시 연결이 되어있다. 학창시절에 배운 지식만으로 현대를 살아가려면 뒤질 수밖에 없다. 날마다 활자와 친밀한 관계가 되어야 이러한 문해력 해결에는 도움이 될 것이다. 어느 초등학교 부근을 지나치니 사설 학습지 F 회사의 안내 전단지를 길거리에서 주웠다. <학습 능력을 올려주는 탄탄한 문해력, 문해 CLASS> 제목의 광고지였다. 대다수의 요즘 아이들도 교과서에 나오는 문장의 의미를 잘 모른다. 영상매체에 길들여진 상태이고 읽기를 거부하게 되니 쓰기와 듣기 당연히 되지 않는다. 문제가 나와도 무엇을 묻는 것인지 모르는 것이다. 어른들에게도 이러한 현상과 작용은 같다. 그러하니 같은 내용의 카카오톡 문장에 전하는 문자를 잘 해석하지 못해 오는 이유이다. 그 오해로 인해 많은 문제가 일어난다. 자신 잘못임을 인정하지 않고 상대에게 그 원인을 전가해 의견 다툼도 생긴다. 심지어 왜 문장이 그렇게 기냐? 무슨 뜻, 이내 등등 자신 민낯을 드러내 놓고도 부끄러움 없이 되레 상대를 질타한다. 그러면 어떻게 하면 문장을 읽고 이해하고 빠른 전달이 잘 될 수 있을까? 이미 잘하시는 분은 필요성이 약하지만 이런 질의에 따른 문해력 증진을 위한 팁 3~4가지 간략히 안내하면 흥미로운 책을 선택헤 독서의 즐거움을 만끽 둘째 내 수준에 맞는 몰입도 있는 책 선정 셋째 창의적인 표현과 깊이있는 사고 습관 넷째 다양한 관점에서 비판하고 토론으로 말하는 습관이다. 어른들의 문해력은 부족한 자신을 인정하는 겸허함에서 출발한다. 그런 부문이 수용되면 어휘력에 탄탄한 구축이다. 평소에 독서를 식사하듯이 해 배경지식 갖고 말하기나 쓰기에 구성할 수 있는 구성력이 되면 자연스레 문해력은 신장된다.

살아낼 날을 위한 메신저

A messenger for the day to live

　작열하는 태양이 대단하다. 언덕에 있는 일터로 가는 길은 마치 제주도 하늘을 보는 듯하다. 하늘의 코발트색과 조화를 이룬 꽃구름은 라이딩하여 달리는 필자의 가슴에 한가득 안긴다. 지구 표면이 열탕이다. 온열 환자들도 나날이 증가하고 심지어 사망에 이른다. 더위가 심한 날은 자전거를 못 탄다. 일을 끝내고 차를 세우는데 이웃집 왕 언니가 맞이하는 환한 미소에 얼굴을 마주한다. 서울 강남에 사는 아들 사는 얘기이다. 초등학생이 되지도 않은 귀한 손주 일상을 전한다. 영어 유치원에 수능 고시와 유사한 문항을 통과 후 영어학원에 입학해 영어, 국어, 수학 등 학원비가 무려 700만 원이나 든다고 한다. 문제는 손자 행동의 묘함을 전한다. 어느 하루 자신의 아빠가 일이 고되어 자리에 드러누우니 "엄마! 이제는 제발 아빠한테 신경 좀 써 주세요. 저한테는 관심 두지 말고 아픈 아빠에게만 집중하란 말이에요" 하면서 아빠 곁에 가서 하는 말이 더 황당하다는 말이다. "아빠, 제가 도울 일이 무엇이에요? 말씀해 보셔요?" 한다는 것이다. 초등학교에도 들어가지 않은 만 5세 아이 어투에 며느리와 아들이 너무 황당했다는 점이다. 초등학생 고학년 패턴으로 한다는 점에 놀라움을 금할 수 없었다는 점이다. 그런 내용을 전달받은 할아버지 할머니는 더 놀라웠다는 내용의 이야기다. 물론 이런 사례는 0.1%에 해당하는 부류이다. 이곳 학원가에도 중학생이 다니는 입구에 의대 지망자만을 위한 학원이란 문구를 접한다. 한창 놀아야 할 유, 아동기에 벌써 의대를 겨냥해 준비하는 현재의 30~40대 부모들의 모습에 놀라움을 금할 수가 없다. 단순한 사회적 정책 흐름이라고 할까? 아니면 우리 인간 본성에 의한 준비성에 대해 유의미한 점을 거론해야 할까? 정말 혼란스럽다. 미래를 준비하는 것은 그 누구든 가진다. 하지만 순수한 아이들 세계에 기계화된 물음과 질문에 그저 헛헛하다. 이러한 시대적인 흐름에 씁쓸할 뿐이다. 공교육은 단지 놀이하러 가는 곳이라는 인식에 더 입이 벌어진다. 과연 지금 우리는 무엇을 어떻게 해야 하나? '아젠다(agenda)'이다. 위에서 언급한「자녀교육 연관해 경험에 비추어 정리」해 본다. 상대적 박탈감으로 인해 학원을 보내지 않으면 내 자식만 뒤처질까 하는 불안심리와 조바심이 앞선다. 우선 부모가 중심이 있어야 한다. 부모가 먼저 책 읽는 모습의 본을 보여야 한다. 자연스럽게 공부 머리는 생기게 되어있다. 자녀는 부모의 어깨너머로 모든 것을 배운다. 수용적인 태도로 공감과 일관된 객관적인 훈육이다. 끝까지 기다려 주어야 한다. 그런데 여기서「부모인 내가 준비할 기성세대인 나! 무엇을 어떻게 살아낼 날을 위한 준비를 해야 할까?」이다. 여러 가지가 있겠으나 크게는 경제적인 준비, 정신적인 준비, 관계를 위한 준비, 삶의 의미를 찾는 준비 등이 있을 것이다. 더 자세히 들어가면 돈일 것이고 스트레스를 대비할 마음 근육을 탄탄하게 하는 기법 즉 회복탄력성이다. 다시 말해 긍정적이고 감사하는 마음가짐을 가질 때 또 다른 신세계가 펼쳐질 것이다. 마지막으로 삶의 의미를 위한 것은 그 사람의 가치관과 신념을 바탕으로 유의미한 삶을 살도록 하는 점이다.

첫 번째 나만의 플랫폼을 만드는 준비이다. 정보화 사회, 코로나 이후로의 모든 시스템이 디지털화 연결이다. 새 변화에 반응하고 새로운 것을 배움으로 세상에 적응해야 한다. 그 속에서 자신만의 아바타를 만들어야 한다. 두 번째 외국어 공부는 필수적이다. 포털 사이트로 검색하는 것보다 생성형 AI 접근이 용이해 일반화되었다. 이 환경에 적응이 외국어와의 친숙이다. 세 번째는 자기가 좋아하는 일과 관심에 대한 공동체 활동이다. 이런 살아낼 날을 위해 행복은 자연스럽게 전이될 것이다.

꽃잔디의 평안을…

The peace of the flower grass

    오월의 들판에 자운영 꽃구름이 피어난다. 함양 가기 위해 생초 국제 생태 조각 공원 꽃잔디 축제라 들린다. 그 평안한 꽃잔디 모습에 오금을 저리게 하던 마음을 내려놓는다. 지난해 12.3 계엄 공포 후 온 국민이 민주주의 승리를 부르짖고자 광장 민주주의에서 일상 민주주의로 변화를 위한 진통을 지금도 하고 있다. 산업화와 민주화를 위해 걸어온 여러 가지 일들이 결국 사회의 대립, 반목, 분열의 씨앗이 되어 그 아픔의 골은 지금도 여전하다. 평온한 잔디 꽃에게 들려주고 풀어보려고 조용히 시선을 가까이 가져간다. 최근 1주 내 역사상 초유 대대 대행 지도자로 교육부 겸 사회부총리가 맡게 되고 대행했던 그분은 무소속 팀이 되어 대권 출마를 선언한다. 현재 국힘당과의 단일화를 위해 고심에 놓여 있다. 어디 악재가 이것뿐일까? 국제적으로 미 트럼프 관세정책으로 인해 국채 주식 달러 트리플 악재로 인해 모두가 어렵다고 입을 모으는 환경이다.

    이러한 정치 사회 여건에 롤러코스터와도 같다. 과연 우리는 지금 무엇을 어떻게 준비하여야 하는 것일까? 한결같이 우려와 근심을 가진다. 심지어 워렌 버핏 투자가의 일변은 무역을 무기로 전쟁한다는 시사에 아주 알맞은 일침이다. 경제 부분에도 선순환이 되어야 하는데 초고령 저출산으로 인해 순환이 어렵다. 기대 수명이 길어짐으로 인해 거시경제 차원에서 민간 소비나 내수경제 순환이 안 되다 보니 경제의 악순환은 반복한다. 20년 가까이 연구한 KDI 경제학자 연구에 따르면 80세 수명을 기준해 보면 30세와 70세 두 세대를 비교했을 때 똑같은 조건에서 30대보다 70대가 더 많이 체감하여 70대 소비성향이 낮아 보고서상으로 보면 고령자가 훨씬 낮다. 소득 대비 민간소비가 52.1% 였으나 지금은 30.24%로 하락으로 나온다. 소비성향은 소득 대비 소비 기준으로 봐서 30대 취업해서 40대 소득 증가, 50대 피크, 60대 은퇴하면서 감소한다.

산 모양이었으나 누구나 일정 수준 소비하는 성향이 있다. 그러다 보니 청년층과 장년층 일반적 U자형이 되는데 우리나라 경우는 W형 되다가 40대 사교육비로 많이 지출돼 U자형이 나오기는 한다. 고령화 되어 소비 자체에 긍정을 미치는 것은 아니고 소득이 낮다 보니 소비가 안 되니 즉 생산 가능 인구가 줄어드니 당연히 소비가 저조해 사회적 경제 잠재적 성장률이 낮아 결국은 모두가 힘들어하는 부정적 모습을 보인다고 전한다.

구조적으로 안 좋은 것은 재정적 여건으로 풀기에는 힘드니 지혜가 아주 필요하다. 다시 말해 기대 수명이 늘어 안정적인 일할 조건을 국가와 사회가 나아야 하는데 일할 의사와 안정적인 일 여건에 안정적 고용적 분위기 조성이 필요할 것이다. 앞으로의 예비 은퇴자들에게 연공 서열보다 직무와 능력에 따라 일할 수 있는 정책이 절실히 필요하고 재고용에 대한 정책과 대안적 연구가 있어야 한다고 본다. 미국 연준에서 금리를 인상할 수밖에 없고 물가는 오를 수밖에 없다.

미국 경제가 연관된 국제적 심리로 인해 트리플 악재를 순화해 물가 안정이 급선무이다. 달러 보호를 위해 많이 애써왔는데 달러에만 집중하던 힘의 모습에 분산 배분의 필요를 느끼고 일본 엔화 관심을 가질 필요성에 놓였다. 미 중 무역전쟁에서 잠시 물러서 미국이 할 수 없는 조선소 사업, K팝, K 화장품, 건설업, 반도체, 넷 플렉스, 불닭 등에 관심이다. 모든 마스터키는 미 트럼프 대통령의 관세정책에 완화할 길에 기를 모아 본다. 잠시 꽃잔디 주변에서 복식호흡을 하며 긴 평안을 위해 손을 모은다.

사람이 미래다

Man is the future.

「그들이 지켜낸 어제, 우리가 피워 낼 오늘」 유월! 이다. 일상 속 보훈을 삶으로 실천해야 할 시점이다. 이런 어록이 떠오른다. '역사를 잊은 민족은 미래가 없다'라는 어록이 연상된다. 이를 다시 풀어보면 역사를 잊지 않는 민족이라면 망할 나라도 다시 세울 수 있다.라는 말과도 같다. 이러한 문장을 남긴 사람을 찾아보니 나무위키 검색에 따르면 링컨 혹 처칠이라고도 하나, 사실 우리나라 역사학자 신채호, 박은식도 이와 유사한 말에 있다.

지난주 이재명 정부 출범 새 물결로 또 다른 역사를 써 내려감에 설렘과 함께 기대된다. 현충일 추념식에 짧은 영상에 관심이 간다. 6·25 전쟁으로 망가진 철원이었으나 약 75년 흐른 지금 그곳은 재건되어 희망이 흐르는 초등학교의 활약상이다. 조부모들의 힘든 역사의 장이 손자 세대들의 밝은 모습으로 애틋이 피어난다. 이런 역사의 흐름이 이뿐이랴! 부모님 세대, 80대 얼굴 모습도 보인다. 그들은 우리나라의 산업화와 민주화를 일구기 위해 어렵고 힘든 길을 걸어왔다 그들의 발자취가 아니었다면 오늘의 윤택한 발전상은 찾을 수 없으리라 여긴다. 사람이 미래임을 절실히 느낀다. 글로벌 사회 무한 경쟁과 정보화시대를 살아가는 오늘날의 인재 선별 기준은 학력이 아니고 실무 경험 보유 여부 혹 인성 검사 통과자 위주로 선발한다. 지원자가 직접 회사 정보를 검색해 보고 면접 참여 신청하게끔 유도함으로써 자발적으로 열정을 가진 우수 인재 유치하는 기회를 잡는다. 경력 수준뿐 아니라 성향, 적성 그리고 성장 가능성까지도 고려하며 직무 순환제도를 도입하기도 하여 다양한 분야에의 좋은 경험을 쌓아야 한다. 그렇게 육성된 인재에게는 본인 선택에 따라 근무 시간 가능한 유연근무제 적용 등 다양한 업계 최고 수준의 보상 제공 등 동기부여 요소를 강화하는 계기를 마련한다. 끊임없이 변화하는 시장 환경에 민첩하게 대응할 수 있도록 최신 기술 습득과 연수와 교육에 자연스럽게 대처한다.

새 정부 출현에 따른 국무회의 조직 개편에 분주하다. 이전 정부의 야당이었던 진영이 여당이 되다 보니 그 결에 맞는 국무총리 비서실장 등 장관을 임명하고자 고뇌한다. 적재적소 조직 구성과 수립을 위해 지혜의 장이 집결이다. 하마평을 위해 정말 고심하고 신중히 대하는 모습이 보인다. 어떤 색깔과 이념을 갖고 움직이느냐에 따라 나라의 정체성, 운명과 정책성 발의, 실현에 연관이 있고 민감하니 사람을 잘 선발하고 선택해 임명해야 한다. 정말 중요하고 시급하고 절실하다. 역시『사람이 미래』라는 맥락에서….

이미 개편되어 실현될 때 꼭 해야 할 부분, 평가 단계에선 엄격한 기준의 적용보다는 팀 단위 협업 중심의 프로젝트 실적 기반으로 진행되며 보완이 요구될 때 멘토링 프로그램을 통해 전문가의 도움받을 수 있게끔 기회 제공이다. 따라서 지금 당장 눈앞에 보이는 이익만을 생각하기보다 중장기적인 관점이다. 단기적 수익 실현보다 장기적 관점에서의 올바른 방향 설정이 필요하며 보이지 않는 무형자산 가치 상승을 위해 꾸준한 관심과 노력을 기울여야 할 것이다. 물론 쉬운 일은 아니다. 그만큼 많은 시간과 비용이 소요될 수도 있고 시행착오 역시 겪을 수도 있다. 그래도 포기하지 말고 꾸준히 실천해 보면 어느 순간 기대 이상의 결실이 있을 수 있다. 그게 바로 모두가 꿈꾸는 바람직한 미래 모습이 될 것이다. 잠시 정현종 시인의 「방문객」이라는 시를 음미한다. "사람이 온다. -중략- 그의 미래와 함께 오기 때문이다."

기대와 실망 사이에서…
Between anticipation and disappointment

어버이날이 지난 어느 토요일 에피소드이다. 친정어머니의 전화이다. 아버지께서 밥 먹자고 하니 수락하라는 강제성이 묻어난 뉘앙스의 음성이다. 큰딸로 살아오면서 늘 순종하고 수용하니 두 분은 응당 수락할 것이라고 기대한다. 하지만 살아가는 일상이 여유롭지 않고 여러 방면에 그렇게 녹록하지 않다 보니 모든 것을 수용하기가 솔직히 어렵다.

친정아버지께서 뼈다귀 해장국집을 추천한다. 지인들과 자주 들리는 곳이니 그곳에 갔다. 착한 콤플렉스로 살아온 경직성으로 인해 거부한다고 했을 때 돌아올 부담감이 더 크기에 피곤과 복잡함이 엄습해도 제안을 거부할 수 없어 응한다. 아침 겸 점심을 먹은지라 사실 배는 포화 상태다. 모인 식사 자리에 뼈다귀해장국이 들어온다. 최선을 다해 밥을 먹으려고 해도 배가 부르니 고스란히 한 그릇의 뼈다귀해장국이 그대로 있다, 그리하여 테이크아웃(Takeout) 해야겠다고 하니 주인은 친절히 싸준다. 무엇보다 식사하는 아버지께서 너무 잘 드신다. 큰딸이 어버이날에 금일봉과 선물에 대한 보상을 위해 밥을 한 끼 내겠다는 선한 의도였으나 정작 필자는 불편한 마음이다. 진정성에 접근했을 때 큰딸을 위한 보답의 식사 자리는 아니었다. 필자인 큰딸은 두 분의 기대를 저버릴 수 없어서 눈 질끈 감고 맞춰 준 것이다. 엄격히 따지면 큰딸에 대한 기대에 실망을 안기면 안 된다는 강박성이 표출된 착한 딸의 모습이다. 오늘날 MZ세대 감성에서 보면 두 분을 위한 식사 자리였다. 정작 딸을 위한 행복한 식사 자리는 아니었다. 거주지가 공원을 낀 친정과 가까이 있다 보니 자전거를 타고 운동하시는 아버지를 자주 만난다. 그 해장국 생각이 또 난다고 한다. 그리하여 주변이 바쁘기도 하고 앉아서 식사할 여건이 되지 않을 형편이라 테이크아웃 해온다. 그런데 문제는 어머니의 태도이다. 노발대발 화를 내는 것이다. 여건상 식당에서 식사하지 못할 형편을 이해하는 모습에는 전혀 생각하지 않는다. 단지 당신의 뜻 안에서 자기 방식에 강제로 얼개에 맞추려고 하는 모습이다. 장녀인 딸로 그렇게 기대로 살아왔으니 아주 당연하다는 뜻이다. 세월이 몇 겹이 지난 지금에도 역시 모든 것에 당신 뜻에 맞추라는 의도이다. 잠시 실망과 기대 사이의 연결에 영향을 줄 수 있는 환경을 알아보고자 한다. 그 깊은 요인은 기대로 인함에서 오는 부작용이다. 사회적 규범이나 가족의 압력과 같은 다른 사람들이 설정한 기대는 충족되지 않으면 실망으로 이어진다. 우리가 현실에 맞게 조정하고 조정당하는 것을 더 잘 제어할 수 있기에 스스로 강요라는 틀과 기대치에 더 쉽게 노출될 뿐이다.

　필자 경우는 어머니의 살아온 세월의 강을 이해하길래 충분히 공감한다. 그러나 어머니 당신 자신은 그러하지 못하고 스스로 상대를 옭아매고 함정에 빠져들게 해 스트레스를 받고 짜증으로 일관해 서운함으로 발산한다. 우리의 정서적 복지에 대한 기대되는 역할을 인식하고 이를 관리할 때 자의식을 실천하는 것이 아주 중요하다. 현실적인 기대를 설정하고 필요에 따라 조정함으로써 우리는 일이 계획대로 진행되지 않을 때 강한 실망감을 경험한다. 그 실망감을 줄일 가능성을 찾는 길이다. 이러한 알고리즘은 개인에게만 국한되지 않는다. 단체이든 사회 조직이든 국가 국제적이든 모두 적용된다. 삶을 사노라면 기대와 실망 사이를 지혜롭게 발산하기 위한 팁은 설렘과 무력감의 본질 규명이다. 그 기대와 실망의 조화로운 경계는 더 좋은 시너지가 나오며 만일 기대에 부응하지 않은 실망이 봉착되었다면 본질을 파악하는 통찰, 회복탄력성, 새로운 관점으로서의 재조명, 감사하는 마음가짐일 때 엄청난 영향력이 발현될 것이다.

직관과 통찰…

Intuitive and insight…

　등교수업이 이루어진 지 11일째다. 감염병으로 인한 여파와 그 후 현상은 다양하다. 유·초·중·고 교육의 온라인으로 원격수업이 이루어지는 것이 아주 자연스럽게 되었고 자연의 정화된 모습, 장시간에 가정에 머무름으로 인하여 가족 간의 갈등이 야기된다. 그에 대응한 아동학대 등의 이슈화되어 가는 언론과 매체 안내로 인해 교육 현장에도 많은 지혜와 통찰이 요구된다. 감염병의 원인이 아니어도 여러 가지 상황들은 인간의 이기심 발로이다. 가정이 해체되는 일은 이미 오래전부터 일어났다. 한부모가정이 나날이 증가하고 결손으로 인한 문제는 심각하다. 무엇보다 배려와 존중은 사라지고, 무조건 자기의 목적과 목표에 상응하지 못할 때는 목소리만 크게 내는 일이 비일비재하다. 어떤 불미스러운 일에 봉착되면 모두 자신은 빠져나가려는 책임 회피성 모습 또한 심각하다. 중심을 갖지 못하는 리더 자의 무분별한 오류와 잘못된 판단의 결과로 인한 그 파장은 구성원 모두에게 돌아간다. 논리적 사고를 위해서는 가정 먼저 기본 베이스와 환경을 체득하여야 한다고 본다. 모든 생각의 탄생은 직관과 통찰이다.

　AI는 바둑이 아닌 다른 영역에서도 인간을 뛰어넘을 수 있다고 한다. 그러면 AI와 대체될 수 없는 능력은 과연 인간에게는 무엇일까? 다시 말해 대비되는 능력은 무엇이란 말인가? 알베르트 아인슈타인은 인간에게서 가장 최상위의 능력을 직관(Intuition)이라고 한다. 그는 인간 능력 중 가장 가치 있는 최상의 것이 직관이라고 한다. 종교학과 교수인 분의 자료에 의하면 숫자로 표현할 수 없는 것 중 하나가 직관이다. 사랑과 우정, 존경과 질서 등 가치와 감정이 인간을 동물에서 문명으로 거듭나게 한 본질적인 이유이다. 가장 좋은 언어인 엄마의 사랑은 논리의 최상위에 놓여 논리와 추론의 위에 있다. 직관은 감각과 경험, 연상, 판단, 추리 등을 하지 않고도 바로 보면 척하고 들어오는 그 어떤 이미지에 가까운 결과물이다. 이에 상응한 통찰(Insight)이라는 단어를 연결하여 본다. 평범한 사람이 생각해 내지 못 하는 말로 설명할 수 없는 사물의 본질을 꿰뚫어 보는 능력을 말한다.

다시 그 정의를 보면 사물과 현상을 보지 않고도 그 본질을 예리하게 꿰뚫어 보는 능력이라 한다. 직관과 통찰은 모두 내면을 보는 능력으로 내적인 것을 의미한다. 통찰은 경험을 통하여 일어나는 현상이고 직관은 딱 보면 아는 능력이다. 더 부연 설명하면 통찰은 경험과 사고의 다양한 작용을 통하여 얻어진 능력이고, 직관은 다른 생각의 작용을 거치지 않고 직접적으로 대상을 파악하는 능력이다. 통찰은 논리적 사고에서 나오는 능력이고 직관은 본능적인 인식 능력이다. 예를 들어 한국인이 가장 가보고 싶어 하는 여행지는 어디일까요? 질문할 때 거의 대부분 사람은 직관적으로 모른다고 한다. 그러나 기계 AI는 여러 가지 자료와 데이터를 입력하여 분석하고 종합적으로 접근하여 자료를 추출할 것이다. 그것이 바로 디지털 알고리즘의 뛰어난 논리와 추론 능력으로 가능할 것을 가져다주는 인간의 뇌를 초월한 통찰에서 접근한다.

다시 말하자면 인간혁명을 기계 AI가 가져다줄 것이다. 전대비문의 코로나19로 인하여 교육 현장은 많은 시행착오와 접근에 어려운 일면에 봉착하여 모두가 이리저리 흔들렸다. 프로스트가 부르짖은 '가지 않은 길'에 그 미지의 길 앞에 미래 교육은 대응해야 한다고 본다. 데이터와 분석은 다른 의미를 자진 단어이지만, 하나일 때보다 함께일 때 온전한 느낌이다. 정보기술의 발달로 예측하기 어려운 점도 기본 데이터를 분석하여 발 빠른 네트워크를 활용하여야 한다.

베스트셀러였던 『화성에서 온 남자, 금성에서 온 여자』에서 화성과 금성이라는 소재를 사용하여 남녀는 인간이란 면은 같지만, 마치 다른 행성에서 온 것처럼 다른 사고방식을 가졌음을 이야기한다. 인공지능과 인간은 같은 문제를 두고 서로 다른 방법으로 해결하고자 한다. 인공지능은 데이터를 기반으로 높은 지적 수준을 요구하지만 단순히 반복하는 노동력을 요구하는 일에, 인간의 창의적인 사고를 하거나 복잡한 문제를 해결하는 데 능숙하다. 인공지능과 인간이 협력하게 되면 문제를 효율적으로 해결할 수 있다. 하지만 서로의 방식을 이해하고, 사실을 정확하게 인식하지 않는다면 둘은 서로 협력할 수 없다. 결국 인공지능 기술도 인간을 매개로 하여 화성에서 온 최신이 인공지능과 지구에서 살고 있는 인간이 협력하여 문제를 해결하는 조력자로서 뒷받침이 되어야만 모든 미래 교육도 발휘될 것이다. '직관과 통찰'이라는 구(句) 앞에 행복한 미래사회로의 전진이 무엇인지 진지하게 미러링(Mirroring)해 본다.

침묵의 향유

The enjoyment of silence

　현대인의 생활은 수많은 소리와 연결되어 있다. 미디어 금식 기간이라 온 가족이 실천에 돌입한다. 작은 아이의 겉옷에 걸친 작은 가방에서 뭔가가 뽀시락 소리가 난다. 규정을 같이 지키기로 했으나 어긴 아들의 호주머니 안에서 소리가 난다. 이 얘기는 어느 가정이라도 일어나는 흔한 일이다. 오늘날 디지털 기기로 인해 머리가 너무 복잡해 카페에서는 스마트폰을 잠시 보관하는 곳에 두고 입실한다는 어느 SNS가 뜬다. 연구 결과에 의하면 일반인들이 스마트폰을 하루에 사용하는 횟수가 약 2천 번이 접근한다고 한다. 그로 인해 손가락을 너무 많이 사용해 방아쇠 증후군이란 특종 질환도 발병한다는 사례가 있어 병원 출입을 한다는 보도이다. 최근 시니어 주간 복지 센터에 봉사와 기부 활동으로 인지프로그램과 레크 강좌 활동을 한다. 교안을 작성해 어르신 학교에서 즐겁게 활동한 지 2개월이 접어든다. 교직의 경험을 살려 마치 저학년 아이들 활동의 연장이거니 했으나 반응이 없으시고 침묵으로 일관하는 경우가 다소 많다. 그때 필자의 등짝에는 땀이 흥건하다. 교실에서 어린아이들은 질문의 연속이고 질문의 공동체가 되어 활기가 넘친다. 하지만 우리도 그렇게 되어 갈 같은 입장이라 어르신 분들 한분 한분 존귀하게 대한다. 기다리고 기다린 침묵 안에서 기분을 전환하고자 우선 나를 신뢰의 단계에 들어서게 세상에서 가장 편하고 좋은 모습을 전환하게 한다.

팔을 옹그리고 몸을 돌리고 율동하고 손뼉을 치면 어느새 기분이 좋아서 분위기는 환하게 전환된다. 잠시 <요람에서 무덤까지> 영화를 보면 14세 벤자민 버튼의 시간은 거꾸로 간다는 도입부로 시작한다. 삶에 대해 다양한 화두를 던지며 많은 것을 느끼게 한다. 마치 물이 바다에서 만나듯 요람에서 태어난 여러 인생은 무덤, 죽음이라는 종착역에서 만나게 되는 이치로 어떤 삶을 우리는 추구해야 하는지를 관객들에게 던진다. 또 하나의 영화 <모리의 마지막 하루>에 보면 삶의 행복은 성적순이 아님을 자신이 훔친 물건을 어머니께 선물을 하면서 순간적 행복감을 느끼나 그 이면에 복수와 해방감이라는 불안이 도사립니다. 하루가 다르게 변하는 인공지능 시대에 과연 어떤 모습의 진정한 인격체로 살아가야 하는가 하는 메시지를 던져준다, 인정과 어떤 이의 관심과 자기 과시로 똘똘 뭉친 관종의 시대를 살아가는 오늘날 인간상에 비춰보게 하는 참 자아를 찾아보는 좋은 영화였다. 좀 똑똑하지 않아도 조용히 겸손히 자기를 내려놓고 고요 안에 불안을 녹여내는 옥합에 담긴 향유처럼 생활하기를 부르짖어 본다.

　다시 말해 누구나 오늘날은 표현의 존재 시대이다. 인간은 자신에 대해, 그리고 자신 행동에 대해 표현하지 않으면 스스로 답답함을 느낀다. 누군가에게 자신을 표현하려 하고 그런 표현을 통해 자기 부각과 발전을 하고 싶어 한다. 이 표현은 다른 여러 가지 형태로 나타내지만, 먼저 언어를 통해 이뤄진다. 표현은 자신의 존재에 대해 확장감을 가져온다. 그러기에 표현하지 않는 문제는 분명히 자아를 위축하게 한다. 자아의 위축은 일단 양육의 측면이 가장 크다. 어머니와 아동의 관계, 즉 모자(母子) 관계는 친구들과의 관계 형성에 1차적으로 기여하는 생존의 전제조건이기 때문에 말 하려고 한다. 하지만 기도하는 잠잠한 침묵의 향유가 절실하다.

대체로 너무 말이 많다. 각종 소음과 소리로부터 거리 두기가 절박한 현대인이다. 내면의 소리를 들음으로 참 자아의 소리에 눈뜨고 깊이 있는 성찰로 ChatGPT 시대에 그 불안이 녹아 새로운 길로 접어든다.

백년 인생

A hundred years of life

　최근 건조한 일기 탓에 영남 내륙은 산불로 우리의 오금을 저리게 했다. 평소에 화기 단속을 잘해야겠다는 순간 한쪽 손에 담배를 피우면서 왼손은 창 쪽으로 내밀고 한 손으로 핸들을 돌리는 운전자분이 지나간다. 피우다 남은 꽁초는 차창 너머로 던진다. 자칫 불이 날 수 있으리라 예측하니 가슴이 덜컹한다. 그런 점에서 차체 하더라도 그분 60~70대에 가서 건강 상태는 어떻게 될까? 생애 건강주기를 살필 때 과연 그분의 건강은 앞으로 괜찮을까? 하는 우려다.

　스티브 기즈의 『습관의 재발견』이라는 책에 계획형 인간의 삶을 비판적인 긍정적 관점에서 출발해 보려고 한다. 내 인생의 기적은 '매일 밤 팔굽혀펴기 한 번의 활동을 통해 시작된다'라는 이야기가 아주 인상적이다. 자세히 보면 계획형 인간의 부정적인 요소도 언급하지만, 접근 좋은 부분은 현역을 지나 은퇴한 지금 지속 가능성을 갖고 적용할 자료 3가지 부분이다. 어떤 정보를 정리하고 공유한 데이터를 기록하고 정리, 두 번째 월간 리포트를 작성 후 참가자들에게 공유, 세 번째 블로거의 글들을 모아 간결 정리 후 파일화 한다. 한 줄 읽기부터 두 줄 세 줄로 한 단락 한 페이지 완독 후 글쓰기도 기적적으로 할 수 있다.

100세 슬로건 아래에서 면역을 위한 활동을 구체적인 예로 추천해 본다. 식습관이나 소소한 생활 습관부터 살핀다. 첫째 우리의 지경을 넓힌다는 측면에 가슴 펴고 횡경막을 자극해 폐활량을 평소 깊게 크 게 넓게 하면서 산소공급을 충분히 해 보는 태도이다. 걸을 때나 앉아 있을 때도 바른 자세 걷기, 바른 자세로 앉는 습관만 해도 폐활량이 늘 어나 척수신경 외 타 신경을 자극해 재교정이 된다고 한다. 둘째 척수 로 통한 영양분은 뇌로 전달, 혈액이 공급되도록 한다. 몸을 바로 하 거나 등을 곧게 하는 것만 해도 건강 유지 비법이다. 호흡 자세로 깊은 숨을 쉬며 들이마신 후 무릎을 붙이고 등을 펴면서 90도 팔 돌리기를 한 후 버틸 때 성장호르몬을 자극해 저속 노화를 가져온다. 셋째는 음 식이다. 청국장 김치 요플레 등 유산균 음식을 섭취하며 식이섬유 섭 취와 향신료 등이 젊음이 유지되고 저속 노화시키는 좋은 비법일 것이 다. 최근 친구들의 모임에서 저속 노화를 위한 건강 팁을 위한 정보를 열변을 토하는 친구가 있어 주의 깊게 들었다. 정말 많은 공감을 불러 일으켰다. 수많은 좋은 건강 정보가 있고 알고 있으나 실행에 옮기지 않는다면 모두 도루묵이 될 것이다. 가장 중요한 것은 자기 인식의 감 정 흐름을 알고 꿰어 자기를 만듦에 진입이다. 인간의 유일한 부분, 자 기 의사 결정권을 가진 자유의지를 잘 파악하고 활용해 올바른 판단과 식별로 잘 헤아려 가야 한다. 일본 작가 아보 도오루『면역혁명』이란 책에 4챕터(chapter) 중 '사람은 왜 병에 걸릴까'를 보면 스트레스가 가 장 큰 원인이라고 한다. 오늘날 복잡미묘한 사회적 현상과 여러 인간 관계로 인한 다양한 증후에서 스트레스를 받지 않고 젊음을 유지하는 비법에 지혜를 모아야 한다. 평소에 자기 계발도 건강 유지 비법도 일 상에서 공부하는 것처럼 해 나가야 한다. 평생교육 지원 코너에서는 시니어들을 위한 스마트폰 관련 공부도 AI 학습도 이루어진다. 이 외에도 '청춘 인생학당'을 애용한 어르신들은 영화 보기를 통해 밝은 미소로 소감 천을 내고 정보를 나눈다. 그런 활동이 일상으로 이어진다. 100년의 인생을 위해 일상이 공부이어야 한다. 찰스 스펄전의 「지금 하십시오」란 시에도 나온다. "할 일이 생각나거든 지금 하십시오. -중략- 불러야 할 노래가 있다면 지금… 하오."

요노 시대를 사는 지혜

Wisdom to live in the era of Yono

우리는 눈 뜨자마자 비즈니스를 해야 하고 거래한다고 보면 된다. 최근 소비 패턴 마케팅 원리 하나면 된다. 요노(YOUR ONLY NO ONE) 현상이 대세이다. 풀어보면 딱 내게 필요한 한 가지 구입한다. 경제성장률이 아주 저조한 사회적 현상을 반영한 용어이다. 트럼프 관세 정책으로 인해 모든 국가가 긴장한다. 최근 우크라이나와 러시아 전쟁 종식 관련 문제도 돈과 결부된 경제적 논리로 작동한다. 우방국일지라도 유불리 경제 셈법이다. 어디 국제적 정세만일까? 개인과의 관계에도 여실히 나타난다.

이러한 사회적 정서로 인해 인간미는 고갈되고 대혼란은 거듭된다. 가일층 디지털 산업 사회 구조로 인해 확증적 편향 사고로 자신의 틀에 갇혀 있다. 온라인망으로 택배가 성수다. 유통 산업은 침체다. 호프집은 옛말이다. 커피숍에서 건전하게 만난다. 개인 주도 성향이 강하고 생활 속에 AI 접근은 증폭이다. '미래 교육 과학을 말하다'란 주제로 20년 전 G 대학 연수를 받은 바 있다. 그러한 미래가 현실이다. 최근 출판사에 들린 적이 있다. 글이 길어서 읽지 않은 독자가 많다. 그것을 보완할 ChatGPT 추천이다. 그 안에서 글을 갖고 그림으로 전환하는 프로그램을 접한다. 너무 신기하다. 당연히 연계된 카카오톡 회사의 뤼튼 앱도 활용한다. 그 뤼튼이라는 앱에 로그인하니~『그날은 봄비가 촉촉이 오는 날 기분이 울적하다. 노오란 장미를 촬영한 싱싱한 배경으로 사진을 upload 된다. 5줄 정도의 내용 글은 약 10장의 글이 나온다. 이러한데 이 시대에서 어떻게 작가가 살아남을까?』현직 때 음악 수업 활동에 `AI 활용을 통해 작곡한 바를 아이들과 선율에 심취한 경험이 있다. 인공지능 관련 수업은 다양하다. 최근 배울 기회가 있어 코딩 학습과 자율 주행 원리를 적용한 장난감 자동차로 실제 움직이는 과정에 앱을 활용 아주 경이롭다. 이 원리는 문화 체육 관광 분야에도 깊숙이 왔다. AI 대전환은 생존을 위해 필수적인 상황이 된 것이다. 콘텐츠 기반을 AI 기술 전반에 접목함으로써 새로운 시장 창출의 모색과 미래 전략을 안내 발표할 계획에 있다는 정부의 문화정책 2035 발표를 매체를 통해 안다. 저출산 초고령화 사회의 급전환에 놓인 우리나라는 건강 부분에도 휴머노이드 로봇이라는 인공지능을 연결해 AI가 단순한 자동, 반복된 일을 하는 업무를 넘어 '뇌' 역할을 담당하면서 로봇은 단순한 기계를 넘어 스스로 사고하고 판단하는 수준까지 가는 로봇으로 상향 활용한다. 최근 엔비디아와 같은 기업들도 여러 시스템과 작동한 플랫폼은 많은 데이터를 가상공간에서 비용과 시간을 아끼는데 도모하고 있다. AI 상용화는 더 진화를 거듭하고 자동화 시스템 안에 우리의 생활 전반에 파고들 추세이다. MZ 세대는 경제 관념도 명확하다. 이런 배경하에 자기 주도성 경향성에 맞게 하나의 물건을 사도 알뜰히 구입해 마모될 때까지 사용한다. 당연히 경제적 순환이 안 되니 자영업자들은 힘들다. 자영업자 약 55%가 폐업하고 그런 추세가 증가하고 있다. 정말 안타까운 일이다.

  YOU ONLY NO ONE! 유노 소비 패턴의 목적은 미니멀 라이프를 추구하고 과소비를 줄이자는 취지이다. 그러나 경제 순환에 동맥 경화증을 초래하니 그 대안 모색이 절실하다. 소비 생산 저축(투자)이 선순환 모드로 가기 위해 다양한 틈새 시장공략과 소비자의 니즈(needs)계발 금융권의 콘텐츠 계발이 소비 트렌드를 읽고 유연한 소비를 할 수 있는 지속 가능한 연구가 필수적이다.

내향성 경제인의 봄날은…
The spring day of introverted businessmen

　여기서 내향성 인간을 먼저 규명한다. 성격유형 검사 MBTI 16가지 성격유형에 보면 인간을 크게 외향성과 내향성으로 구분한다. 그 후 8가지로 또 16가지 세분화한다. 필자 경우는 자기 이해 영역에 있어 참고로 수용하나 완전히 16가지 유형에 고착해 받아들이거나 판단하지 않는다. 5년여 전 코로나19로 인해 대부분 사람이 격리되고 무리를 이룬 집단생활에서 거부된 일이 많았다. 그 여파로 홀로 식사하는 혼족, 혼자 쇼핑하는 혼쇼, 혼자 영화를 보게 되는 혼객 등 다양한 상황에서 자신 혼자와 대화하고 내면의 소리에 귀를 기울이는 내향성 성향이 주류를 지칭하여 내향성 경제인이 된 것이다. 무엇보다 이러한 현상에 이제는 아주 자연스럽게 사회적 정서가 되어 개별 목소리가 커지고 학생들도 주도성 학습이라는 경향이다. 교육과정을 살피면 교과서와 그에 준하는 매뉴얼은 참고 자료이다. 교사 주도의 내용을 강요할 수도 없고 창의성과 자기 주도성이 학습자에게 있는 지금은 학생이 즉시 발췌된 내용으로 수업이 이루어지는 개정 2022 교육과정의 경향성이다. 오늘날의 역량 중심과 비판적 사고력으로 현재 시대에 바로 적용과 응용이 되는 활동이 되는 교실 혁명이다. 또 그래야만 학생들이 수업에 자발적인 참여와 자기 주도가 되어 수업의 효율성을 진작할 수 있다. 아울러 수업에 참여하는 적극성도 아주 높다. 은퇴하고 평범한 자유인으로 돌아온 필자를 예를 들어보자. 약 42년 직장생활을 하다 보니 옷들이 너무 많다. 물론 적이 하게 나눔도 아주 많이 했다. 디자인에 약간의 변동은 있으나 좋은 옷감이라 다시 리폼해 더 좋은 단추나 리본으로 교체하면 자신에 딱 맞는 하나밖에 없는 명품의 옷으로 변한다.

 잠시 그런 옷을 만든 나에게 봄날의 환희를 뿌듯이 느낀다. 잠시 페북에 돌아다니는 글귀를 가져온다. '내 마음 따시게 데워주는 봄 내가 본 어여쁜 모든 이에게 주는 봄꽃들이 마음껏 웃어주는 봄이여!' 나만의 재구성된 나만의 옷을 입고 봄나들이 나가려는 차비 한다. <봄날은 간다>라는 영화에서 보면 모든 삶은 흐른다. 자기 자신이라는 유일한 섬이 되는 길은 무엇일까? 삶을 내가 내 의지대로 살아나게 되게 아니라 그저 흘러가며 살아지는 것이라는 의미를 던진다. 세상을 아름답게 살면서 꽃처럼 살아가고 싶어라! 세상을 편안하게 받아들이며 그렇게 멀리 바람처럼 살핀다. 꽃은 자신을 자랑하지 않는다. 다만 바람이 불면 그저 얼굴을 내밀고 그렇게 얼굴을 바람 향에 씻기게 한다. 무심히 향기 흩날리는 곳으로… 봄으로 향하는 곳에 새로운 생각을 넣어본다. 아름다운 새소리를 담아서 무심히 흐르는 꽃구름에 그 음파를 전한다. 어떤 이는 빠르다고 하고 어떤 이는 느리다고 하겠으나 내 마음이 평안하면 그 안에는 세레나데이고 봄의 교향곡이다. 무지개 창이 뜨는 비 갠 오후 잠잠히 나를 잡아본다. 너무 분주했고 많이 힘들었던 생활인으로서 잠시 큰 짐을 내려놓는다. 잠시 라흐마니노프 피아노 3중주를 잠시 듣는다. 비발디의 사계 중 봄도 같이… 그 피아노 선율과 현악기 연주에 모든 찌꺼기를 거른다. 그 세계로 파고든다. 정말 감미롭고 아름답다.

최근, 재가 복지센터에 들른 적이 있다. 가정에는 자녀들이 모두 생활전선에 뛰다 보니 100세를 바라보는 노교수님을 만난다. 평소 센터장님과 친분이 있어 앞으로 봉사 겸한 활동을 허락받고 머물면서 친밀감을 발휘 20여 분이 흐른 시각에 먼저 시 낭송 시범을 보이니 노교수님도 표현할 것을 요청한다. 아주 의젓하고 좋은 모습으로 당당히 시 두 편을 낭송하신다. 「청산리 벽계수」황진이 시조부터… 먼저 마음을 여니 피드백이 된다. 내향성 경제인에 이런 적극성이 봄날 따스함과 연결된다. 도전받고 큰 박수로 응원한다.

익숙함에서의 결별

Breakaway from familiarity

누구나 꿈이 있다. 그 꿈의 실현성은 바로 창의력 비판적 사고력 문제해결력이 수반되어야만 이루어진다. 익숙한 관행에서는 실현성이 어렵다. 아울러 지금은 디지털 환경과 VUCA 시대이다. 지난해 12월 3일 늦은 밤에 계엄선포로 인해 혼란과 불시착 정서는 연속이다. 딱히 누가 옳고 틀렸다는 이분법적 사고의 접근이 아닌 다양한 관점에서 살피어야 하고 지구촌에는 예측 불허의 굵직한 사건들 그 미묘한 갈등과 복잡함과 모호함에 놓인 뷰카(VUCA) 시대 임이 자명하다.

최근 구정 명절 긴 연휴 기간에 있었던 일이다. 게스트하우스 공간에 6남매는 의견을 나눈다. 모두가 맞벌이라 이미 명절 차례를 생략하고 여행과 모임으로 실리적으로 해 가족의 정을 나눈다. 하지만 여전히 보수적 가족 친화적인 문화가 더 강하다 보니 익숙한 것에서 탈피가 어렵다. 1월 독감으로 인해 친부가 잦은 기침으로 인해 갈비뼈에 금이 간 것이다. 그 후 시술하고 소동이 났다. 문제는 좌식 생활에 2층의 주택 계단이 항상 안전이 우려되어 집을 개선하거나 바꾸자고 제안한다. 끝까지 고집을 부린다. 각자의 힘을 뺀다. 그래도 명절 제사 모심을 안 하게 되니 스스로 위안한다. 기다리고 인내한다. 그러면서도 우리 친정어머니를 떠올려 본다. 자식에게 유달리 애착이 많아 모든 형제자매에게 음식은 명절을 쇠는 것 이상으로 많이 하시고 배분한다.

자신을 공치사해 인정받고 싶은 모습에 자기만의 답을 갖고 계신다. 하지만 항상 몸이 아프고 쑤신다고 하소연이다. '그래 나도 나이가 들면 그리될 것이니…' 품고 이해하자 결말을 짓는다. 의료기술의 발전과 과학의 발달로 인해 누구나 건강하다. 특히 지금은 나이를 가늠 안 되는 경우의 멋진 사람을 만난다.

평소에 자기관리를 잘하고 내면을 잘 다듬은 사람의 얼굴을 보면 아주 멋져 보인다. 중년을 40세부터 70으로 보는 경우가 이제는 자연스럽다. 아마도 어쩜 나이로 통계치 접근은 아주 큰 오류를 범할 것이다. 현재 65세 이상을 노인으로 보지만 앞으로는 70세로 상향한다고 하지만 어떤 방식과 마인드로 사느냐에 따라 다르니 모호하다. 다양, 불확실성, 복잡, 모호성 시대에 사는 우리는 스스로 자신을 돌보지 않는다면 도태될 것이라는 정신과 의사 겸 상담가들의 한결같은 의견이다.

상담학 박상미 교수의 의견을 빌리자면 '내가 나를 돌보아야 하는 시대'라고 한다. 그렇다 아무도 자신의 마음 안에 들어갈 수 없다. 말이 안 되고 감정을 몰라 소통이 벽창호야 그래서 스트레스를 받는다. 그 원론적인 상대는 바뀌지 않는다. 내가 처리할 몫에 집중해야 한다. 습관과 감정은 나의 뇌이다. 내 주인인 뇌가 습관의 회로에서 나온다. 그 부분에 올인(All In) 때 부정적 습관을 내려놓고 6초 동안 긴 호흡 한다. 꿈을 향해 편하고 맑아진다. 사랑을 이루려면 익숙함에서 탈피 결별이 되어야 한다. 설렘을 유지하는 비법을 다섯 가지 기법으로 정리한다. 첫째 일단 서로를 사랑해야 한다. 둘째 서로 결핍을 채워주는 코드 맞추기이다. 셋째 지속적인 동기 부여이다. 넷째 자극이다. 다섯째

과잉 보상이다. 이런 기법안에 내가 먼저 행복해야 한다. 상대는 코 꿰 매게 되어있다. 어느 꿈이든 그 비법은 유사하다. 먼저 꿈 실현을 위해 계획 세우기 자기 동기 부여 노력과 인내이다. 이 외 꿈을 이루는 비법은 다양하다. 하지만 가장 중요한 것은 자신과의 다짐과 약속에 실천하고자 하는 마음이다. 그 꿈은 봄과 연결된다. 2월도 10여 일 접어든다. 이해인의 시「봄 일기」중에서 '봄이 일어서니 내 마음도 -중략- 누군가에 다가가 봄이 되려면 내가 먼저 봄이 되어야지' 설렘을 위해서 먼저 내가 봄이 되고 익숙함을 과감히 결별해야 꿈은 이루어지리라!

자신이 브랜드다

It's his own brand.

　우리는 자신의 의지와 상관없이 이미 노출되고 있다. 그 통로가 바로 스마트 휴대 전화기의 사용과 접근이다. 자신이 궁금한 자료와 정보에 접근하고 좋아하는 것을 검색하는 것으로 인해 알고리즘이 형성되어 자연스럽게 앱이 뜬다. 이런 확장성과 접근이 바로 인공지능의 원리와 맥을 같이 하는 것이다. 물론 정보화 사회의 봉합과 연결이 아니던가? 이런 초개인화로 인해 마케팅과 광고성 문구는 하루가 다르게 들어온다. 정말 바른 판단과 올바른 식별과 현명한 분별력이 절실하다. 평소에 이런 것에 대응할 안목과 지혜가 아주 필요하다. 말하자면 미디어 리터러시, 문해력이다. 그리고 나 자신이 브랜드(brand)가 되는 시대이다.

　지금의 우리 사회와 정치적인 문제 역시 큰 범주에서 보자면 이 부분이 녹아있다. 현장의 교육제도는 토론과 자기만의 의견과 자기표현을 하도록 설정되어 있다. 다시 말하자면 창의력학습과 주도적인 활동으로 자기만의 역량과 자신 일에 자부심을 갖고 당당히 표현하도록 교육체제가 굳건해지고 있다. 개인의 행복과 인권이 강화된 교육 스펙트럼을 이룬지 오래이다. 20년 전 학교 현장 교육 논문 주제에는 "△△ ~을 통한 자기 표현력 신장"을 많이 사용한 기억이 있다. 종속적 개념으로 표현력에 방점을 두고 했다. 그러나 작금의 시대는 전혀 아니다.

모두가 공주이고 왕자이다. 형제자매 없는 혼자인 경우가 대다수이다. 그러다 보니 발언권이 아주 강하다. 시간이 부족해 발표를 다음에 하자고 하면 왜? 나만 기회가 없어졌냐고 따진다. 인간은 본성적으로 표현하려는 욕구가 강하다. 누구나 자신을 드러내기 좋아하고 어필해야만 살아남는 시대, 즉 생존이 달렸다는 인식이 지배적이다.

최근 한국방송통신대학교 채널 유노(U-know)에서 강의를 접했다. 「팬덤 경제학에서 배우는 한국 정치계의 흐름」이란 주제였다. 국회의원 J 의원 강의다. 우리 일반인도 연예인들 못지않은 팬덤 심리가 깔려있다는 것이다. 우선 팬덤이란 용어를 정의하면 팬덤(fandom)은 공통적인 관심사를 공유하는 사람들과 함께 공감과 우정의 감정을 특징으로 하는 팬들로 구성된 하위문화로 팬들은 팬덤의 목적에 대한 사소한 세부 사항에 관심이 있고 종종 특정 관행(팬덤)이 있는 소셜 네트워크(SNS)의 일부로 관심과 관련된 시간과 에너지의 상당 부분을 투입해 팬덤과 관련된 팬을 우연한 관심을 가진 사람들로부터 차별화하려는 욕구가 발현된다. 팬덤은 사람의 관심이나 활동 영역이나 그런 것이 군집을 이룰 때는 감당할 수 없는 힘이 작용하여 사회를 대변하는 문화로 선점하여 색을 이룬다는 것이다. 아주 거대한 영향력을 과시한다는 것이다. 애플의 강점은 거대 화면으로 단순함을 거머쥔 것처럼 소비자의 3대 요소인 다양성 개방성 자율성을 자극한다. 변화가 좋긴 하지만 심플(Simple) 할 때 더 큰 기회는 온다. 혼란과 카오스(Chaos) 시대를 가고 있는 우리나라는 분명히 무너지지 않을 것이다. 지금까지 누린 풍요와 평안과 산업화와 민주주의를 일구어온 것은 교육의 힘일 것이다. OECD에 따르면 경제성장률이 1991년도에는 7.3%였던 것이 현재는 약 1.7% 정도이다. 우리 자신이 스스로 상품화 즉 브랜드(brand)를 갖추기 위해서는 다시 한번 각성하고 다짐해야 한다. 단순히 물질세계의 풍요를 갈구하는 것을 넘어 한국 사회를 병들게 하는 요인인 정신세계를 살펴볼 필요가 있다. 사회 곳곳에 만연한 갈등과 다름에 대한 인식을 바라보는 새로운 관점이 필요하다. 지나친 쏠림과 진영에 과도한 이분법적인 사고는 더더욱 사회를 힘들게 할 것이다. 타인을 존중하고 포용하는 자세와 다름에 귀 기울이는 여유를 갖고 사회적 가치를 창출해야 한다. 다시 말해「일어서는 브랜드(brand)」길은 공익과 국가의 성장과 발전의 마중물 역할에 최선을 다하는 일이리라!

비둘기같이 순결하고 뱀처럼 지혜로이…
Purity like a pigeon and wisdom like a snake

푸른 뱀의 해, 대망의 을사년이 밝았다. 복잡하고 혼란한 정치 상황과 무안 항공 비행기 추락으로 모두가 침울하고 어두운 현실 앞에 과연 우리는 무엇을 준비해야 할까! 마음을 정갈히 해 본다. 새해, 청사(青蛇) 기운을 한껏 모아 지혜를 모으는 좋은 묘안이 없을까? 책을 읽고 좋은 미디어 매체에 귀를 쫑긋한다. 급변하는 디지털 환경과 이상기후에 응대와 역리에 쌓이든 빈부격차에 분노하든 이념에 다르다고 아우성을 치든 살아있는 모든 것은 살아야 하고 살아내야 한다. 생김새가 다르듯 생각이 달라 세대 간 성별 등등 차이로 인해 힘든 것은 사실이다. 그래도 우리는 유구한 역사의 빼어난 정기가 어린 나라이고 당당하게 OECD 선진국 대열에 들어선 자랑스러운 국가가 아니던가!. 지금이야말로 뱀같이 지혜롭고 비둘기같이 순결하라(마 10:16)라는 성경 구절을 묵상한다.

또래 집단 9살 아이들 세상이다. 위기철 작가의 『9살 인생』에서도 지나치게 행복했던 사람이 아니라면 9살은 인생을 느낄만한 나이이다. 이미 삶을 알만한 나이이다. 그들은 살아남기 위해 포장한다. 식사를 마치고 두 개의 요구르트가 호주머니에 안 들어가니 들고 가자고 호소한다. 패딩 조끼 호주머니가 넓어 잠시 가져와 SJ 가방에 둔다. 양치 후 돌아서니 부탁한 SJ는 감기

약을 먹기 위해 가방에 있는 요구르트를 분명히 발견한다. 그 깜짝할 사이 YZ는 마신 후 빈 통만 자신 책상 위에 덩그러니 남긴다. SJ 마음이 얼마나 서운할까? 라고 전하니 옆 친구가 YZ는 그 조그만 요구르트병이 앙증스러워 가지고 싶어 분리수거함에서 들고 왔다는 것이다. 절대 YZ는 몰래 마시지 않았다고 친구 MA가 증빙한다. 공놀이 때 끼어주지 않을 것 같아 은근슬쩍 변호하는 것이다. 분명히 심증은 가는데 현장에서 보지 않았으니 더 이상 주장하지 않는다. 물증이 없고 옆 친구가 강한 변론을 하니 '그래! 그렇겠다'라고 인정할 수밖에 없다. 분명히 마시고 증거인멸을 한 것이다. 만 7세 아이! 9살이지만 완전히 어른들의 그 정치성을 그대로 하는 것이다. 순수 집단도 이러한데 지금의 사회, 어찌하오리까? 이다. 국제적인 일이든 국가든 집안이든 어느 집단이든 자신의 것이라고 느끼고 접근 때는 암투와 갈등이 일어날 수밖에 없다. 삶에서 주어지는 모든 현상은 '나'라는 소유주 관점이 아니라 '공의의 것'이라는 관점일 때 물 흐르듯 순조로워질 것이다.

옥스퍼드 대학교의 올해 2025년의 어휘! 단어는 브레인락(Brain Lock)이다. 브레인락의 원어 뜻은 "뇌 썩음, 뇌 부패"이지만 의역(意譯)은 신경학적 불균형이 만들어낸 멈출 수 없는 불안의 시대라고 한다. 그 원인은 자극적인 유튜브에 노출된 동영상, 숏폼, 클립 등으로 인해 진중한 삶이 도망갔다. 그 결과 묻지 마 폭력, 악한 행동의 연속성이 펼쳐진다. 스마트폰의 부정적 요소인 즉흥적 성향으로 인해 사회를 병들게 하고 인내심은 고갈이다. 변장한 거대 골리앗과도 같은 스마트폰을 우리는 어떻게 지혜롭게 활용하느냐에 달려있다. 철학자 스크라테스는 '성찰하지 않은 인간은 인간이 아니다'라고 했듯이 지금의 시대를 마냥 나무라고 공격적 독선만으로 해결하는 법이 옳은가를 우리는 겸허히 살펴야 한다. 작금의 세태가 악에서 건지소서!를 진정으로 호소하고 실천할 적기의 시기이다. 브레인락! 강박과 불안을 서서히 내려놓고 편안한 뇌 훈련이 간절히 요구되며 '새해의 우리는 새처럼 노래하고 구름처럼 자유롭고 하늘처럼 평화로웠으면…' 두 손을 모아 가슴에 얹어 본다.

인생은 계속 흘러간다. 오블라디 오블라다

Ob-La-Di Ob-La-Da

　세상과 삶은 혁명같이 변한다. 지구촌과 디지털 공간은 하루가 다르게 예측할 수 없이 흐른다. 생성형 AI 교육 및 연구를 위한 가이드라인이 유네스코(UNESCO 2023)에서 제시된다. 통합적이고 포괄적인 로드맵은 모든 학습자 즉 소외계층을 아우르고 언어에서의 다양성과 균형 잡힌 인간중심 접근 방식이 필요함을 강조한다. 국내적으로는 12·3 계엄 선포로 사회적 혼란과 국정의 불투명이 보인다. 그로 인해 외교 경제 복지 등 굵직한 정책들도 흔들릴 수밖에 없다. 이런 각종 리스크(risk)와 위험인자에 의연하게 응대할 길은 과연 어떠한 모습이어야 할까?

　각종 어려움에 대처할 마음 챙김을 먼저 해 본다. 흐르는 세상사에 나라는 존재를 먼저 필터링이란 거름종이를 갖다 대어 본다. 한마디로 "하찮아져라, 단순해져라, 심플(Simple) 해라" 주문을 해 본다. 마음 밭에 심고 마음 알아차리기에 방점을 찍는다. 다사다난했던 2024년의 일을 서서히 접으면서 여러 행사에 갈 자료를 정리한다. 12월 초입에 송년의 모임을 한차례 가진 적 있다. 모두가 각자의 자리에서 열심히 걸어온 길에 스스로 자축하고 토닥토닥하는 마음이다. YS 총회가 남아있다. 그 초청장을 살며시 읽어 내려간다.

복잡다단한 시대상을 과감하게 극복하는 방법을 철학자 알랭드 보통(Aiain de Botton, 1969~)은 언급한다. 어떠한 게임이나 경기가 격해질 때 감독은 작전 타임을 한다. 그 후 숨고르기를 한다. 그 숨을 고르는 상황에서 객관적으로 보는 관점과 정리하기에 알맞은 단계가 필요하다. 과연 나는 무엇을 할 수 있는가? 할 수 없는 일은 무엇 무엇일까? 해야 할 일은 무엇이며 어떠한 가닥을 잡아보게 하는 것일까 등이다.

아울러 우리는 자주 우주의 관점과 역사의 눈으로 삶을 바라보고 마음을 가다듬는 훈련이 필요하다. 눈 뜨면 많은 정보와 뉴스가 들어온다. 인터넷 시사를 들여다보며 갈등한다. 상대적 비교 박탈감으로 인해 불안하고 공포의 강물에 목을 적신다. 굳이 보지 않아도 될 기사를 접할 경우도 있다. 필요 없는 내용을 접하고 마음이 복잡하고 혼란스럽다. 정말 현재에 필요한 뉴스나 사연은 용서와 평온을 가져다주는 친절의 이야기일 것이다. 그래야 살아가는 데 힘이 날 위안의 순간일 것이다. 내가 필요로 하지 않은 기삿거리는 멀리하자. 오히려 "귀를 막아라 하다못해 덜 들어라!"

두 번째는 복닥거리고 복잡스러운 일상에서는 평안이 없다. 잠시 공원과 강변을 거닐어 볼 필요가 있다. 한가하게 노닐고 있는 청둥오리를 바라보아라. 벤치에 앉은 나를 바라보는 청둥오리들은 관심 없을 것이다. 그저 먹이를 던져주는 것에만 집중한다. 여러 가지 내 앞의 생은 꼬이고 얽혀져 지낸다. 그러나 세상은 별 탈 없이 지난다. 그러니 너무 애면글면할 이유는 없다. 그저 자연을 보며 마치 청둥오리 한 마리처럼 삶을 유유자적하게 지내자. 숨을 골라야 하는 이유가 바로 이런 점이다. "그저 흘러가게 보내자!" 1주일 남은 12월이다. 마치 흐르는 물처럼 고통도 힘듦도 우주의 눈으로 보면 그냥 스쳐 지나가는 것이다. 인생이 그렇게 흘러가는 것! '오블라디 오블라다(Ob-La-Di Ob-La-Da)' 그렇게 인생은 흐른다.

경제 & 정치, 리뉴얼 시대

Economy and Politics! Renewal Era

    2025년도 트렌드는 "아보하"이다. 아무런 일없이 보내는 보통의 하루를 추구한다는 뜻이다. 그러나 새해가 밝은지 오래되었다. 그러나 사회는 여전히 혼란이 거듭된다. 최근 시사 프로그램을 접하고 정말 리뉴얼하지 않는다면 우리의 경제와 정치는 거듭 고배를 마실 것이라는 예견이다. 미국 언론계에서는 한국 사회의 안정기는 5월쯤이라고 하지만 현재는 불투명하다. 인생을 멀리서 보면 희극이고 가까이에서 보면 비극이라고 하듯 지금은 모두가 힘들다. 성과와 결과 지향적인 한국 사회의 문화로 인해 안전불감증으로 인해 대형 사고는 연이어 일어나고 어려운 3고 시대를 살아가고 있다. 최근 미국인 2024년 노벨상 수상 경제학자의 언급에 한국은 큰 병을 앓고 있다고 피력한다. 그 원인이 왜 온 것인지 한반도를 위성사진으로 클로즈업해 분석한다. 한국이 88올림픽을 기점으로 고도의 경제 성장을 가져왔으나 그 기저에는 많은 복병을 안고 있었다는 것이다. 기본에 충실하지 못했던 사회구조와 지나친 대통령 중심 체제 정치구조는 오늘의 이변이 일어날 수 없다는 결론이다. 최근 트럼프 2 정부 대두로 압박하는 관세정책으로 인해 정부와 기업들은 초긴장 속에 나날을 보내고 있다. 무엇보다 우리나라는 자동차와 반도체 사업에 민감 반응을 하고 있으나, 상호 관세로 입장으로 고도의 사고력이 접근 요구되어야 한다는 얘기다. 미국과 중국 간의 패권 싸움에서 우리나라는 중간에 끼어 정말 지혜가 요구된다고 본다. IT 관계 품질고도화, 신진세력에 대한 예비 조사 등 민감함을 읽어내어야 한다. AI를 우선 살피면 시간을 갖고 GPU를 미리 사는 이유는 먼저 자리 잡고 싶은 요구에서 발현된다. 이러한 것이 변형으로 로봇을 구동할 핵심으로 하드 업체와 손잡고 빅테크로 확산하고자 하는 서비스업의 확장성이다. 다시 말해 모델의 선점을 위해 기업의 현금 창출을 위해 투자와 투여를 해서 가이드라인을 마련하는 과정이 딥시크라 추정하는 바이다. 그럼에도 불구하고 빅테크 관련 회사가 헛수고가 될 것이냐 그것은 아니라 본다. 스마트폰을 예로 들어본다면 하드웨어를 깐 후 소프트웨어를 수립하듯 우리 경제 구조적 입장도 서서히 그렇게 진행해야 할 것이다. 단지, 기대감으로 진실의 모습을 갖고 준비하는 자세와 연구에 거듭난 자세로 접근한다면 분명 희망적일 것이다.

민감한 정치적 현실에 잠시 눈을 돌려본다. 나라의 기본을 유지하고 건재함을 지속화하려면 헌법재판위원회의 규정에 근거해 이 혼란을 풀어가야 함을 누구나 인지하고 주지하는 바이다. 가정과 사회에도 기준이 있어야 질서와 평온이 오듯이 국가 역시 그 규준에 의해 움직여야 한다. 인간은 원래 가장 자기 중심성이 강하다. 합리적 변명을 늘어놓기도 하고 자신을 옹호하는 모습을 거의 다 가지고 있다. 어느 수도사가 질문한다. "당신은 천국을 갈 만큼의 후회 없는 삶을 이끌었느냐"는 질의에 거의 60%를 넘는 자들이 자신을 옹호하는 통계치로 민낯의 모습을 보였다고 한다. 어쩜 지금의 시대는 진정한 리더 자가 없는 모습이 이와 같은 인간의 이기심일 것이다. 마치 구한말시대 그때처럼… 나라도 정부도 내 것이라는 인식으로 인해 일이 일어난 것이라

본다. 섬기고 상대를 귀히 여겼다면 오늘의 사회 혼란이 왔을까 하는 생각이다. 신뢰를 주지 못한 여러 정황이 오늘에 이르지 않았나 싶다. 결국은 삶에서 진정성을 갖고 국민을 위하는 마음과 국가를 생각하는 선군의 마음이 된다면 모든 것은 순조롭게 될 것이다. 그 길이 신뢰이다. 그러한 날을 간절히 소망한다.

서사가 없는 오늘의 시대

Today's Times Without a Narrative

　스마트 기기로 인해 우리들 인생에 서사가 없는 모습으로 살아간다. 여기서 서사를 먼저 명명하자면 공감을 끌어내고 그 공감에서 진정한 삶의 참모습에 호응하는 일이다. 혁명을 일으킨 스마트폰의 출현은 다면적인 관점으로 해석이 되지만 지나친 SNS 사용으로 인해 성인 아이 구분 없이 피곤하고 불행하게 살아간다. 최근 화제작 미국의 심리학자 조나단 하이트의 『불안 세대』라는 책에 10대 아이들의 뇌는 망가져 프랑스를 비롯한 일부 나라에서는 스마트폰의 사용금지 조례를 거론하고 있다. 지나친 스마트폰 사용으로 인해 창의적인 사고를 방해할 뿐 아니라 사회적 문제를 일으키는 상황까지 간다는 지적이다. SNS 사용의 무분별로 인한 요인이다. 예를 들어 아이들까지 가지 않더라도 성인 세대를 설명하고자 한다. 좋은 곳 여행해 맛집을 갔거나 자랑할 자신 모습이 바로 Up Load된다. 그것을 보고 상대적 비교 심리가 작동한다. 상대적 박탈감으로 위축되고 불안과 우울감이 스멀거리게 된다.

　이런 문제에는 개인을 넘어 사회적 양상으로 확산이 된다. 미국의 심리학자 조나단 하이트의 작 『불안 세대』라는 책에서 언급한다. 10대 우울증 2.5배, 여자 청소년 자살률 167% 증가하고 있다. 어디 그것뿐일까? 도대체 '요즘 애들'에게 무슨 일이 일어나고 있는 문제를 심층적으로 다뤄야 한다는 것이다. 청소년 정신 질환이 유행병처럼 여러 국가를 동시에 강타하고 있다. 각종 데이터와 그래프는 안정 또는 개선되던 10대의 정신 건강이 2010년대 초반부터 급속히 악화하는 사실을 적나라하게 보여준다. 특히 불안과 우울증, 자해, 자살 충동 등의 지표에서 그 수가 두 배 이상 가파르게 증가한다. 가장 중요한 발원지는 어른이다. 아이들에게 변별과 분별력의 모범을 보여야 할 것이다. 편리한 기기의 활용과 정보의 최첨단은 어떻게 활용일 것이다. 계속 질타하고 있는 인공지능의 활용 영역도 똑같은 셈법이다. 급격한 인공지능의 발전은 우리 사회의 산업 구조 전반에 긍정적 일면도 있으나 그 진화를 악용하여 딥페이크의 확산은 인공지능 기술의 어두운 면이 되어 역시 사회 문제가 되고 있다. 딥페이크는 단순한 기술 문제가 아니라 사회적인 윤리와 법적책임을 담고 있는 복잡한 문제를 지닌다. 더 다양한 형태로 발생할 수 있는 법적 갈등의 시작에 불과하나, 인공지능 기술이 인간의 통제를 벗어나 위험한 방향으로 전환하는 더 심각한 사회적 문제를 야기 가능성이 크다는 것이다.

우리는 이러한 '지능 혁명 시대'에 무엇을 어떻게 가르쳐야 하나? 그 지혜로운 대처법은 첫째 인간의 존엄성을 갈파하는 영성 훈련 둘째 메타적 인지 학습 셋째 메타 인지를 터치할 핵심적 탐구, 예를 들어 핵심 가치 진작을 위해 개념과 가능성을 배합해 접근하는 핵심 역량적 학습 넷째는 개인과 집단을 넘어 세계적 시야를 넓히는 자세 다섯째 가상경험과 직접경험에 준해 직접경험을 강화 여섯째 문무 경험의 건강체 도모 일곱째 협력적 집단지성의 창출 여덟째 교육 과정상 내용에 재능기부와 봉사영역 확충이다. 선진 신 일류 교육을 위해서 아니 서사가 있는 인간적인 삶을 위해서 진심의 노력이 필요하다.

참되고 선하고 의롭고 아름다운 꿈을 갖게 되는 순수한 자연을 동경하고 푸르른 하늘과 밤하늘의 별 헤는 그런 감성으로 되돌아가야만 진정한 서사는 이루어질 것이다.

사랑한다는 것은…

I love you…

사랑의 사전적 의미는 '존재 자체를 귀히 여기고 존중한다'는 뜻이다. 사랑하는 것은 사랑을 받느니보다 행복하나니 오늘도 나는 너에게 편지를 쓰나니 그리운 이여, 그러면 안녕! 유치환 시인이 떠올려지는 시월이다. 10월은 축제의 계절에 지금 이곳은 유등축제와 개천예술제가 한창이다. 해마다 하는 일이라 별반 차별성이 없어 보인다. 단지, 그 업무 추진을 위해 업무 담당자 노고가 보인다. 경의를 표한다. 개인적인 생각이나 가장 좋았던 것은 밤하늘에 드론으로 쏘아 올린 레이저 쇼가 참 인상적이다. 이 아름다운 우리 지역을 사랑한다. 이런 맥락에서 사랑의 연관어! 생각이 있다.

그 어원을 거슬러 살펴보면 조선 전기에 'ᄉᆞ랑'은 분명 현대의 '사랑[愛]'과 같은 의미로도 쓰였지만 '생각[思]'한다는 뜻으로 더 널리 본다. 실제로 한문과 언해문이 공존하는 중세 한국어 사료에서 언해 부분의 'ᄉᆞ랑'이 思(생각할 사), 念(생각할 념), 思惟(생각할 유), 思懷(품을 회) 등의 한자와 대응되는 경우를 많이 찾아볼 수 있다. 그중 번역 노걸대에서는 백화문으로 된 원문에서부터 사량(思量)이라는 어휘를 포함하고 있으므로, 한자어 '사량'과 한글 표기 'ᄉᆞ랑'이 일대일 대응 관계를 이루고 있다. 또한 당시 '思量'의 한자음은 'ᄉᆞ량'으로, 'ᄉᆞ랑'과는 반모음 하나의 유무 정도의 차이밖에 나지 않으며 음운 변화의 결과로 파악 가능한 범주 내에 있다고 볼 수 있다. 위와 같은 요소들을 고려할 때, '사랑'은 본디 '생각'의 뜻으로 쓰였다가 15세기 중반부터 점차 '애정'의 의미를 겸하였고, 16세기 말에 이르러서는 현재까지 쓰이는 '애정'의 의미만을 가지게 되었다는 것이 중론이다. 언어의 변천 과정에서 의미 변용은 흔하게 벌어지고 당나라 때의 《돈황곡자사집》을 비롯한 한문 서적에서도 이미 '사량(思)'이 '님을 그리워하며 생각하다'와 같은 낭만적인 맥락에서 사용된 전례가 있다. (출처-나무위키 중)

위와 관련 잠시 나를 한번 떠올려 본다. "생각하는 대로 사는 사람인지, 사는 대로 생각하는 사람인지."

사람은 가던 길에 익숙함을 느낀다. 아무리 세상이 급변하여도 기본적인 성정을 추구하는 것은 같다. 부모님 세대의 부모님은 생존이었고 그다음은 가족 친화이고 지금의 사회적 주축인 2~30대는 기본적인 기준을 준수하는 조건하에 나란 존재가 우선이다. 그리하여 10여 년 전에는 '소확행(소소하고 확실한 행복)'이더니 요즘은 '아보하(아무런 일 없고 보통으로 살아가는 하루)'를 추구한다. 새롭고 생경한 길을 가는 데 있어서 누구나 두려움과 공포를 가진다. 하지만 사랑하면 하게 된다고 한다. 무엇보다 사랑에는 용기가 필요하다. 어느 작가의 말에서도 용기가 없는 사랑은 가지 아니한 것보다 못하다는 어록이 있다.

최근 우리 문학가에는 한강 작가의 노벨상 수상으로 인한 강한 신드롬이 전국을 강타하고 세계를 들끓게 한다. 정말 K 문학의 좋은 도화선을 가져다준 계기이다. 영상 문화에 익숙한 오늘의 어른이나 아이들은 심각한 문해력 부족을 보인다. 지금의 '젤파(2000년 이후 출생자 세대 지칭)'들은 번거롭고 귀찮은 것을 거부한다. 검색에 길들여져 책을 읽거나 글을 쓰는 일을 너무나 힘들어한다. 당연히 생각이 깊거나 사색의 단계에는 진전이 안 되는 세상에 강한 울림을 주는 기회이다. 전자문서로 보여주는 가정 통신문이나 알림장 내용이 학교 종이 앱에 부모님이 보는데 왜 우리가 굳이 연필을 잡고 또 알림장 공책에 써야 하냐?고 반문하는 이 시대 아이들이다. 우리 삶을 사랑하는 길은 생각하는 길이다. 다시 필기도구를 꺼내고 청명한 가을 하늘 아래에서 글 읽기를 사랑하면 젊어지는 마음, 분명 동심(童心)을 분명 찾으리라!

세대 간, 살아내기 비법

The secret to intergenerational survival

　세대 간 갈등! 사례 들어 설명해 본다. 최근 추석 명절로 연휴를 지냈다. 6남매 자녀를 둔 대가족이고 시댁 역시 그러하다. 명절 음식은 전혀 안 하고 차례도 그만하자는 신호이다. 대신 오순도순 다모여 웃고 떠들고 '수다' 주제로 동생팀 등과 강원도 속초로 여행을 다녀왔다. 당연히 부모님은 의례상 하기를 원한다. 그러나 점점 나이가 들어간다. 조상을 모시고 차례를 지내는 의식은 이미 다른 나라 문화이고 한 세대를 접는 의식이다. 그런 인식이 없는 신 진보적, 신 자유시대로 명료하게 수용한 입장이다. 막상 집으로 돌아와 보니 명절 음식 후발 잔치할 것도 없고 식사류 해결을 위해 바깥으로 나간다. 대학생 조카들이 선호하는 식당이다. 생존을 위해 처절하게 살았던 88세, 85세 부모님들과 가족 친화적인 문화의 환경에서 성장하고 자란 우리 세대 오직 나만 행복하면 된다는 자아 취향적 세대인 MZ세대 3대가 머물면서 연휴 남은 하루 시간을 보낸다. 메뉴는 당연히 자극적인 음식이다. 친정아버지와 어머니는 애써 맛있다고 한다. 그 이유는 이미 알고 남는다. 추석 명절에 대한 인식을 혁신적으로 바꾼 의식을 가진 부모님이니 손자랑 다니는 맛집에 대한 취향에 일언 불만도 없이 매사가 OK이다. 한편으로 생각하면 정말 우리 어머니 아버지는 앞서가시는 분이고 현명할 정도로 눈치가 빠른 분이라 다소 겁이 날 정도로 무섭다. 하지만, 그 이면에 감사하기도 하고 고맙기도 하다.

최근 명절 때 핫한 영화 <장손>이 떠오른다. 그 영화의 내용은 콩을 갈아서 두부 만들기 가업을 이뤄 가는 가족 영화이다. 그런 상황에서 집안의 묘한 갈등과 이해관계를 아주 흥미롭게 부각한 이야기이다. 소소한 내용이 많은 공감을 자아낸다. 가족 간의 기대와 친밀로 인한 갈등과 서운함 등을 아주 실감 나게 보는 이로 하여금 가슴을 후미는 부분이 나게 표현되었다. 마치 너와 나의 우리집을 보는 듯하다.

세대 간의 소통이 참 쉽지 않은데 그 불편함을 그대로 만들어서 너무 반가움이 극명하게 드러났습니다. 참고로 저 할머니, 할아버지는 일제강점기 전후에 태어나고 조선에서 자란 부모님 밑에 큰 세대입니다. 우리 가정 역시 어느 날 물려줄 자산! 상속, 즉 유산에 대한 선언을 한 적이 있다. 위 언급한 <장손>이란 영화의 집안 배경과는 나름 신교육을 받은 집안의 분위기이다. 그곳은 보수적인 전통적 구미의 어느 두부 공장 사업가 집안을 배경으로 하여 그 사업을 손자에게 유업으로 승계받도록 강요하는 할아버지 인생철학과는 다소 거리는 있다. 그러나, 조그마한 텃밭을 일구면서 자녀들의 온전한 장성과 손자들의 건강함을 보고 기쁨과 보람을 나눠주시고 지금까지 건강하신 두 분을 보면서 한없이 큰 은혜를 느낀다. 그러면 우리는 낀 세대 현실에서 다소 적응 순응하려면 어떤 자세가 필요한지 몇 가지 살펴보고자 한다. 낀 세대란? 개념을 알아보면 위로는 기성세대 아래로 평등 문화에 익숙한 신세대 사이를 지칭하는 세대이다.

조직에는 50년대, 60년대, 70년대, 80년대, 90년대가 공존한다. 그 세대 간의 가치관과 추구하는 관점이 다르다. 이런 낀세대간의 갈등을 줄이려면 과연 어떻게 접근이 되어야 할까! 낀 세대들의 앞서가는 리더상을 6가지로 정리해 본다. 첫째 소통한다. 둘째 참여를 제안하고 함께 어우러지는 파트너십을 발휘한다. 셋째 전문성과 실력을 갖춘 참신한 리더상이다. 넷째 책임감과 주인의식을 심어주는 태도 다섯째 구성원의 마음을 사는 진정한 리더성 여섯째 끼고 있는 세대들에게서부터 끊임없이 배우고 성장하려는 태도이다. 장점을 배우고 단점은 보완하는 자세로 임하면 어디서든 환영받을 것이다. 낀 세대들이여! 나를 바라봐다오, 배울게요.

플랫폼, 연결 힘

Platform, connectivity

　우리나라의 수출 효자는 바이오와 배터리이다. 그 계열로 따져 들어가면 자동차 산업과 조선 사업도 포함된다. 신소재 개발을 위해 풍력, 수소에 투자해 이산화탄소를 줄일 수 있는 역할을 하고자 한다. 점점 증가하는 전기차의 수요가 그것을 말해준다. 석유를 덜 사용하여 환경을 보호하자는 의도도 내재한 바다.

　차체하고도 이산화탄소를 줄이기 위한 다양한 연구가 진행되는데 최근 신산업 사회 소재인 바이오에 관한 관심은 아주 방대하다. 바이든 정부의 히든카드에 보면 바이오산업 주도함을 감지한다. 우리나라 역시 기술, 표준 프로토콜을 만들 입지로 아주 적극적이다. 중국이 제외된 상태로 단독으로 접근할 의도를 보인다. 다시 말하자면 바이오산업에 이어 파우치 형식의 전기 배터리로 전기차 운영에 시사하는 바가 아주 크다. 이미 유럽 각지의 나라는 전기차 상용으로 환경을 가장 먼저 생각하고 코로나 기후 환경에 대처한다. 설명을 더 부연하자면 종전에는 수입차와 국산차로 구분했다면 요즘은 전기차인가 그렇지 않은 차로 구별해서 접근한다. 거대한 스마트 디지털 환경에 바퀴 달린 자동차 산업의 군상은 아주 광대하게 될 것이다. 자신의 소유차가 아니어도 터치만 하면 차를 운영할 수 있고 자율 주행 장치 차량의 플랫폼 역시 연동이 될 것이다. 미래 주도산업인 핀테크 환경은 간편한 디지털 기기를 이용하는 것의 일반화이다.

다시 말하자면 실체가 사라지는 현실이 펼쳐짐의 그 바로 증명이다. 음악을 듣고 있어도 테이프나 CD가 없다. 사진을 보고 있으나 앨범집이 없다. 소설을 읽고 있지만, 가시화된 소설책은 없다. 정보통신기술이 발전하고 보급되면서, 과거에는 상상하지 못했던 일들이 펼쳐지고 있다.

실체가 사라지고 있는 모습은 금융거래 속에 더욱 명확하게 드러난다. 동전과 지폐가 사라지고 있다. 물건을 살 때도 물건을 만져 볼일도, 지폐를 주고받는 일이 없어진 지 점점 가중되고 있지 않은가! 세계적 거대 온라인쇼핑 시장의 성장은 모바일 결제가 주도해 왔다. 이러한 소비 트렌드의 변화의 배경 중 하나로 핀테크라는 거물급 주인공이다. 이제는 진지하게 한 발짝 떨어져 볼 일이다. 어느 분야로 한국의 주력산업을 재편할 것인지에 대한 고민이 필요한 시점이다. 물론 그 연결이 바로 플랫폼이기도 한 것이다.

지난해 2월, 트래비스 칼라닉(우버 창업자)은 "우리에게 가장 큰 문제는 차량 공유가 실현 가능한가? 사람들이 공유하고 싶을 만큼 저렴한 운반 수단을 만들 수 있는가"라고 말했다. 다행스럽게도 대답은 압도적으로 그렇다고 했다. 아마존은 판매자와 구매자가 직거래하는 온라인 오픈마켓이라는 플랫폼으로, 상품 가격을 낮추며 돌풍을 일으켰다. 넷플릭스는 시청자가 프로그램을 골라 원하는 기기로 시청하는 방식으로 콘텐츠 유통과 소비의 주도권을 시청자에게로 돌렸다. 디지털 플랫폼이 생산자와 소비자를 끌어들여 새로운 시장을 만들고 있다.

　서울대 경영학과 송재용 교수님 의견에도 "자기 진영으로 끌어들여야 하는 길은 바로 콘텐츠를 제공하거나 앱을 개발해 제공하는 업체에게 분배 상생"이라고 언급했다. 플랫폼의 적용 분야는 무궁무진하다. 교육, 금융, 법률 자문, 의료, 물류, 그뿐만 아니라 심지어 농업 분야에도 새로운 플랫폼 기업들이 나타나 산업 지형을 뿌리째 바꾸고 있다. 어디 멀리 가지 않아도, 부동산 소개업에서 집수리, 화장실 리모델링 제품을 연결하는 곳을 알고 있다 한다. 당연히 그런 라인에서 구입할 때 저렴하게 접근된다. 그림과 문학을 좋아한다면 그러한 사람 곁에만 가면 좋은 풍광이 있는 집도 볼 수 있을 것이고 음악도 연결될 것이다. 이것이 바로 플랫폼의 힘이 아닐까 느낀다. 먼저 나 자신이 매력을 이끌만한 것을 마련한다. 그 후 연결고리를 쌓아간다면 분명히 좋은 플랫폼에 연결해 주리라.

인정투쟁과 적정 기술
Struggle for recognition and appropriate skills

한가위가 되어 온 가족이 둘러앉아 음식을 같이 한다. 이가 다소 편찮으신 여든다섯 친정아버지의 음식을 드신 잔반을 종이류 분리수거함에 생각 없이 투척하신다. 이 장면을 보고 친밀하다는 관점에서 그 상황을 말없이 버리면 될 일을 공개한다. 그리하여 조카들 앞에서 아버지의 위신을 추락시키게 되고 만다. 필자 역시 아버지로부터 어린 조카들 앞에서 야단을 맞게 되어 기분이 불쾌하다. 잠시 덜 성숙한 모습에 반성한다. '때로는 못 본 척, 또 알아도 덮어줘야' 모두 네 편이 되어 편하게 사회생활을 한다는 말씀이시다. 타당하고 옳은 말씀이시다. 친정아버지는 나쁜 행동을 하여도 맞춰주고, 듣기 좋은 말만 하면 살아가기가 편하다는 것이다. 인간의 욕구 5단계 리비도(libido) 안에 인정받고 싶고 존중받고 싶어 하는 모습이다. 워낙 투명하고 반듯해 바른말만 잘한다고 해서 훌륭하지 않다는 뜻이다. 그렇다고 본다. 그러나 라포(Rapport) 친밀한 상황에 어느 정도 상호 수용이 되어 이해는 한다. 하지만 질서와 조직을 요구하는 사회에서는 사실 그러면 안 된다. 상대의 비위에 맞추고 체면과 환심을 사려고 나쁜 행동도 눈감아 주는 일은 아니다. 아부와 간교함에서 벗어나야만 정의사회와 공의가 실현되고 기회는 동등하다.

최근 코로나19로 인한 사회적 양상이 변화되는 것을 감지한다. 환경이 우선인 관계로 다량의 물건을 제조하여 폐기하는 일은 빨리 고쳐나가야 하는 모습이다. 개별적인 수요와 여러 가지 선호도를 감안한 다양성을 존중하여 개별 눈높이에 알맞은 다종소량(多種少量) 생산을 하는 것에 초점을 맞춰야 현명하고 합리적인 사회유통망이 유지된다고 보인다. 다시 말해 공장에서 찍혀 나오는 제품을 무작위로 생산하는 것은 어리석은 일이다. 개별적인 선호도와 사전 계획하에 이루어져야 한다.

코로나19 일상 이전에는 Want(요구, 원하던 대로)라는 측면이었다면 지금은 Like(취향, 선호도)로 나가고 있다. 코로나19 일상 이전부터 이러한 조짐은 조금씩 변화되고 있었다. 이미 젊은 Z세대들에게는 욜로(YOLO)족과 소확행(少確幸)이란 신조어를 창안해 내었듯이… 이제는 극히 개인 요구의 시대인 취향 저격이란 측면이다. 누구나 꽃은 좋아한다. 그러나 나만의 색상과 좋은 스타일의 꽃이면 더 좋은 일이다. 음식 역시 그렇다. 맛있는 것은 누구나 좋아한다.

그러나 소스나 풍미가 조금 더해진 신(神)의 한 수가 더해진 나만의 맛집에 찾아간다. 일종에 나 안에 있는 것에 나 스스로 인정을 하자는 것이다. 친구가 50평 집에 살면 나도 그에 따르는 40평 집에는 살아야지, 하는 부러움과 시기심의 모습이 그것이다. 자동차 역시 그러하다. 그러나 최근 두드러지는 양상은 나 만에 맞는, 나에 알맞은 수준과 여건과 조건을 먼저 고려한다는 것이다. 상대가 인정하는 것이 아닌 나 안의 진정한 내 모습에 접근해 나만의 패턴으로 승부하자 하는 인정투쟁으로 변화한다는 사실이다. 어디 꼭 문화에서만 그럴까? 공장에서 찍어낸 다량의 생산품인 N사 운동화를 누구나 선호하였던 시대가 있었다. 그러나 이제는 나만의 모습에 나의 스타일 패션의 운동화를 찾는다. 인정투쟁과 적정 기술은 같은 알고리즘에서 해석하여 수용할 즈음이다. 다양한 사람의 수요에 맞춰 한 사람 한 사람의 의견에 귀를 기울이고 소량을 제조하여 즉시 판매하는 전략에 돌입하는 시스템을 받아들여야 한다. 어디 상품뿐이랴. 최근 우리나라의 코로나19에 대한 접근과 응징에 대한 태도 역시 같은 맥락이라고 본다.

선진국이라는 개념이 과연 어디까지인가? 이다. 방역체제나 환자를 접근하는 기법과 아이디어가 한국이 이미 내부적으로 우수하다. 다른 선진국에서 오히려 벤치마킹(bench-marking)하는 시대이다. 다시 말해 <기생충> 영화와 BTS가 국제적인 위상을 말해주듯이 진정성에 호소하여 참다운 것을 인정하여 나만의 것을 스스로가 만들어가야만 살아갈 수 있는 시대를 맞이한 것이다. 나만의 인정투쟁과 적정기술을 가꿔가기 위하여 새벽녘의 충만한 보름달에 호소한다. 더욱더 좋은 경쟁을 심어가고자 오늘도 공부하고 또 훈련하련다. 새벽녘 하늘가에 충만한 보름달은 선함을 보여주고 헛것을 더욱더 버리고… 편하게 살라 하네.

미래 생존전략! 실천만이…

Future survival. Only strategy practice

우리 고유의 명절을 앞두고 코로나19로 인해 정부와 방역 단체는 초긴장하고 있다. 예년과 달리 고속도로 통행료도 부담하게 한다. 그래야 이동과 동선을 줄이자는 의도이다. 이러한 제도적 장치를 잠시 이용한다. 정책상에 제어 라인에 접근해 효과를 노리는 것이다. 경제학 용어 니즈의 효과이다. 코로나19 감염 수치는 여전히 세 자릿수다. 전국적으로 퍼지는 바이러스 균을 근원적으로 막는 일은 상당히 힘든 일이다. 인간의 이기심의 발로로 오염되고 지구온난화는 여전히 심각하다. 그 결과로 이상기후와 바이러스의 빈번함을 초래하는 지구의 재앙이다.

지구온난화의 원인을 검색하여 보니, 오존층 파괴를 유발하는 프레온가스가 온실가스의 역할을 하는데, 이를 대체하는 물질인 역시 온실가스의 성격이 커 문제가 되고 있다. 온실가스의 누적 배출량은 선진국이 많지만, 최근에는 개발도상국의 배출량이 빠르게 증가하고 있는데, 중국의 이산화탄소 배출량은 미국을 앞질렀다. 우리나라도 2009년 세계 제8위의 이산화탄소 배출국이 되었다. 어느새 다른 나라만 탓할 수 없는 처지가 된 것이다. 세계의 모든 사람이 관심을 두고 접근하여야 하는 문제이다. 지구 온도는 이미 경계선 데드라인에 들어섰다. 지구의 온도는 경악할 만큼 심각하다. 나 한 사람이라도 PVC

활용을 줄여가는 자세를 갖자는 플라스틱 0(제로)화 운동을 펼치는 영국의 바닷가 마을이 생각난다. 우리의 살아가는 이 지구를 지키는 일만이 미래를 살아갈 생존전략이다.

　서울 망원동 시장에는 재료만 담아 가는 활동을 진행하는 것을 어느 방송의 다큐 프로그램에서 접하였다. 음식이나 떡을 되가져 갈 용기를 가져오면 거기에 알맞은 쿠폰을 나눠준다. 그것을 모아오면 바로 현금인 돈으로 환산하여 또 다른 물건을 살 수 있는 여건을 제공한다. 이러한 실제 활동과 삶에 체화되는 모습은 도전할 만한 좋은 블루오션이다. 소소한 비닐봉지 하나라도 재활용할 수 있게 하는 자세를 필자도 갖는다. 청결 유지에 따라 또 재활용되는 기회를 얻는다. 물론 소소한 생활 부분이 되는 분리수거도 철저히 이행한다. 그 외 생활 속에서 실천할 수 있는 부분을 정리하여 제시하면 실내 적정 온도 유지하기, 자동차 대신 대중교통 이용하기, 최대한 1회용품 사용을 줄여가기이다. 3요소만이라도 잘 실천한다면 많은 변화가 올 것이다.

　이미 누구나 잘 알고 있는 내용이지만 다시 한번 강조한다. 지구온난화의 가장 큰 원인은 산업의 발전에 따른 화석연료의 사용량 증가에 따른, 이산화탄소 배출량의 증가 때문입니다. 인류는 얼마 전부터 지구온난화 현상을 방지하고자 큰 노력을 기울여 왔다. 현재까지의 가장 대표적인 활동이 화석연료, 예를 들면 석탄이나 석유 등의 사용량을 줄이려고 노력한다. 신에 이산화탄소 배출이나 기타 환경오염이 전혀 없는 태양열이나 풍력, 조력 등의 신재생에너지를 적극 이용해서 전력을 생산해나가자는 것이다. 두 번째 삼림 자원의 보존과 나무 심기 운동이다. 삼림 자원은 대기 중의 이산화탄소를 흡수하고 대신 산소를 내뿜기 때문이다. 셋째로 현재 진행 중인 기후변화 방지 협약 같은 국제협력을 통해 전 세계 각국이 이산화탄소 배출량을 줄이기 위한 각종 화석 에너지 절감 운동 등을 전개하는 것이다. 앞으로 과학기술이 발전할수록 많은 편리를 가져다줄 수는 있다.

그러나 현재 연구 중인 대기 중의 이산화탄소를 과학적으로 포집하여 액체 등의 상태로 저장 보존하는 기술들을 통하여 대기 중의 이산화탄소량을 획기적으로 줄일 수 있는 날을 간절히 기대하여 본다. 일상생활에서 이산화탄소를 줄이기 위해 할 수 있는 일들에는 쓰레기 분리수거, 음식물쓰레기 줄이기, 세제와 샴푸 사용량 줄이기, 재활용하기 등등 많은 노력이다. 이 모든 활동은 결과적으로 이산화탄소 발생량을 줄여 우리의 일상의 대기권을 쾌적하게 하여 더 나은 삶의 질을 가져다주는 일이니, 실천할 수 있는 아주 작은 것부터 해야 한다. 그 선택에는 두말할 나위가 없다. 아니 지금 당장 소소한 것 하나라도 실천에 옮기는 선각자다운 삶의 자세만이 미래 생존에 잘 적응할 자가 될 것이다. 조용히 나를 성찰해 본다.

확증 편향적 사고에서 멀어져가기
Stepping away from confirmation-biased thinking

바이러스로 인하여 국제적으로나, 국가적으로 모두 혼란스럽다. 심리적인 방어기제인 불안과 공포는 반응을 크게 보인다. 정보화 사회의 일반적인 특성은 자신의 취향에 적격하면 받아들이고 본인의 가치관과 신념에서 자기 방식의 방법으로만 정보를 수용한다.

그러한 성향을 확증편향(確證偏向)이라고 한다. 확증 편향은 자신의 신념과 일치하는 정보는 받아들이고 신념과 일치하지 않는 정보는 무시하는 경향적 사고라 한다. 이러한 사고로 인하여 빚어지는 폐단은 아주 많다. 여론화하여 집단지성으로 몰고 갈 때 그 여파는 너무 큰 파장을 일으킨다. 그 결과물이 증빙되지 않은 정보이고 가짜 뉴스라 할지라도 우선은 치우쳐서 바라본다. 사회는 더욱 미궁에 빠지고 혼란해진다. 그리하여 누구나 과대 불안증, 공포심, 두려움에서 벗어나는 길을 찾지 못하여 방황한다. 그 길을 바로잡고 평정을 가질 수 있는 방법은 오직 한가지이다. 삶을 성찰하고 세상의 흐름을 바로 보는 자신만의 준거가 있어야 한다. 류인현 작가의 『거북이는 느려도 행복하다』라는 책을 살펴본 적이 있다. 왜 거북이가 토끼를 이긴 것일까? 거북이의 목표는 토끼가 아니고 결승점이었기 때문이다.

그의 시선이 토끼를 이기기 위한 목표가 아니고 결승점이 있었기에 토끼를 이길 수밖에 없었던 것이다. 오늘날 시대를 포스트 오브 포스트모더니즘(Post of post-modernism) 시대라 칭한다. 2000년대 이후 이런 현상은 두드러지게 나타난다. 어떤 사안이나 이슈가 된 자료가 입증되지 않은 쟁점에 대하여 반응이 크다. 그 또한 중심 없는 쏠림으로 나타난다. 그 이유는 누구나 기준과 잣대가 없기 때문이다. 아울러 자신이 옳고 스스로 대단하다는 의식이 강하여 온다는 것이 사회학자의 언급이다. 내가 선생이 되고 싶어 하고 신(神)이 되고 싶어 하는 잠재의식이 강하다는 것이다.

잠언에 보면 부지런한 자는 조급한 자를 능가한다. 다시 말하자면 여기서 부지런하다는 뜻은 히브리어로 단호한 결의가 있는 자란 뜻이다. 즉 결의가 굳은 자는 소소한 현대 사회의 이슈나 정보에 갈팡질팡하는 조급함을 보이지 않는다는 의미이다. 이 시대의 대부분 사람은 시사 잡지나 뉴스, 미디어에서 안내하는 얄팍한 정보에 바로 반응을 보여 자신을 잃고 맹종하여 흔들린다.

하지만 자신의 삶에 대한 방식과 행동 양상이 사회의 거부하는 반대 행동이 없었다면 의연하게 삶을 향유하고 누리면 된다. 최근의 코로나바이러스에 대한 일도 그러한 일면을 보이지 않고 바르고 단정한 자세로 살아가는 사람은 두려워할 필요가 없다. 평소 면역을 키우고 안전 수칙을 잘 지킨다면 분명히 괜찮을 일이다. 과잉 반응으로 마스크와 손소독제 유통에 혼란을 주는 부분, 외출과 모임에 가면 전염된다는 인식으로 헌혈을 기피하는 현상도 같은 맥락이다.

과도한 반응과 관심이 너무 심해 여론몰이가 되어 공포 분위기를 조장하게 되는 것이다. 앞에서 언급한 거북이와 토끼의 사례와 같은 흐름이다. 토끼는 자만과 교만으로 인하여 자신이 잘 달린다고 거북이를 무시하고 만다. 그리하여 중간에 가다가 낮잠을 잔다. 일어나보니 거북이는 결승점에 먼저 도달하여 있다. 그때 토끼는 후회해도 소용이 없다. 거북이는 자신만의 룰(Rull)과 규준 안에 끝까지 경주(競走)해 완주 한 것이다. 우리에게도 그러한 거북이의 삶에 대한 태도와 자세를 본받을 필요가 있다.

  삶에 대한 겸손과 의연한 기준을 평소에 준비하고 살아간다면 어느 순간에도 흔들림은 없을 것이다. 또 나만의 결핍을 보완하는 자세와 소양을 준비하여 삶을 바라보는 자는 굳은 결의를 가진 자이다. 정리해 본다면 진정 자신을 관조하고 성찰하여 삶을 지혜롭게 바라보는 안목을 소유하자는 것이다. '오늘의 내 인생 길은 어제의 걸어온 마이 웨이(My Way)이고, 오늘의 몸은 어제의 식습관과 생활 모습이라 보면 된다' 이렇게 된다면 인생의 어려움은 없을 것이다. 나폴레옹이 유배지에서 한 말이 떠오른다. "오늘의 내 삶은 내가 잘못 보낸 시간에 대한 보복이다" 다시 말하자면 자신을 냉철히 판단할 줄 알고 절제하고 살아가라는 의미이다. 오늘도 나만의 틀(Frame)을 깨고 확증편향(confirmation bias)적 사고(思考)에서 멀어져 보아야 한다. 좋은 가치관과 훌륭한 덕목에 자신을 투사시켜 슬기로운 나다움을 향해 거듭나기를 해 본다.

오늘에 눈부시도록 살아라!

Live brilliantly today!

'Dream is nowhere. 와 Dream is now here'의 의미를 곰곰이 생각한다. 한 글자 띄어쓰기의 차이인데 엄청난 결과로 해석을 가져다 준다. 무엇보다 설레고 꿈꾸어 눈부시게 살아가자 라는 암묵적이 안내를 하는 뜻이 담긴 문장이다.

지난 5월 1일 백상 예술대상에서 시상식 내레이션에 나온 방송인 김혜자씨의 말이 생각난다. 지나간 과거에 마음을 두고 후회란 단어를 버리고, 다가올 미래에 대한 불안해하는 마음을 함께 밀어내고 살아가면서 지금 여기 오늘에 열심히 살고 지금 이 순간을 눈부시게 살아라. 는 감동의 말을 전한 적이 있다. 1997년 해외여행 자유화가 되기 전 필자는 지중해 연안의 6개국을 40여 일 목적성과 성과를 전시하기 위하여 배낭여행을 다녀온 적이 있다. 그때만 하여도 생수를 사 먹는 시점이 아니라 우리가 갔던 그 여행지에서는 구입하여 생수를 마시곤 하였다. 24여 년이란 세월이 흘러 오늘의 우리나라 현실은 생수를 누구나 구입하여 마신다.

그와 마찬가지로 미세먼지 역시 그때는 생각지도 못했던 자연 환경이었다. 그러한 격세지감의 현실 앞에 상전벽해와도 같은 오늘과 그 시절 앞에 우리는 많은 것을 느끼게 한다. 마음은 늘 변함없는데 우리네 정서는 여전히 새로운 것을 발견하고 변화되길 기대한다. 우리가 눈부시게 살아가는데 장애물이 너무나 많아 사실은 문제가 많다. 불쾌한 자연환경, 이웃들, 즉 철학자들이 말하는 타자(他者)들이다.

위로는 권력의 정상과 그 주변의 부귀영화를 살다가 급진 직하 감옥으로 가는 경우나, 젊은 연예인들의 스타덤(Stardom)에 오른 후 마약 등 자신의 그 휘청거림을 조절 못 하여 검찰과 경찰서를 드나드는 모습, 그러한 좌절감에서 권력과 재화에 영원함을 갈구하다 결국 나락으로 떨어진 모습들이다. 우리 사회는 나와 타자(I and other)가 관계망 속에 사는 공동체다.

'나' 혼자만 살 수가 없다. 그것은 고독을 의미한다. 권력과 돈, 인기를 누리는 불쾌한 타자들만 사는 사회는 어떤 사회일까? 자신만 알고 배려가 없는 사회는 분명히 불행의 씨앗이 도사린다. 시민사회는 관계망의 공동체다. 이 공동체가 건강하게 유지되는 조건은 이타(利他), 즉 아타(我他)가 서로를 배려하면서 상대방을 침범하지도 간섭하지도 않는 것이다.

산업화와 민주화를 달성한 한국은 문화적으로 유동적이다. 지금은 한국의 좋은 이미지를 가꿔야 하는 시대다. 세대 간, 지역 간, 소득계층 간 갈등이 심한 것은 질적 변화를 위한 역동적인 변화이다. 일본의 사상가 "우치다 다츠루"는 타자와의 공생이 '근원적인 의미에서 인간이 인간답게 만드는 조건'이라고 말한 바 있다. 최근 매스미디어에 오르내리는 미투운동, 분에 넘치는 사치, 마약에 취해 나동거리고 떨어지는 너희들과 달라라는 우월감 또는 특권 의식이 소수에 불과한 실정이라 본다. 진정으로 건강한 다수의 목소리가 모여 우리는 그래도 살아갈 만한 공동체를 꿈꾸어 본다.

다시 한번 일본 사상가 다츠루의 말을 언급하여 기술하여 본다면 "자신이 있어서는 안 될 장소에 발을 들여놓은 듯한 어설프고 생소한 이곳보다 그러한 사람이 적은 잘사는 세상에 대한 꿈이 있는 곳을 꿈꾼다는 것이다" 다시 말해 우리는 과거보다 미래를 의식하고 오늘에 충실하고자 하는 본성을 가진 사람이 더 많다는 것이다. 최근 한류를 대표하는 방탄 소년단들의 맹활약 중이다. 악천후의 조건 속에서도 우리는 실낱같은 희망과 소망을 기대한다. 여기 지금 꿈을 가진 자가 더 눈부시다. 라는 뜻이다.

사람은 생각한 대로 살아간다고 한다. 당장 절대 감사와 절대 긍정으로 살아간다면 그러한 좋은 행운이 도미노식으로 다시 연결되어 희망과 좋은 꿈은 뒤따라온다는 뜻이다.

광속의 변화 정점에서…

At the tangent of the change of the speed of light

정보 통신의 발달로 인한 변화의 축은 아주 방대하다. 포노 사피엔스(Phono Sapiens)라는 말이 있다. 최근에 스마트폰이 없으면 불편해하는 사람들, 즉 스마트폰 없이 하루도 살기 힘든 오늘날의 우리 세대를 빗대어 부르는 말이다. 시장 조사 전문기관 제니스(Zenith)에 따르면 2018년 현재 전 세계 성인 스마트폰 보급률은 약 66%이며, 이 추세는 날이 갈수록 증가 모든 사람의 생활패턴 역시 바뀌었을 뿐만 아니라 전 세계적인 산업 생태계가 변화되고 있다. 이처럼 산업구조는 연결과 이음의 발전으로 인한 4차 산업혁명의 반열에 선 것이다. 스마트폰의 도래는 삶의 스타일도 완전히 뒤엎어 버렸다고 본다. 그 손바닥 크기의 기기 안에서 문서작성은 물론이고 쇼핑, 유통도, 은행 업무도, E-메일도, 글로벌화 인간관계 그물망도, 통계분석을 요하는 빅 데이터 활용 그물망도, 사진 편집 및 동영상 편집 등 모든 것이 가능하게 되어가고 있다. 이음과 연결로 이루어져 또 하나의 사업 아이템에 팁을 얻어 부를 축적하는 1인 기업화 시대에 돌입하게 된 실정이다. 네트워크의 접근 권한의 용이하고 유리한 우리나라의 입지적 조건에서 보았을 때 인터넷 강국의 현실을 여실히 보여주고 있는 입장이다.

그러나 그 광속(光速)과도 같은 변화의 속도 정점에서 우리가 짚어서 넘어야 할 것이 아주 많다. 우리는 방향을 무시한 채 너무 빠른 속도로 살아간다. 정작 꽃이 피고 지는 것조차 제대로 보지 못하고 지날 때가 너무나 많다. 나태주 시인의 오래 보아야, 자세히 보아야 참된 것을 발견할 수 있다 하듯이, 소설가 김훈 역시 무엇을 보든 천천히 보아야 한다고 언급하였듯이 우리는 철저히 미러링(Mirroring)해야 한다. 너무 앞만 보고 달려 가다 보니 우리는 실수와 오류를 낳아 사회문제를 야기한다는 점은 누구나 감지하고 있다. 하지만, 그 실천이 참 어렵다는 것을 잘 안다. 무엇보다 LTE 속도에 민감한 20~30대들의 반응과 변화하는 디지털 세대와는 다른 50~60대 이후 세대들 간의 괴리 현상은 시간이 흐를수록 그 심각성이 대단함을 느낀다. 위에서 언급한 4차 산업혁명의 변혁에 정작 우리가 잃어가고 있는 것은 인간성 말살과 그 건조함이라 여겨진다. Z세대들 손에 스마트폰 그 열광과 열정은 4차 산업의 물꼬를 트는 긍정적인 요소를 안겨다 준 것은 사실이다. 그러나 그 이면에 우려되는 현상이 뇌리에 강하게 스치는 것이 있다. 산업화와 기계화로 인한 삶의 피폐한 현장에서 우리가 보완할 길은 바로 우리의 심상과 심혼에 화평을 갖는 일이라 여긴다. 다시 말해 인문학과 연계한 길을 찾아야 한다. 자신만의 올바른 가치관과 인생관을 수립한 어떤 철학과 인생 매뉴얼이 수반되어야만 평안함을 누릴 수 있다. 자신만의 감성능력을 고양하여 어떠한 절대자를 만나야만 이루어진다고 보인다.

두 번째는 정보의 홍수와 넘쳐나는 지식의 창고에서 자신을 보호하고 보전할 길은 자기 수준에 알맞은 적정한 선택과 집중을 해야 한다. 선택과 집중을 식별할 수 있는 안목과 올바른 규준이 있어야만 디지털 시대에 살아남을 수 있는 자가 된다고 보인다. 세 번째는 관계기술로서 수많은 인간관계 그물망에서 자유를 누리려면 타인의 요구가 너무 많아 비판할 준거가 있어야 하고 자신에게 너무 많은 기대를 거는 점에 대한 나 자신의 탓일 수도 있으니, 판별의 규준이 수립되어야 할 것이다. 그럴 때는 자신에게 주어진 '선택할 수 있는 권리'를 행사하고, 거절을 통해 상대의 요청에서 벗어나야 한다. 거절은 자기보호이며 자기보호는 결코 이기적인 것이 아니라는 인식을 갖고 접근하여야 한다고 보아진다.

이처럼 복잡한 시대를 살아가다 보면 진정한 소중함을 체득하기 위한 나만의 가이드라인은 자연스럽게 수립될 것이다. 오늘도 되짚어 본다. 현상 너머 저 먼 곳의 너머에 있는 본질을 감지하고 혜안 안에 지혜로 풀어가는 자로 행복을 누리고 향유하는 자가 되어보자고 외친다. 다시 말해 급변하는 이 시대에 현명한 적응의 접점 꽃을 피우는 지혜를 가진 자는 그 어떠한 시류에도 흔들리지 않고, 아름다운 삶을 살아가게 될 것이다.

관찰과 성찰 전략

Observation and Reflection Strategies

사람은 살아가면서 다양한 능력이 필요한다. 특별히 오늘날은 더욱 그러하다. 사람들의 가진 재능과 능력은 다양하지만, 자기에게 꼭 필요한 정보나 지식을 지혜롭게 선택하여 적용하는 일은 아주 현명한 일이다. 궁금한 정보를 클릭만 하면 누구나 취할 수 있는 요즘이다. 빛의 속도로 급변하는 시대에 아주 좋은 수단으로 관찰의 능력을 갖춰야 할 것이다.

일본의 '넨도' 회사의 창업자인 오키사토는 옷이 하얀 남방 40개, 검은 바지 20개, 검정색 양말만 신는다고 한다. 마치 스티브 잡스와 마크 저커버그의 단순한 옷차림 습관의 그것처럼 창의성과 연관이 되었다는 일인 것을 알고 있다. 다소 번거로운 옷차림을 고집하는 일이 오히려 바쁜 삶을 살면서 의사결정권에 대한 시간 투자를 줄여서 보다 나은 삶을 지향하게 하는 좋은 역할이 된다는 것이다.

위에 언급한 오키사토의 경우 역시 잠자리에서 같은 시각에 일어나고 7세가 된 반려견과 동네를 한 바퀴 하고 모닝커피로 아침을 시작하여 점심은 같은 집에서 메밀국수로 한다. 그러한 반복되는 일상이 다소 지루할 수도 있으나, 그러한 평범함 가운데에서 진정한 자신을 엿볼 수 있다는 것이다. 단순하고 반복적인 일을 하는 사람이 그 가운데서 비범함을 발견한다는 것이다. 반복되고 단순한 산책을 할 때 보여지는 같은 나무와 열매, 잎사귀는 다르다는 것이다. 관찰의 힘은 같은 곳에 똑같은 사람이 보아도 시간과 풍경에 따라 또는 각도에 따라 다르게 보이는 물상이 되어 다르게 보인다는 것이다. 세밀한 관찰은 아주 사소한 반복된 것에서 나온다는 것이다. 치고 들어오는 시간에 휘둘리지 않는 한 어느 한 곳에서 오롯이 나만을 위한 작은 시간을 할애한다면 그 사람은 많은 발전이 있으리라 본다.

업무를 마감하고 릴레스(relax)한 시간대에 접하는 매스미디어(mass media)를 통하는 여러 사건들을 접한다. 대부분의 내용은 자기 성찰과 자기관찰이 미흡한 데서 야기된 사건과 사고들이 다반사이다. 우리는 자신을 관찰하고 묵상하는 평범함을 생활화한다면 가치로운 덕목으로 사회의 건강한 질서를 유지한다. 무엇보다 평범의 작은 습관과 반복이 바로 비범한 결과를 가져다주는 것이 되어 삶을 윤택하게 한다는 것이다. 그리되면 매일 생활의 변화와 삶의 양상은 아주 선명하게 깨달음이 뒤따라져 다양한 멋진 인생이 꾸려질 것이다.

우리는 컴퓨터 앞에 앉아서 검색(檢索)에 길든 지 아주 오래되었다. 현재 일어나고 있는 것을 알려면 사색(思索)하고 미래를 알려면 탐색(探索)하라고 부르짖었던 이어령 교수님이 떠올려진다. IT 기술 보급으로 인해 사색(思索)이나 명상(冥想)보다 검색(檢索)하는 경향이 잦다 보니 진정한 자기성찰과 관찰은 멀어질 수밖에 없다. 검색은 이미지와 미디어 시대의 필수일수도 있으나 빛의 속도로 변하는 오늘날 시대일수록 우리는 명상(冥想)과 사색(思索)에 더욱 가까이하여야 한다고 느낀다. 사색의 힘은 아주 크다. 매체를 통하여 전개되는 기사나 간단한 사실(Fact)을 읽고 단순히 수용하고 접한 상태에서 일어나는 여러 문제로 우리는 고민하고 갈등에 빠지는 사례를 많이 접한다.

또 그것은 때로는 자가당착 지점에 도달해 해결의 실마리를 찾을 수 없을 때도 있다. 그 사람이 깊은 사고를 요하여 적용할 수 있는 자기이해와 상황분석력이 따랐다면 그러한 실수는 없었을 것이다. 그 해결책이 바로 관찰이고 성찰일 것이다. 그러면 그 성찰과 관찰을 위해서는 기본양념과 주재료가 있어야 한다고 본다. 그것은 바로 독서이다. 즉, 독서는 지식의 재료를 줄 뿐이지만 그것을 자신의 것으로 만드는 것은 사색의 힘으로 관찰과 성찰로서 좋은 적용을 위한 단서를 주는 경우가 많다. 삶의 소중한 순간들을 묵상하고 자기성찰(自己省察)과 관찰(觀察)로 이어진다면 사회기강과 질서에 밝은 빛이 될 것이다. 또 적게는 개인의 인생을 윤택하고 풍성하게 하여 최고의 성공을 거두는 자의 일련의 목표에 도달하게 될 것이다.

나답게 살아서 살아내기…

Living as I am

살아가는 데 가장 중요한 것은 무엇일까? 사랑, 돈, 명예, 관계, 직장 성공, 가족, 취미 등 많은 것이 떠오른다.

최근 직장 동료가 공기 좋은 전원에 예쁜 집을 지어 사는 곳에 초대하여 다녀온 적이 있다. 확 트인 들판의 전경을 곁에 하고 푸른 잔디와 정원수 옆에 강아지도 같이 있었다. 최신의 집 구조에 AI 기능의 카카오시스템이 설치되어 거실에서 친구 같은 애인이 되어 좋아하는 음악, 영화를 선정할 때 기계음이긴 하여도 친구가 되어 일상을 같이 한다고 한다. 과연 이분은 100%의 행복감이 매일 충만하여 살아가는 것일까! 그러나 일단은 아주 부럽고 좋아 보여 모두가 입을 다물지 못하고 접대하는 손길에 감동과 정을 듬뿍 느끼고 돌아왔다.

모든 것의 근원은 마음에서 온다는 '법구경'의 첫 구절을 떠올려 본다. 그 법문의 가르침의 근원은 마음이고 그 마음의 다스림만을 잘 활용하는 자만이 훌륭한 삶을 꾸릴 것이다라는 것과 맥을 같이하는 성경의 '마태복음'에 '네 믿음대로 되리라'라는 것도 저변엔 마음을 다스리는 영적인 능력, 성령과도 같은 뉘앙스를 지닌다고 보인다. 나는 어떠한 상황에서도 긍정적이고 감사 모드로 지냄이 이 순간에 가장 행복한 시간을 누리는 마음 안에 행복의 씨앗이 되어 삶을 더 풍요롭게 하는 울창한 숲을 가꿔가야 된다고 본다. 그 행복한 숲을 이루는 요소는 우선 자신을 성찰하는 시간을 가져야 할 것이고, 두 번째는 정말 하고 싶은 것에 대하여 목록을 작성하여 보고, 세 번째는 누가 시켜서 하기보다 자기 자신을 믿고 스스로 책임지겠다는 조건하에 한다. 마지막으로는 지금 가진 것에 만족하고, 집착을 내려놓고 물 흐르듯 몸을 맡기며 분명 내 안의 아름다움을 보고 더 큰 세상을 바라보게 될 것이다.

최근 『있는 그대로 나답게』라는 도연스님의 책을 통하여 공감의 글을 안내하면 나다운 삶을 살기 위해서는 무엇보다 소신 있는 삶을 선택해야 한다. 그 선택에 있어 불성실, 부정직성은 선택의 혼란을 야기할 수도 있으니, 내가 나를 명확히 알아가는 큰 그림을 구성하는 것을 살펴야 한다.

그다음은 나답게 살기 위해선 더욱더 나를 잘 알고 본성에 반대되는 자기 인내와 정진으로 노력을 다하며 그 양극의 접점을 잘 활용하고 접목해서 살아야 할 것이다. 세 번째로는 작은 것을 소중히 여겨 진지하고 진중한 삶을 살아가는 자세일 것이다.

수필가 피천득의 「인연」에 보면 어리석은 사람은 인연을 만나도 몰라보고, 보통사람은 인연인줄 알면서도 놓치고, 현명한 사람은 옷깃만 스쳐도 인연을 알아차린다고 했다. 그렇다! 즉 내공 있는 자는 안목을 가진 자로 순간의 행동에 본인 스스로가 삶의 주인공이 되는 기회를 포착한다.

네 번째는 명상과 기도를 통하여 거듭나는 삶의 자세로 사는 자를 말한다.

다섯 번째는 나다운 삶을 이루기 위해 나누고 베풀고 섬김을 통하여 조화롭게 하는 인간 관계망에 평행성, 약동성, 지속성 안에 자신의 가치를 발견하는 사람만이 진정한 나다운 삶을 잘 살아가는 용기 있는 자라 칭할 수 있을 것이다.

다시 말해 지극히 나를 잘 알고 스스로 위하고 자기애가 있는 사람만이 남을 위할 수 있고 남을 사랑할 수 있을 것이라는 뜻이다. "그대여, 그대는 진정, 있는 그대로의 나다운 나답게 살아가는 자입니다."

하루 경영

One-day management

잠을 자는데, 새벽 1시 20분쯤 되었을 무렵 아래층 부인의 급한 목소리를 접한다.

"선생님 이곳 좀 내려와 봐요?"

부리나케 옷을 챙겨 입고 나가니 골목의 차는 망가져 널브러져 있었다. 누가 그런지는 몰라도 일단 아닌 밤중에 홍두깨를 맞은 기분이었다. 이처럼 하루를 살아도 무슨 일이 일어나고 또 어떤 일이 일어날 줄 모르는 불확실성 시대에 사는 우리는 하루를 어떻게 수용하여야 하는지 또 어떻게 다스려야 하는지 잔잔히 생각해 본다.

오늘은 내 인생의 남은 날들 중 첫 번째 날이다. 새롭게, 하루를 맞이할 충분한 이유가 있다는 것을 알고 우리의 미래는 오지 않고 과거는 이미 지나갔을지라도 우리는 집중해야 하는 오늘 현재인 '하루', '순간'에 나를 내려서 포인트를 잘 맞춰야 할 것이다. 복잡 미묘한 이 시대 하루를 아무 탈 없이 지나가게 하는 것도 상당한 큰 흥분이고 도전이다. 그러면 과연 내게 주어진 이 하루를 잘 다스리고 운영, 경영하는 비법은 무엇일까? 를 곰곰이 생각해 본다.

조지 버나드 쇼는 "삶은 자신을 발견하는 과정이 아니라 자신을 창조하는 과정이다"라고 언급했듯이 아침에 얼마나 일찍 일어나는 것이 아니다. 이른 기상으로 인하여 나의 삶을 어떻게 어떤 운영을 해야 하는가의 관점이다. 내 삶의 낯모르는 길에 나를 이끌어가게 하려면 나만의 하루 경영 비법이 있어야 할 것이다. 복잡한 시대와 폭주하는 정보의 홍수 속에서 나의 시간운영과 시테크 기법은 단순한 정량적인 접근만을 지칭하는 것은 아닐 것이다. 보다 나은 나만의 행복 지수를 올리기 위한 나의 전략과 묘수가 필요함을 말하고 싶다. 어느 지인의 글을 통하여 공감을 가져본 경우가 있다. 오늘 하루의 내 작은 인생으로 오늘 하루를 아파하게 보내야 하는 이유는 오늘 하루는 내 작은 인생이기 때문이다. 오늘이라는 말은 싱그러운 꽃처럼 풋풋하고 생동감을 안겨준다.

이른 아침 새벽 산책길에서 마시는 시원한 샘물 같은 신선함이 있기 때문이다. 사람들은 누구나 눈을 뜨면 새로운 오늘을 맞이하고 오늘 할 일을 머릿속에 떠올리며 하루를 설계하고 사람의 모습은 한 송이 꽃보다 더 아름답고 싱그럽다. 사람의 가슴엔 새로운 것에 대한 기대와 열망이 있기 때문이며 반면에 그렇지 않은 사람은 오늘 또한 어제와 같고 내일 또한 오늘과 같은 것으로 여기게 된다. 그런 사람들에게 있어 오늘은 결코 살아있는 시간이 될 수 없으며 이미 지나가 버린 과거의 기간처럼 쓸쓸한 여운의 맛 그림자처럼 있을 뿐이다.

오늘은 오늘 그 자체만으로도 아름다운 미래로 가는 길목이며 오늘이 조금 더 힘들고 좀 괴로운 일이지만 보다 나은 것이 발목을 잡는다하여도 이 순간 이 시대를 살아가는 사람이라면 충분히 참고 헤쳐 나갈 수 있어야 한다고 보인다. 오늘이 나를 외면하고 나를 속이는 한이 있더라도 슬퍼하거나 노하기보다 그 오늘과 지금의 삶을 사랑하여야 하기 때문이다. 누구에게나 삶의 연장선이 오늘이기 때문이고 원칙처럼 단순히 오늘을 보기보다 하루 경영을 잘하여야 하기 때문이다.

불현듯 영국 시인 알프레드 테니슨이 말한 「참나무」라는 시가 생각난다. '젊거나 늙거나 저기 저 참나무 같이 네 삶을 살아라. 봄에는 성성한 황금빛으로 빛나며 여름에는 무성하고 그리고, 그러고 나서 가을이 오면 다시 더욱 더 맑은 황금빛이 되고…' 그러면서 우리 인간은 영혼에 대한 또 영원성을 갈구한다. 그 저 밑바닥의 갈구는 바로 사랑으로 귀결되는 것인데, 삼라만상을 움직이게 하는 힘의 큰 원천은 사랑이고 그 축은 절대자에 대한 영원성으로 맥을 같이한다고 본다. 하루 경영은 바로 이러한 영원에 귀의하는 기저 안에 참된 나를 돌아보는 진정한 사랑을 알아가는 자만이 참된 행복도 보장될 것이라 여겨진다.

나노 자아와 평균 실종!

Nano-Ego and Mean Missing!

　'오늘날 시대는 누구나 바쁘다'라 호소한다. 아이는 아이대로, 어른은 어른대로 그러하다. 협치와 어울림에는 누구나 뒤꽁무니를 뺀다. 서울대 김난도 교수님의 『트렌드 코리아 2023』이란 책에서 보면 이미 최근의 소비 트렌드 분석에서 대한민국의 사회는 나노로의 전환과 평균 실종의 명료함을 접한다. 말하자면 모두가 자신에게 핵을 두되 자신이 왕이로소이다. 아주 소소하고 작은 것에도 개인에 집중한다. 그리하여 '나노 자아'라 칭한다.

　절대적인 개인주의 취향과 가치관의 흐름이다. 이러한 맥락에서 사회의 한 단면이라 할 수 있는 학급공동체와 학교 사회를 연결해본다. 학급과 학교의 생활은 '공동 공간'이다. 이미 오래전부터 화장실 청소는 소속된 학생은 하지 않는다. 나름 청소구역은 정해뒀으나 복도나 현관은 점심시간에 하는 학교도 있고 전혀 하지 않은 학교도 있다. 역시 관리하시는 주무관님 몫이다. 자신이 있던 교실 청소 역시 쉬는 시간과 점심시간을 할애해 개인 빗자루로 주변만 쓸고 방과후수업과 학원 교습을 위해 그곳으로 달려간다. 친구에게 선물하고 싶어 학교 내 꽃을 꺾어 들고 급식소 여친을 향해 온다. '너 예쁜 장미를 왜 꺾었을까?' 학교 안의 공공물자고 자연을 훼손한 것이니… 되묻고 싶으나, 이미 그 아이의 전 말에 결핍이 잔재 되어있어 여러 가지 정서를 알길래

한 박자 쉰다. 그 아이에게만 있는 스토리로 관찰한다. '나노 자아'로 접근하여 살핀다.

학교 교육과정에는 창의적 체험 활동 시간에 민주 시민 교육을 접한다. 그 실천에는 개별적 개인의 성향에 알맞은 융통성 접근이다. 다소 괴리가 있을 수 있으나 그 저변은 개인의 인권과 형편을 잘 파악하여야 한다. 개별화 교육이 도움을 요하는 특수반의 학습자만 적용하는 것이 아니라 일반적 학생에게도 집중한다. 예민하고 민감한 시대를 살아가는 오늘날 사회적 특성과 흐름이다. 바로 나노 자아이다.

두 번째 '평균 실종'에 대해 살펴보고자 한다. 앞에서 청소의 예를 들었으나 다시 부연하여 접근한다. 종일 지내던 교실은 엉망이다. 선생님 혼자 교실 청소하는 것에 마음이 쓰이는 사려 깊은 여학생이 다가온다. "선생님 저, 도와드릴게요." 비를 들고 말없이 쓴다. "그래, 고마워." '너희들이 어지럽게 해두고 엉망으로 했으니 당연히 너희들이 청소해'라는 고정관념에서 벗어나지 못하면 도태되는 시대이기 때문이다. 평균적 사고와 보편적인 접근은 아니다. 왜? 그다음 수순(학원과 방과후교실)에 집중을 위해 가야 한다. 디지털 네이티브에게 청소는 어불성설이다. 누구나 SNS로 소통한다. 일반 친구보다 다양한 페이스북에서 만난 페친이 더 끈끈할 수도 있다.

일반적이고 평균적인 생각! 그 틀을 벗어나야만 2023년 현시대를 잘 적응해 나가는 지혜자 모습이다. 이제는 평균적 사고로는 트렌드를 따라잡을 수도 없고 생존조차 어렵다는 것이다. 평균적 사고의 오류가 개인을 유형화 혹은 등급화해 실수의 여지가 있다는 것이다.

'나노 자아' 즉, 개개인의 인생 시대에 평균 실종이 덜하게 하는 기법을 3가지로 살펴보면 양극단의 방향성에서 한쪽으로 색깔을 확실히 하는 '양자택일' 전략, 소수 집단에게 최적화된 효용을 제공하는 '초다극화' 전략, 마지막으로 경쟁자들이 모방할 수 없는 생태계(네트워크)를 구축하는 '승자 독식' 전략이다. '평범하면 죽는다'라는 내용이다. 서두에 언급한 책 흐름은 바로 지금이다. 10대 알파 세대들에게는 이미 익숙하다. 나만의 살아남는 비법을 파악해 적응한다. 조직보다 나에게 먼저 집중이다. '어울려 하는 활동보다 개인 활동'에 더욱더 자연스러워하고 편함을 호소한다. 전자제품 구입 위해 매장에 가족이 들어선다. 가족이 함께 선택하는 것보다 본인이 정해 둔 성형에 더 눈을 돌린다. 혼자 방문 때 맥락적 사고가 더 중요함을 전한다. 개인 맞춤화에 따른 N극화!나 제품에 대한 소비자들의 요구가 더 중요함을 읽어낸다.

'평균 실종' 용어는 맥락적 사고보다 한 단어에 집착하는 경향성으로 인해 요즘 시대상에 결부되는 각종 민원과도 맥을 같이한다. 관련 어휘만 따오거나 갖고 와서 설명하여 곤란에 빠진다. 이런 모습은 현명한 바람직한 용어가 아니니 다소 가슴이 답답하다. 하지만, 코로나 19 여파와 디지털 시대의 반영이니 비둘기처럼 온순하게 뱀처럼 지혜로운 '선택과 집중'의 묘(妙)가 필요한 시대를 살아가는 현대인이다.

새로운 세대 환영해요

Welcome, New generation

한가위 연휴 즈음, UN 총회에서 세계적인 가수 방탄소년단(BTS)이 미래 외교사절단으로 노래도 선보이고 연설도 자랑스럽게 하였다. 그 연설은 기후 위기 시대에 따른 긍정적인 메시지로 국제적으로 호응을 얻었다.

UN 총회 연설단에서 한국인으로서의 위풍당당을 전하는 호소문은 아주 희망적이며 역동적이었다. 코로나19 감염병으로 인해 팬데믹이 된 세계적인 불안 위기에 평행선으로 멈추었다. 그런 잃어버린 세대(Lost generation)로 느껴지는 모든 사람에게 지금의 시간을 살아라!(Let's live on!)는 문장에 큰 공감을 던져준다. 한순간 세상이 변해 절망스러워져 앞으로 나아갈 수 없는 오늘의 시대를 살아가는 젊은 세대에게 미래를 스스로 개척하고 답을 찾자는 강한 호소로 환영! 새로운 세대!(Welcome! New generation!) 하자는 것이다.

다음 세대들이 자칫 의기소침한 부분이 있었다면 당황하지 말고 변화에 당당히 맞서서 전진하자. 라는 슬로건이다. 무엇보다 백신 접종의 필요성을 강조한다. 그동안 MZ(10대 후반부터 30대) 세대들은 감염의 최소화를 위해 온라인 만남, 새로운 공부법, 새로운 용기로 도전해 대체할 체제에 적응한 점이다. 물론 변화에 겁먹지 말고 보다 나은 전진을 위해 연구하고 새로운 발상을 했던 젊은이들이 아니었던가?

이러한 Welcome, New generation! 즉 새로운 세대에 성큼성큼 다가가기 위한 희망을 품고 그 도약이 계속될 것이다. 이들의 강한 호소에 이어 UN 총회에서의 지속 가능발전 목표를 위한 고위급 회의 개회식에 안토니우쿠테흐스 UN 사무총장님의 연설 역시 간략히 4가지로 안내한다,

기후변화, 분쟁, 코로나, 지속가능발전 목표를 달성하기가 현재는 어려운 상황임을 인정하되 그 회복을 위한 노력을 함께 협력한다면 분명히 이루어 낼 것이라는 점이다.

우선 팬데믹 상황에서 백신 접종을 2배로 지원할 입장과 협조 체제 이어야 하며 두 번째 공정을 위해 지속 가능하며 공정한 회복을 위한 2030년까지의 빈곤을 종식하는 과감한 인적 투자를 위한 보편적인 사회적 보험, 의료, 일자리 투자 등도 필요하다는 것이다. 세 번째로 여성의 미래를 위해 노력과 차별과 폭력을 없애고 경제적 파트너십 연결 또는 그러한 요구와 네 번째로는 전쟁 종식을 기원하며 2050년까지 탄소 중립 유지와 생물 다양성 유지 등등을 언급하여 미래를 희망, 조망할 좋은 말씀을 전하셨다.

그러나 지금의 우리 사회는 어떠한가? 코로나19 일상에서 오는 감염의 두려움보다 더 힘든 것은 지나친 개인주의와 이기심, 물질 만능주의적인 사회 풍조라 본다.

시간의 알고리즘을 선물하라!

Present the algorithm of time!

　자녀와 다음 세대에게 진정한 시간의 알고리즘을 선물해야 한다. 아이들에게 가정은 가장 편안하고 안전한 장소이다. 아이의 시각에서 바라봐야 하는데, 지금의 교육은 부모님 극성이 지나쳐 사교육을 조장하게 된 것이라 본다. 성적 위주 입시 경쟁 사회 모두가 일등만 추앙하게 해 현재의 청년들과 청소년이 피폐한 이유이다. 사회 문제로 연계되어 결혼도 출산마저 거부하는 시대이다. 변화를 읽어 진정한 부모(교사)는 자녀든 학생에게 들어주고 경청하는 가정(학교) 문화에 소통을 통한 가정(학교) 세우기가 답이다.

　최근 비보이 출신 방송인 박**씨가 초등학교를 방문해 강의할 기회가 있었다고 한다. "여러분! 본인이 가장 좋아하는 일이 무엇일까요?" 아무도 답을 못한다. 얼굴만 멀뚱멀뚱 서로 바라보다가 겨우 하는 말이다. "좋아하는 것, 없어요." "그냥 게임 해요. 텔레비전 봐요" 잠시 박**씨는 우리나라 교육체계를 생각해야 하나, 늘 부모들이 바쁜 가정의 모습을 떠올려야 하나? 아주 혼란스러웠다고 한다. 사회적 분위기가 그 더러운 1등만을 고집한다. 물론 'In Seoul 해, SKY대학을 가야지'를 뛰어넘는 시대이다. 최고의 안정직을 얻기 위해 입시생들에게는 의대 진학이 목표이다. 이 시대 이 나라의 부모님들은 돈 버는 일에 총력을 다하고 있다. 그러한 생활에 쫓기고 본질을 잃고 자녀와의 대화 시간은 아주 오래전에 없어졌다. 학원에 보내는 일만 하면 부모로서 소임을 다 한 것으로 착각한다. 부모 역시 기상하자마자 스마트폰에 오는 각종 SNS에 반응, 다양한 정보처리로 이리저리 산만하고 분주하다. 가정도 사회도 국가도 이런 몸살과 아픔에 갇혀 어른이든, 아이든 진통을 앓고 있는 것이 오늘 실정이다. 하루빨리 자신을 돌보는 저녁 있는 삶이 되어야 하리라!

최근에 스웨덴 교육에 남다른 관심을 보여주신 황선준 교육학자의 다양한 라인을 통해 강의를 접하였다. '그때 아하, 그거구나! 아이들에게 시간을 돌려주라는 맥을 같이 해 공감이 된다.' 금쪽같은 우리 아이들을 무조건 존중해야 한다. 아이의 이야기를 먼저 들어봐 주어야 한다. 기본적으로는 우리가 알고 있는 것에 아주 당연한 강의 요점이다. 하지만 이것들을 실천하기에는 우리의 감정이 앞서서 어려움이 있다. 나의 감정이 앞서게 되면 아이의 감정을 들여다보기보다는 내 감정을 표출하는 것에 집중해 소홀하기 쉽다. 강의를 들으면서 알고 있는 내용이지만 한 번 더 생각해 보게 되었고 한 번 더 그 이유를 짚어보게 되었다. 자녀에게 어떻게 대해야 할지, 그동안 어떤 부분이 잘못되었었는지 스스로 점검해보는 기회가 되었다.

아이가 다소 엇나가는 것 같더라도 지켜보는 것, 부모의 기준에서가 아니라 아이의 입장에 들어보는 것! 그게 핵심이다. 아이를 기다려주고, 믿어주는 것, 그리고 가족과의 시간을 선물해주는 것, 함께 있어 주고 이야기를 많이 나누고 들어주는 것, 그것이 가장 중요한 교육법이라고 말한다. 어느 나라의 아이들도 사춘기가 오고 말을 하지 않으려고 한다거나 엇나가거나 가출하거나 하는 사건들도 꽤 있다. 하지만 그럴 때 아이들을 잘못했다고 몰아붙이는 것이 아니라 그냥 기다려 주고, 아이가 말을 하지 않을 때는 부모가 자신의 이야기를 하면서 아이하고 저녁 먹으며 이야기한다고 한다. 결국 어떤 일이 있더라도 같이 보내는 시간을 줄이지 말고 이야기하는 시간을 가지라는 것이었다. 그게 아이들에게 가장 큰 선물이며 부모에게도 그럴 것이다.

교사인 필자 역시 반드시 실천하리라! 선생님이니 하나의 지식을 더 투입하고자 했던 자세를 과감히 내려놓으리라! '단, 1분의 시간을 아이에게 과감히 내어줄 것이다. 진정으로 원하는 것이 무엇이며, 하고 싶은 일이 무엇이며 물어봐 주고, 그것에 대답할 수 있는 충분한 시간을 줄 것이다'. 모든 사람이 완벽하지는 않다. 잘못된 방법으로 훈육하는 부모도 있다. 한없는 기다림으로, 인내로 아이들에게 다가가야 한다. 또 눈과 귀를 열어 듣고 꿈나무들에게 다가가 한없이 기쁘게 받아들일 것이다.

잠시 「시간이 준 선물」이란 김선희 시인의 시 끝부분이 떠올라 적어본다. '-중략- 지나고 나면 지난 이야기가 되는 것들! 인생 이야기가 되는 것들! 힘든 일도 기쁜 일도 시간 앞에서는 평온해진다' 마치 미래 외교사절단! 방탄소년단(BTS)이 호소하는 새로운 세대, 새 미래 그 변화에 적응하기 위한 긍정과 수용에 과감히 환영한다.

이제는 합리적이고 실용의 삶을 리부팅하고 재구성하는 새 시대의 스타일을 구현해 나가야 한다. 옷장에 예쁜 옷과 장식이 달린 옷이 뒷전이 된 지 아주 오래다. 그냥 편한 신발과 액티브한 옷차림과 건강한 스타일의 룩을 취한다. 신발장의 굽 높은 하이힐은 이벤트가 있는 날만 잠깐 보다가 멀어진다.

　오늘도 실제적인 건강함을 유지하기 위해 운동화 차림의 합리적인 출근을 한다. 소망한다. 지구가 몸살을 앓고 있는 시기 이겨낼 새로운 삶 유형을 환영하고 희망을 노래한다.

생각을 넘어 생각 너머로…

Beyond your thoughts, beyond your thoughts!

오월의 정신이 오늘의 정의로 생각되게 하는 감사의 달 5월이다. 신록은 그러한 것을 축복이라 해주듯 아주 짙고 진초록이 무성하다. 디지털 네이티브 세대! 지금 10대 아이들의 뇌는 이미 어른의 그것과도 같이 지능화된 실정이다. 얼굴만 아이이다. 정황상 분명히 잘못한 것이고 바르지 못한 행동을 반복하여 지적하려고 언급하면 외면하고 도망자다. 심지어 자기방어 기제 상투어는 혀를 내두른다. '아이는 그렇게 해서 자라고 큰다고 했어요' 맞는 말이다. 이런 화법은 많이 들었던 내용이고 어투와 용어는 그 어디에서 많이 듣고 학습화된 반응이다.

잠시 얼굴 보고 이야기하고 상담실에서 선생님을 만나야 한다고 제안한다. 어느새 미꾸라지 모습으로 사라진다. 설득하고 타이르려는 의도를 뇌로 감지한 것이다. 쉬는 시간에 놀기에 급급하여 뛰고 민첩히 행동한다. 완전 회피이고 그런 기회조차 안 만들 것이란 뜻이다. 심지어 몸을 비집고 도망가려고 해 틈을 주지 않는다. 이야기를 나누자고 안다시피 붙잡으면 자신의 힘으로 강하게 빠져나가려는 사투를 벌인다. 다시 잡아서 강하게 주장하고 몸을 제지하면서 수업 중에 돌아다니고 출입문을 왔다 갔다 한점에 대해 선생님과 대화하자는 뜻으로 그러니 조금 참고 선생님 이야기 들어봐 주어보지 않으련? 하니 완전히 몸을 강하게 빼내고 거부한다. '자신을 가둬두고 강압 행동이라고 하면서 말하는 태도가 기겁한다. 선생님 이러면 지금부터 소문낼 거야. 집에 가서 나를 때리려고 폭행하려는 모습이라고 아빠에게 이를 거야, 또 이런 용어를 바로 한다. '아동학대'했다고 말할 거라고! 어려운 이 용어까지 쓰면서 협박하며 선생님으로부터 바른생활 안내받기를 거부하고 포기하게 하려는 배경을 강하게 취한다. 너무나 놀랄 일이다. 이 순간의 객관화를 위해서 아이 손을 다부지게 잡아본다. 부리나케 옆 선생님께 다가간다.

찬찬히 아이의 정서를 두 사람은 살핀다. 그리고 옆 선생님이 다정히 말을 꺼낸다. "**야! 하루 동안 제일 많이 관찰하고 관심을 보이는 분은 학급담임이시다. 아무리 화나고 빠져나가고 싶어도 선생님께 무례한 태도는 큰 잘못이 된단다." 전하고 살피니 땀이 범벅이 된 상태에서 눈물을 보인다. 포근히 안아주고 조용히 마무리한다.

이 상황에서 생각을 넘고 저 먼 곳 생각 너머를 헤아리고 잠시 쉬어가야 한다. 자신이 불리하고 분명 야단맞을 일에 미리 판단하고 상황을 회피하려는 것은 삼척동자도 당연하다. 그러나 그 방법에서 너무나 지능화로 표출되니 놀랄 수밖에 없다. '모면하고 거부하려는 만 7세 아이 태도! 과연 섣불리 간과하고 넘어가야 하는 상황일까?'라는 점이다. 이러한 말로 자신을 기만하고 회피하고 이 순간만 빠져나가면 된다는 방식이 생활 전반에 자연스럽다. 이 대처 반응의 행동은 영상에서 보고 바로 답습하고 모방하고 따라 하는 장면이다. 익숙한 유튜브나 미디어와 다양한 채널에서 취한 학습화된 응대 모습이다.

절대 굴복이 없고 옳은 말을 듣는 일에는 여지를 두지 않겠다는 뜻이다. 인간 심리 저변에 누구나 지도, 조언, 평가, 판단에 싫다는 인식을 감지한다. 그러나 순수한 아이 뇌에서 전략적으로 응대하는 교활한 기법 심리 저변에 어른의 뺨칠 정도이다. 충분히 이해는 되지만 벌써 아이 뇌 구조에서 어른들이 사용하는 용어로 반응함은 노출된 디지털 홍수의 결과물이다. 정말 안타깝다. 정보의 폭주로 인해 가르침은 단순한 안내자 역할임을 이미 오래전에 인지하고 내려놓았다.

하지만 인성을 살피고 그 기본을 지원하고 조정하려는 부분마저 거부하고 체념한다면 이 얼마나 가슴 아픈 사회인가! 최근 인성교육과 인권과의 그 괴리에서 기준이 모호해 교단은 날마다 전쟁을 방불하게 하는 사투와도 같은 현장이다. 민감한 부분에 더 예민한 세부 지침이 나와야 함을 절실히 느낀다. 이러한 교육 현장 실정에 둔감한 탁상행정에 정책적으로 교사 수는 감축되고 학급당 수는 동결이니 과연 어떻게 아이들 인성을 다듬고 만져 줄 수 있을지 가슴이 답답해 온다. 물론 다양한 라인의 돌봄과 늘봄 정책에 시너지를 내는 일에는 환영한다. 하지만 온전한 공교육이야말로 신뢰 형성과 연계되어 백년지대계 미래 교육이 구현될 일이다. 마치 오월 하늘에 젊은 오월들이 모여 민주화 운동이 뿌리내렸듯이 생각을 넘어 생각 너머에서 아이들 신록의 초록 고운 심성이 되살아나길 손 모아본다.

제2장

좋은 생각, 좋은 삶

인생을 즐기고 살고 싶으면
좋고 즐거운 생각을 해야 한다.

좋은 성공한 삶을 살고 싶다면
성공하는 생각을 해야 한다.

좋은 생각, 좋은 삶

A good idea. A good life

'반듯한 시계'라 칭할 정도의 철학자 칸트의 일화이다. 칸트를 사랑한 연인과의 이야기이다. 그의 여인은 분명히 사랑의 느낌을 같이 함을 느낀다. 언젠가 고백해 줄 것인가를 기다리다 못해 칸트의 연인이 용기를 낸다. 칸트의 여자는 청혼한다. 그러는 순간, 칸트의 반응이 너무 대단하다. 그는 반응을 보내기 전에 바로 도서관으로 달려간다. 인생이란 무엇인가? 결혼을 어떻게 해야 하는가?에 대한 연구를 위해 3년이란 세월이 흐른 뒤 그 여인을 찾아간다. 그때 그 여인의 아버지는 말한다. "우리 딸은 이미 결혼해 아이가 둘이라네." 칸트는 허탈한 마음이 되어 돌아서 나온다. 여기서 대철학자 칸트는 생각의 타이밍에 다소 서툴렀던 점이다.

잠시 우리나라 색종이 접기 대가인 김영만 선생님의 에세이를 살펴본다. 그분이 투자자들과 함께 어떤 사업을 하려다 곤경에 빠지게 된다. 그러다 일본에 있는 친구 집에 머물게 된다. 그곳에서 우연히 색종이 접기 관련 책을 접한다. 그 이후 이 분야에 대가가 되어 아이들을 '우리 코딱지들!'을 칭하면서 아이들 세계의 영웅이 된다. 그 이후 이런 어록을 남긴다. 삶이 아무리 피폐해져도 삶을 대변할 '색종이 한 장만'은 남겨둬 보아라는 점이다. 다시 말해 생각을 어떻게 하느냐에 따라 삶의 확장성은 천차만별로 나누어진다. 일반인들은 그저 단순한 색종이 한 장으로만 보일 뿐이다. 그분의 생각 코너에서 들여다보기를 잘해 자신만의 성공 인생을 해낸 것이다. 삶을 누리면서 너무 진지해도 곤란하고 가볍게 던져버려도 그 경계는 모호하다.

좋은 생각과 나쁜 생각의 그 경계 유지에 균형의 묘를 살핀다. 좋은 생각은 좋은 생각이란 무엇일까? 어떤 생각을 지니고 살아가야 할까? 아니면 무엇이 중요한 생각일까? 딜레마에서 헤맬 것이다. 자신이 처한 현 상황에서 중요한 일을 먼저 할 것인가. 급한 일을 먼저 할 것인가에서 일단 중요한 것에 대한 것을 선택해야 할 것이다.

쉽게 접근할 좋은 생각을 이루기 위해 비유를 든다면 배부른 돼지보다 배고픈 소크라테스를 추구하라는 측면이다. 여기에는 시간과도 연계가 된다. 좋은 자기관리 기법, 두 번째 자신의 소명과 관련된 일에 집중하기, 세 번째는 일찍 자고 일찍 기상이다. 넷째는 내가 좋아하는 일보다 마땅히 해야 할 일에 주목한다. 다섯째는 힘들게 하는 것에 에너지와 집중을 취한다. 여섯째는 목표 성취를 위해 관련 지식, 정보, 기술을 습득한다. 아울러 그 목표는 마감 기일 엄수하는 습관을 지킨다. 일곱 번째 성장과 성숙을 위해 날마다 배우는 일에 집중하고 책을 가까이하는 것을 즐겨한다. 그렇게 되면 삶의 딜레마나 갈등 상황에서도 분별력이 발휘된다. 여덟 번째는 집중력을 갖기 위해 호기심을 갖고 질문을 자주 한다. 그렇게 되면 몰입도도 높아질 것이다. 아홉 번째 내가 하는 일에 의미를 부여하고 자신 일에 자긍심을 갖고 긍정적 마인드에 반응하고 분별한다. 개인적인 차이는 있을 수 있으나 아침 기상 후 자신만의 루틴을 정한다. '오늘도 나의 실수와 오해 잘못에 대한 상황을 즉시 수정하고 인정한다. 비판, 참견, 간섭하는 것에 관여하지 않는다. 멘토를 정해서 항상 상의하고 대화하는 습관 갖기를 즐긴다. 배우는 일에 열심히 하고 얻은 지식은 나눈다. 규정에 위배되는 일은 해서는 안 되는 것이니 반드시 거절한다. 완벽을 추구하기보다 최선을 다한다. 탁월한 작품을 가꾸기보다 시스템에 관심을 둔다. 슬픔이나 감정에 아주 디테일하게 프로젝트화해 수용한다' 등등 있다.

최근 긴 여정을 내려놓았다. 약 42년간의 교직에서⋯ 비록 은퇴일지언정 현역처럼 살아가리라! 그렇게 걸어온 것처럼 새벽 시간의 너찌를 마련해 평소에 질문하고 삶을 만들어가는 좋은 생각의 여백을 그대로 적용하고 하루치 매뉴얼에 다짐한다. 인생을 즐기고 잘 살아가려면 좋은 생각을 먼저 해야 한다. 아울러 성공한 삶을 살아가려면 성공하는 생각을 사랑하는 사람과 살아가려면 사랑해야 하고 마음속으로 그리는 꿈을 이루려면 그렇게 되는 것을 그려 책상 앞에 붙여 계속 바라보기부터 한다.

중독 경제 시대의 생존 기법

Survival Techniques in the Age of Addiction Economy

중독 경제란 디지털 기기에 대한 중독을 이익으로 전환하는 경제 시스템을 말한다. 중독을 만드는 게 지금 시대에 가장 중요한 비즈니스 모델이 되고 있고 스마트폰 앱들의 중독성이 강해지고 많은 사람이 쉽게 중독되는 실정이다. 이러한 시대를 살아가는 우리는 과연 어떻게 생존하여야 하는 것일까?

스마트폰으로 인해 우리는 집중력이 미약하고 소비 조절 능력이 약하다. 물론, SNS로 인해 상대를 보면서 비교 심리가 작용하여 자기 정서에 안정을 취하지 못한다.

실제로 중독 경제를 자극하는 여러 앱을 살펴보면, 4요소가 있다. 시핑(맛보기), 후킹(갈고리 기법), 쇼킹(몰아 경지), 인터셉팅(전파력)이다. 이러한 환경에서 다양한 앱은 좋은 영향을 주는 앱도 아주 많으나, 반면 불편한 요소를 안고 있다. 갈수록 세상은 디지털의 바다에 노출되어 자기 다음을 찾지 못해 항상 불안과 혼란에 쌓여가는 현대인의 온상을 하고 있다. 과연 이러한 악재를 피해서 가기 위해서는 어떻게 해야 할까 크게 세 부분으로 짚어보려고 한다.

우선 자신의 개인 관리 측면에서 보면 스마트폰 중독 시대에 우선 작은 목표를 설정하여 하나씩 성취해 나가는 태도이다. 예를 들어 체중을 감량하는 앱을 활용하여 나름의 목표치에 도달하였을 때 소소한 즐거움을 스스로 느끼게 하는 보상 시스템을 맛보게 한다. 이외 독서나 글쓰기를 위한 집중력 고양을 위한 방법으로 장소나 특정 시설을 정한다.

카페나 도서관을 찾을 때 반드시 그곳에는 스마트폰을 사용하지 못하게 되어있을 것이다. 글쓰기 역시 어느 하나의 음악을 정해 글을 쓰거나 공부를 위한 집중을 할 때만 그 음악을 듣는 습성을 정해 둔다. 물론 그 음악은 다른 일을 할 때는 사용하지 않는 원칙을 정한다. 문제는 디지털 기기를 많이 사용하면 할수록 사회적 교감을 나눌 수 있는 인간관계망을 갈망한다. 사람 사이의 교류를 희망하고 디지털 디톡스를 위한 다양한 앱을 찾아 선택 활용한다. 최강 1교시 김병규 교수님 강좌 중 자기 성공 기법을 위한 열품타(열정을 품은 타자 모임), 운동모임 앱인 버핏 서울이란 오운완(오늘은 운동으로 완성) 등이 있으나 그런 앱을 사용할 때 의아심을 갖는다. 가입해 물질적인 손해를 보지 않을까 하는 우려도 있고 필요하지 않을 때는 해지는 쉬운가? 등등 복잡한 것에 봉착한다. 그 선결 조건은 무엇보다 정확한 정보와 매뉴얼에 대한 사전 인식과 바른 관점이다.

두 번째는 자녀교육 비법이다. 자녀에게 강압적으로 스마트폰을 사용하지 말라고 할 수 없다. 유튜브나 각종 인터넷망 정보는 좋은 점도 많다. 그 한계선 긋기는 온도 차이다. 영상매체에 잦은 활용과 과몰입으로 인해 속도감이 체화되어 기다리지 못한다. 부모나 주변인들이 하는 보상보다 오히려 사이버에서 하는 유인 효과가 크다 보니 그런 곳에 노출되어 조언과 충고의 가치를 모르고 부모를 인정하지 않고 무례한 행동을 한다. 그러면 그럴 때 부모로서는 어떻게 해야 하는 것일까? 잠시 아이 마음 안으로 들어가 이해를 먼저하고 존중해야 한다. 기다림의 가치를 느낄 수 있도록 같이 앱을 보고 사이버 영상의 알고리즘을 이해한 후 토론하고 대화한다. 소소한 아이들과 약속에도 꼭 지키고 칭찬하는 습관으로 아이들이 노력한 결과에 대해 정확히 짚고 칭찬과 격려한다. 쉽게 중독되는 알고리즘과 앱을 분석한다, 그런 알고리즘에 의해 휘둘리지 않도록 관찰하면서 자기에게 도움이 되는 내용과 콘텐츠 선택에 대한 안목을 갖는 지도다. 부모나 보호자는 좋은 게임과 내용을 선별해서 찾는 안목을 갖도록 대화한다.

마지막으로 중독 경제는 우리의 현실의 문제이기도 하고 미래의 일이기도 하다. 다음 세대들에게는 아주 중요하고 절박하다. 더 많이 중독되지 않고 혜택을 누리려면 더 큰 틀에서 중독에 대비할 대안을 갖고 있으면서 개인은 바람직한 생활 태도와 자기관리를 철저히 한다. 진화냐 자칫 도태될 나를 생각하면서….

사랑은 위대하다

Love is great.

입추가 지난 절기에도 온 대지는 열기로 가득하다. 예년의 광복절에는 선선했으나, 올해는 여전히 더울 것이라는 보도가 있다. 너무 덥다 보니 시내버스정류장 부근에 냉수 아이스박스를 설치해 나눔하고 심지어 아이스크림 파티로 '달달해! 사랑해!' 슬로건 아래 더위 모드를 식혀간다.

최근 감기로 인해 그 아이스크림을 8여년 전 이** 제자에게 권한다. 그 아이는 현재 중3이다. 초등 1학년으로 한창 개구쟁이 7세로 입학한다. 꼬맹이들 집단이지만, 남자아이들은 입학과 동시에 서열이 매겨진다. 물론 유치원 때에 벌써 이력이 있어 참고는 하나, 선입견과 편견으로 보지 않으려고 최선을 다한다. 단지, 담임이 된 이상 그 아이를 끝까지 사랑하고 도움을 주는 관계, 친밀감을 쌓아가기 위한 과정에 연구와 공부를 지속적으로 하여 개선을 위해 도움을 준다. 그럼에도 불구하고 적응이 안 된다.

자기 기분대로 해야만 직성이 풀리고 일탈 행동과 친구들에게 피해를 주니 상당히 힘든 나날을 보낸다. 전 학년에 소문이 나고 학교에서도 경계가 허물어진다. 특단의 조치로 어머니와 상담하여 소아정신과에 자문해보라고 전한다. 물론 이론적으로는 분명히 치유될 아이이다.

그러나 그는 정서불안과 주의력 산만형의 아이 중에 심도가 아주 깊다. 말하자면 ADHD이다.

  그런 것에 덜어줄 것을 고심한다. 그러한 것에 중심에 두고 담임으로선 최선의 길을 모색한다. 피해를 보는 아이와 갈등의 실마리가 되는 상대 아이와의 팽팽한 줄달음으로 인해 교실 안 분위기는 초토화가 되는 경우가 너무 잦았다. 하지만 그 경우의 아이에게 일방적으로 야단만 칠 일이 아니다. 끝까지 신뢰와 사랑이 핵심이다. 염두에 두고 먼저 그 아이 마음에 토닥토닥하는 것에 집중하자. 따스한 느낌으로 선생님은 그래도 네 편인 것을 항상 확신시켜주자. 학급의 나머지 아이들에게는 그 수준에 알맞은 그루터기에서 풀어서 설명해 늦게 가더라도 이**도 같이 가야 하는 아이임을 인지시켜주자. 그렇게 6개월이 지난다. 심지어 민원이 생겨 그 아이를 집에서 있게 해 달라고 요구한다. 어쩔 수 없이 그 아이는 학교에 못 오는 금족령이 내린다. 결국 담임으로서는 학급에 있는 아이에게도 그 한 마리 양 이**도 철저히 관리한다. 이**를 지원하고 지도를 위해 관리일지에 기록을 남기고 오후에는 개별지도로 나간다.

  지금도 그렇지만 그 당시에도 복잡했다. 세상이 급변하고 많은 정보의 홍수 속에 노출되다 보니 정상적인 생활을 하는 어른도 주의력 결핍증세로 산만하고 집중력이 약하다. 심지어 3분 집중을 못 해 3분 인생이라고도 한다. 하지만, 이**는 단순한 주의력 결핍, 산만한 형이 아니었다. 타고난 기질적인 문제에서도 가정의 환경적인 것에도 그 원인이 있어 보였다.

집중적으로 뇌 연구소와 병행, 부산의 소아정신과와도 지속적인 매칭을 한다. 별다른 차도가 없다. 하지만, 어머니의 간곡한 소원과 애탐을 반영해 절에서 하는 템플스테이(절에서 숙식하면서 자신을 알아가고 상대를 배려하는 더불어 '같이하는 가치' 인성 교육)도 권유한다. 별 차도가 없다. 마지막으로 어머니가 되물어 질문해 온다. 아가씨 시절 교회에 간 경험을 되살려 주일학교로 보냈으면 한다는 의견이다. 그 당시 데려다 주고 집으로 이동해 되돌아오는 일을 담당한 이**의 집 이웃분이 너무나 정성을 다한다. 그곳에서 자신의 참다운 모습을 발견한다. 흔들렸던 마음을 잡고 서서히 학교생활에도 적응한다. 하반기 2학기에는 아이의 눈빛이 달라진다. 자신의 장점을 발견하고 좋은 모습과 좋은 곳을 볼 때 감격하고 감동하는 감정 표현도 아주 좋다. 주일학교에서 하는 프로그램 중 드럼 활동이 있었다. 그 드럼을 치기 위해 채가 필요하다고 해 구해 준다. 아이의 눈빛은 달라졌다. 군인 복무는 꼭 군악대에 지원할 것이라고 한다. 무엇보다도 변화된 모습이 너무 예쁘고 갸륵해 감동돼 눈물이 날 정도였다. 아프리카의 속담! 한 아이를 키우기 위해 온 마을 사람들이 필요하다. 그 정성… 변화된 이**는 앞으로 국가대표 펜싱 선수가 꿈이라며 개인교습 중이다. 사랑은 정말 위대하다. 인생의 핵심어이다.

디지털 시대는 문해력이 필수!

Literacy is essential in the digital age

문해력의 사전적 의미는 '글을 읽고 이해하는 능력'이다. 오늘날 미디어 매체 활용이 빈번한 디지털 시대에서는 문해력이 필수이다. 학생뿐만 아니라 일반인 역시 그러하다. 새로운 기기를 사서 사용하려면 사용 설명서가 기기와 동봉된다. 그 사용 설명서를 꼼꼼히 읽고 이해해야만 기기 활용이 순조롭다.

문제는 어휘력 미흡으로 문장 이해가 어렵다. 유선경의 '어른의 어휘력'에 보면 어른도 어휘 단어 낱말의 뜻을 모르는 경우가 대다수라고 언급한다. 미디어로 인해 영상과 사진 매체에 익숙하다. 카카오톡 단체 메신저에 긴 글을 올릴 때 짜증을 낸다. 최근 집안 행사 건으로 SNS를 활용한다.

장남인 동생이 만날 장소와 일정을 올린다. 처음에는 참여 여부로 답한다. 그러나 장녀인 필자의 남다른 책임 의식과 사랑의 발로로 인해 아우르는 좋은 내용의 전달문에 올린다. 식사 후 차를 마시기 위해 카페에 옹기종기 앉는다. 차를 마시면서 원망과 불만의 소리를 듣는다. 문장을 길게 왜? 쓰냐고 분개한다. 정말 어이가 없다. 자신들이 어휘와 문장에 대한 친밀감과 자신감이 약함을 적나라하게 드러내는 태도이다. 두말없이 시정하겠다 단호하게 전한다. 하지만, 앞으로의 사회 구조는 더더욱 문자를 많이 활용할 것이다. 문해력은 한국어로 명명하기가 다소 모호하나 문해력 저하의 주요 원인 중 하나는 디지털 미디어의 영향이다.

　스마트폰과 태블릿 등 디지털 기기 보급으로 인해 짧은 글과 영상에 익숙해지며 긴 글을 읽고 이해하는 능력이 감소한다. 독서량이 적은 것도 미치는 영향이 크다. 바른 학업 일정과 다양한 원인으로 학생들이 독서에 할애하는 시간이 줄어들고 있다. 디지털 기기의 사용이 일상화된 현대 사회에 이를 완전히 배제할 수는 없다. 하지만 디지털 미디어와 문해력 사이에 균형점을 찾아야 한다.

　디지털 미디어의 사용을 제한하고 그 시간에 독서나 다른 학습 활동에 집중할 수 있는 시간을 늘려야 한다. 디지털 미디어의 장점을 활용하되 그로 인한 부작용을 최소화할 수 있는 방법을 찾아야 한다. 독서 문화를 활성화하는 것도 중요하다. 독서는 문해력 향상에 가장 좋은 방법이다. 다양한 독서 프로그램을 운영해 학생들이 다양한 장르의 책을 접할 수 있어야 한다. 물론 이러한 활동은 어른에게도 마찬가지이다. 앞으로 디지털 기기는 더 발달할 것이다. 디지털 세상은 단순히 정보를 검색하고 활용하는 차원을 넘어서 어떤 검색어를 사용하느냐에 따라 찾을 수 있는 정보의 양과 질은 천차만별할 것이다.

　디지털 기기의 문해력은 정보의 홍수 속에서 가치 있는 지식을 찾아내는 나침반과 같다. 문해력은 단기간에 길러지는 것이 아니다. 개개인의 특성과 환경에 맞게 지속적인 방법을 찾아야 한다. 평생학습 차원에서 모색하고 노력이 뒤따라야 한다. 이와 연관된 현 교육 현장은

AI 디지털 교과서가 "대량 교육체제에서 개인별 맞춤형 교육체제로" 전환하는 경로에 놓여있다. AI와 함께하는 미래 교실은 교사의 역할이 단순한 지식 전달자를 넘어 학생들의 인격 형성, 윤리적 판단, 비판적 사고 능력 등을 길러주는 멘토의 역할도 포함된다. 이러한 디지털 인프라는 지도자의 역량 학생 학부모 또 그런 환경을 열어 주는 시설망이다. 그 하나가 문해력 역량이다. 매스미디어 리터러시 즉 미디어 문해력은 아주 절실하다.

단순히 글을 읽고 이해하는 독해의 범주를 뛰어넘는 미디어에 나오는 글에 대한 이해와 아울러 소통하는 능력까지도 포함하는 의미가 미디어 문해력이다. 최근 1인 방송과 SNS 활동이 활발히 왕성함에 따라 미디어 문해력은 날로 증가할 것이다. 글 중간에 언급한 집안 행사의 민낯을 관련지어 본다. 개개인의 문제만이 아니다. 문장이 5줄만 넘어도 짜증과 화를 내는 일이 다반사이다. 어휘, 독서, 구성 능력, 문장 해석을 자연스럽게 하는 방법은 무엇보다 글과 친해지는 방법이다. 소소한 장소에서 작은 낱말 어휘라도 애착과 친밀감으로 대하는 태도가 가장 우선시 되어야 할 것이다. 오늘 하루가 빛나는 문장! '사랑합니다. 축복합니다.' 긍정과 감사로 책을 대한다. 사랑하는 사람을 대하듯 책을 꽃처럼 대하면서 사인한다.

알파 세대가 온다

The alpha generation is coming.

여기서 말하는 알파 세대는 2010~2024년생을 일컫는 말이다. 이들은 디지털 환경 구조 안에서 중학생으로 진입한 아이들이다. 최근 한국 교육개발원에서 '학생의 온라인 생활 연구:학습자 특성 분석' 연구를 요약한 KEDI BRIEF 24년-2호 알파 세대 중학생은 어떤 학습자인가를 발간했다. 이들은 온라인 특성을 디지털, 교육적 인지적 사회적 영역으로 유목화하고 하위 특성을 밝혔다. 디지털 영역에서 해당 중학생이 새로운 기기에 대한 두려움과 거부감이 적어 자신에게 필요하지 않고 적합하지 않은 온라인 서비스는 활용하지 않는 안목도 가지고 있음이 밝혀졌다. 다시 말해 디지털 역량이 자연스럽게 체득이 되었다는 논증이다. 교육적 영역에서는 이들은 코로나19 경험을 바탕으로 학교 밖 학습 맥락에서 온라인 강의를 유용한 학습 자원으로 활용하는 능력이 있다. 다양한 생활공간에서 디지털 기기와 온라인을 활용한 학습 참여하고 있다. 시험 보기 전날 모르는 부분은 유튜브로 찾아보고, 재미있는 영상은 SNS로 공유 소통해 게임으로도 친해지고 학교에서도 친구들과는 축구를 하며 노는 것도 소중히 여기는 새로운 중학생 세대를 밝히는 연구 보고서가 있다. 이들은 아주 역동적이고 삶을 주도적으로 이끌어간다는 특성을 보인다.

현재 만 7세 초2학년 우리 반 아이들 특성이다. 최근 본교는 요트 체험을 했다. 이 행사를 위해 필자는 승선을 위한 안전 지침과 유의 사항과 준비물 챙김을 4주간 안내한다. 아이들은 요트를 타는 활동에 기대와 설렘으로 흥미로워하기는 하나, 그래도 장마기에 게릴라 성 호우를 우려하는 일면도 보였다. 일기예보에 민감 대응으로 모두가 안전 수칙에 따라 조심스럽게 요트에 승선한다. 우려와 걱정을 뒤로하고 요트에 승선한 모든 일행은 환호성을 지른다. 요트는 그날의 바람과 조류, 파도 등 해상 상태에 영향을 많이 받기 때문에 회항할 때까지 긴장을 놓을 수 없었지만 아주 스릴이 있고 감격스러웠다. 넓은 바다를 바라보고 무인도 섬을 통과해 한산도 제승당이 있는 지점에 도달한다. 다시 돌아오는데 약 50분 정도 소요된다.

모두 신선이 된 듯한 기분이고 무릉도원과도 같은 느낌에 배는 마치 구름에 달 가듯이 두둥실 한가롭게 움직인다. 요트 바깥에서 끝없이 펼쳐진 바다와 같이 생기발랄한 여학생과 활동적인 남학생 6~7명은 마이크를 잡고 머나먼 수평선과 거북선 등대를 향해 가수 투어스의 노래「첫 만남은 너무 어려워」곡을 멋지게 부른다. 함께 박수하며 흥미롭게 몸을 흔든다. 그 노랫말에서도 있듯이 요트와의 첫 만남은 너무 어려웠으나 체험하니 너무 가슴이 울렁거리고 감동의 좋은 경험이다.

오늘의 디지털 기기, 세대 알파! 즉 젤파 (MZ세대와 통합)들은 이렇게 짜릿한 것을 즐길 줄도 알면서 정말 공정과 정의에도 한 치의 양보가 없다. 교실에서 이해관계나 부도덕한 상황이 야기되면 한 푼의 손해를 안 보려고 한다. 그 가운데에서 중재의 입장은 고난도의 지혜와 혜안이 요구된다.

이 밀레니엄 세대와 Z세대를 거친 알파 세대는 자신이 추구하는 가치에 대해 '나'와 '공동체' 사이에서 균형을 찾으려는 경향도 보인다. 하지만 알파 세대(alpha generation)는 균형보다 '나'를 더 생각한다는 점이다. 사고의 중심이 완전히 자신을 향해 있다. 이것은 부정적인 의미가 아니다. 이기적인 것이 아니라 가치의 중심이 자신에게 있다는 뜻이다. 따라서 자신을 위한 행동, 자신을 위한 소비 등 개인주의 성향이 강하다. 호주의 사회학자 마크 매크린들은 그야말로 '새로운 시작'이라는 의미를 담아 그리스 알파벳의 첫 글자인 '알파(α)'를 사용했다. 또 더 강한 특성은 자신이 관심 있는 부분에만 완전히 몰입하는 것이다. 자기만의 가치를 절대적으로 중요하게 생각하고, 그것에만 오로지 몰입하며 달성하는 것도 하나의 행복의 실현이라고 볼 수 있다. 오늘도 자기만의 틀에서 나름대로 전체를 생각하는 멋진 알파들을 응원합니다.

무엇을 갈망하느냐가 그 사람이다

What he craves is him.

일찍 찾아온 무더위가 연일 계속된다. 물을 마시고 또 마셔보아도 갈증이 난다. 현대인의 수많은 욕구와 유혹의 그물망이 조성된다. 눈을 뜨면 미디어를 통해 자극한다. 아이러니한 상황과 딜레마 갈등에서 어떤 결정과 선택에 어떻게 집중해야 할지 또 합리적이고 잘한 일인지? 하는 의구심도 발현된다.

연약한 우리 인간은 대체로 흔들리게 된다. 무엇보다도 현대인은 상대적 박탈감에 마음의 평정을 가져오지 못한다. 그러한 것에 보완할 길이 관심과 존중과 배려와 사랑이다. 인간을 창조한 근원을 찾아 올라가면 결국 사랑에서 출발한다. 그러나 사랑에는 아픔이 있다. 잠시 작가 박경리 선생님의 『생명의 아픔』을 살핀다.

'사랑은 가장 순수하고 밀도 짙은 연민이에요. 연민, 불쌍한 것에 대한 연민 허덕이고 못 먹는 것에 대한 설명 없는 아픔. 그것에 대해서 아파하는 마음이 사랑입니다. 사랑이 우리에게 있다면 길러주는 사랑을 하세요.'

필자는 '길러주는 사랑'을 하다가 번 아웃 된 사례를 수없이 겪는다. 이곳의 근무 역시 그 "사랑의 실천"을 하다가 인도되어 이 좋은 곳에 근무해 사랑을 펼친다. 그러나 또 그 아픈 사랑을 한다.

신학기 상담 주간에 있었던 일이다. PM 8시를 넘긴 시각에 아버지와 S**가 교실로 들어온다. 잠시 **는 옆 공간 빈 교실에 보낸다. S** 아버지는 아내가 20살 어린 베트남인이다. 처음에는 마음이 순박하고 가정에 충실했다, 그러니 15년 가까이 가족으로 구성되어 잘 지낸다. 최근, 아내는 같은 나라 동류 집단에 예속되어 원룸을 구해 지내면서 통장과 금반지 등도 가져가고 심지어 성형수술도 할 거라 전한다.

그러한 요인으로 사이가 멀어지고 아내와는 별거 생활이 되었다고 한다. 무엇보다 아이들의 정서가 가장 걱정이다. 그리되다 보니 S가 위축되고 자신감이 없다고 한다. 물론 잦은 지각, 학습활동에 흥미를 잃어 나날이 불안하다고 한다. 그나마 누나는 여자아이라 이해하고 안정을 찾았으나 S는 지금 가장 힘들다고 한다. S 아빠는 눈물을 보인다. 정말 아픔이다. 진한 공감이 된다. 정말 "길러주는 사랑의 필요성"이 절실하고 그 손길이 닿아야 하는 것을 피부로 절감한다. 그리고 울부짖으면서 도움을 요청한다.

필자는 제안한다. 학교 안 누리 교실 활동 지도에는 동의하지 않는다고 한다. 왜 그렇게 하느냐 질문하니 바우처로 지원받는 학원 활동에 최선으로 한다. 그 활동이 끝나면 놀이터에서 신나게 논다. 누나나 아버지가 집에 있을 듯하면 귀가하는 일상이라고 한다. 아버지는 거의 8시 후 퇴근이고 누나도 학원과 개인 볼일 이후 불규칙적이라고 한다. 때마침 학교 밖 누리 교실이 있다고 하니 동의한다. 저학년이라 대부분이 처음 온라인 디지털 학습에 경험한다. 일일이 계정과 비번을 설정한다. 따듯한 가정에는 보호자 입회하에 도움이 연결되어 진행이 아주 순조롭다. 그러나 물리적 환경과 정서적 환경이 열악한 오갈 데 없는 S에게 "길러주는 사랑의 손"을 내밀 수밖에 없다. 문제는 같은 IP '퇴근 시각 후 교실'인 것, 인지하지 못하고 교육적 열의(보호자 없고, 핸드폰 화상! 협소, 학교 태블릿) 집중해 실수한다. 깊이 반성한다. 디지털 시대에는 이와 유사한 일이 또 있다. 바로 여러 가지 게시공문으로 오는 공모전 활동이다. 아이의 재능을 고려해 담임이 개인정보 동의를 했다가 다칠 수 있다. 상호 연락망을 통해 사전에 이러한 오류를 최소화할 길을 반드시 모색해야 한다. 깊이 반성한다. 복잡한 세상을 살아가면서 우리가 불가피하게 놓이는 이해관계와 사랑의 실천에서 오는 상충 작용에 가슴 저리게 참회한다. 하지만 '무엇을 갈망하느냐가 그 사람일 수 있음을 절실히 느낀다' 그래도 "사랑의 진실을 전하고 길러주는 사랑에 진심이었음"에 만족한다.

마처 세대의 자세

End and First Generation Posture

지금의 60대를 이른바 '마처 세대'라는 또 다른 이름이 있다. 부모를 부양하는 '마'지막 세대의 '마'자와 자녀에게 부양받지 못하는 '처'음 세대라는 뜻이다. 은퇴를 앞두고 있거나 은퇴한 뒤에도 20·30대 자녀를 돌보고 80·90대 노부모까지 봉양하면 정작 자신의 노후 대비는 뒷전으로 밀린 셈이다. 최근 이들을 대상으로 한 설문 조사 결과가 집중된다.

재단법인 돌봄과 미래·한국리서치에 따르면, 마처 세대 3명 중 1명은 본인의 고독사를 걱정한다. '386세대'로도 불리는 1960년대생은 모두 850만 명으로 전체 인구의 16.4%에 달한다. 710만 명인 베이비붐 세대(1955~1963년생)보다 인구 규모가 더 크다. 내년부터 가장 빠른 1960년생을 시작으로 65세 이상인 법적 노인 나이에 들어선다. 필자 역시 머지않아 그러한 위치가 될 것이다.

이러한 배경을 안고 최근 7~8살 언니들과 같이 ㅌ시 SY 일주로 쪽에 멋진 드라이브를 한 적이 있다. 방송에 나온 ***ㅌㅇ 브런치 카페에 자리한다. 무척 힘들게 찾은 장소라 감회가 새로웠다. 주변은 숲이 우거진 산을 뒤로하고 있다. 바다는 다소 거리가 있어 보인다. 그곳은 서울 경기도에서 ㅌ시로 이주 한 세 모녀가 운영하는 문어 브런치가 유

제2장 좋은 생각, 좋은 삶 137

명하다고 해 찾은 것이다. 그러나 지금은 금어기라 그 메뉴는 없고 대신 파스타와 바게트를 주문한다.

그 매장은 펜션 사업도 병행해서 하는 듯하다. 무척 바빠 보인다. 작년, 방송이 나오는 장면은 자매가 운영하는 카페 내부 분위기가 좋아 보이기는 하나, 그보다 더 기억이 생생한 것이 있다. 하와이에 잠시 생활하다 익힌 훌라춤을 선보인 모습이 가장 인상적이었다. 그것도 깨끗한 모래가 있는 해변에서… 그런, 인생 스토리텔링이 더 각인되어 주인분을 직접 만난다. 훌라춤을 춘 곳이 보이는 낚시하는 앞쪽 바닷가였냐고 질문하니 사실, ㅌ시 수영장 부근 인근 바닷가였다는 말씀이다. 순수하게 그 사실을 믿고 찾은 필자 자신에게 한 방 얻어맞은 기분이다. 그러한 설정을 이해하고 마음을 접는다.

음식은 준비된 테이블로 이동된다. 공교롭게 두 언니의 자녀들은 딸들이다. 언니 둘은 자녀를 모두 결혼시키고 각자 멋진 노후를 보내고 있는 살아있는 "마처 세대"이다. 언니들과 맛있는 음식을 먹으면서 자연스럽게 자식들의 이야기가 시작된다. 7살 위인 언니들은 일부 주변에 아들자식 둔 가정과는 달리 의견 충돌된 요소는 별로 없다고 한다. 부연해 설명이 길어진다.

큰딸은 멋진 사업장 운영을 잘하고 작은딸은 교수를 하다가 전공을 살려 개인 사업장을 하니 오히려 수입과 여유가 있어 편하다 한다. 또 다른 언니는 손자가 셋이라 최근 os시 **정원에 찾아갔다고 한다. 딸과 함께 다니니 너무 좋았고 뭐니 뭐니 해도 아들보다 딸은 친구이고 지지자이고 모든 삶의 원천이 된다는 "마처 세대의 딸바보 대표주자들"이다. 필자는 두 분을 멍하니 바라보고 부러운 눈빛으로 살핀다. 지금 이 매장을 운영하는 세 모녀의 인생 스토리텔링과 맥을 같이 하는 이야기이다. '아! 난, 아직 갈 길이 먼데… 아니야, 비교하지 말자! 더 단단히 비축하기 위해 우리 아이들은 잘하고 있는 거다.' 마음 근육에 힘준다. 그 후 다른 장소 이동을 위해 같이 살핀다.

앞에 언급한 재단법인 돌봄과 미래 한국리서치에 응답한 6~7명 중 1명꼴 15%는 부모와 자녀 양쪽 '이중 부양'을 하며 월평균 164만 원을 지출한다고 한다. (24.6.3. 연합뉴스 기사 중에서) 공감이 간다. 차와 차 사이에 안전거리가 있듯이 인생길에도 필요충분조건이다. 인생사에도 그러한 안전거리가 있어야만 이중 부담되는 무거운 현시대를 지혜롭게 풀어 갈 것이다. 인생! 정답은 없다. 단지 해답을 찾아가는 기법을 터득하면서 길을 찾아야 한다. 최근, 양다솔 작가의 『적당한 실례』라는 책을 접한다. VUCA 시대에 아주 절묘한 최적화된 공감 서(書)이다. 우리는 많은 사람을 관계하고 아이러니한 여러 상황에 봉착한다. 가난해지지 않는 마음에서 어렵지 않으려면 자신 모습에 따스한 시선으로 토닥토닥해야 한다. 어차피 혼자임을 알기에 풍성한 생존의 근육을 위해 만날 그 큰 사랑을 그려본다.

규율과 성과의 시대

An age of discipline and performance

아카시아 향이 콧잔등을 자극한다. 앳된 여고생 시절이 상기된다. '물망초 꿈꾸는 강가를 돌아 달빛 먼 길! 님이 오시는가, 갈 숲에 이는 바람 그대 발자취일까 흐르는 물소리 님의 노래인가 내 맘은 외로워 한없이 떠돌고' 이러한 가곡을 흥얼거리면서 거닐던 여고 시절! 새하얀 아카시아꽃 향이 예나 지금이나 똑같다. 하루해가 길어 퇴근길이어도 환한 정오 같다. 햇살이 너무 밝아 공원의 흔들 벤치에 앉는다. 최근 읽고 있던 소설책 읽기 마무리를 위해 책을 펼친다. 온 마음을 다해 집중하고 있는데 70이 넘어 보이는 붉은색 계열의 모자와 옷을 입은 한 어르신이 다가와 말을 걸어온다. "혹 성당에 나가지 않을까 모르겠네요?"

주변을 둘러보니 아무도 사람이 없다. 필자에게 용건이 있다는 뜻이다. 이야기를 나누고 싶어 한다. "아! 네에… " 상냥한 얼굴빛을 보인다. "안 나갑니다." 그 후 계속 책을 읽는다. 문제는 이 질문을 작년 무렵에도 받았다.

똑같은 질문이다. 그렇다. 말을 섞지 않아도 향기가 난다는 말이다. 먼발치라도 눈빛과 마음에서 무언가가 나옴을 증명한다. 말하자면 강아지도 자신을 사랑하고 아끼는 사람에게 반응하듯 그와 같은 원리다.

잠시 책을 놓고 해맑게 웃어 보이니 검은 봉지에서 자줏빛 양파를 하나 꺼내준다. 누구나 저렇게 사람이 그립다는 것이다. 오후 돌봄을 마치고 요리 실습 교실에서 손을 씻으려 화장실로 간다. 급한 마음에 뛰어 벽면에 부딪힌다. 병원에 다녀온 이튿날 새끼손가락을 걸고 특별히 걸어다닐 것을 약속한 후 복사까지 한다. 그러나 또 반복이다. 근무 후 보호자와 상담한다. 사회적 정서 '마음 빼기' 수업 활동에 집중한다. 무리 속에서 상처가 난 그 아이는 필자를 보더니 '나 여기 있어, 나 좀 봐요' 한다. '이미 알고 있다' 눈치를 띄운다. 그렇다. 세상과 사람은 위에서 언급한 그 향을 갖고 만만하게, 또 얕보고 간을 본다. 피로사회 성과사회에서는 위에서 언급한 향이 나는 사람을 쉽게 악용한다.

오늘날 디지털 기기에 노출된 초등학생, 젤파 세대의 말머리 돌리는 기술은 고수이다. 사람을 갖고 놀 정도이다. 인간적이고 사람 좋은 모습에 난감할 순간에 봉착한다. 규율 시대는 이러한 문제가 덜 작용이었다면 지금의 성과와 결과로 접근하는 사회는 많은 오류와 시행착오를 낳는다. 누구나 창의성과 개인기만 우수하면 수용이 되는 시대다. 모로 가나 어찌 가나 승부수 있는 결과지에 초점을 맞춘다. 그러다 보니 집단이기와 개인의 목소리가 크다. 나를 위해 이제는 내려놓아야 한다. 규율 시대는 '최선을 다해서 하자는 말'이 맞았다. 그러나 피로와 성과 주도형 지금 시대는 자칫 심하게 하면 번 아웃이 된다. 무작정 견뎌내기보다 자신에게 '일의 의미와 가치'에 방점을 둬야 한다. 그 의미와 가치 안에서 나름의 즐거운 점을 찾고 방향성을 설정해야 한다. 최근에 『사막을 건너는 여섯 가지 방법』이란 책을 접했다.

큰 틀에서 먼저 나침반 방향성을 따라가라. 두 번째 분명히 오아시스를 만날 것이다. 그럴 때는 과감히 쉬어 가라. 세 번째 모래를 만나면 바람을 뺀다. 즉 자신 뜻을 내려놓기이다. 네 번째 혼자서, 함께 여행하기로 나와 다른 사람과의 사이에서 절충하려는 지혜 갖기다. 다섯째 안전과 밝은 캠프파이어에서 나와 깜깜한 사망의 어둠 속으로 나아가라. 마지막으로 허상의 국경에서 멈추지 마라, 즉 열정을 갖고 두려움과 불안감의 경지에서도 용기로 접근하라는 6요소이다.

규율적 시대의 유형과 성과적 시대 유형을 VUCA 시대에는 잘 배합해야 한다. 균형감있고 경계를 유지하는 지혜가 절실하다. 이런 인생의 노를 저어가야만 편한 삶이 기다려질 것이다.

초록, 초록 들판에서…

In the green field

초록 초록 신록의 풍성한 5월, 가정의 달이다. 아이들과 벽면의 달력을 본다. "얘들아! 5월 5일은 무슨 날? 한결같이 소리 지르며 본인들의 날"이라고 기뻐한다. 그러면 5월 8일은 어버이날이라 씩씩하게 말한다. 부모님께 전할 카네이션이 1주일 전부터 빨강, 분홍, 초록 색종이에서 변신한다.

편지와 함께 부모님께 드릴 것이다. 그러면 5월 15일은 무슨 날일까요? 한결같이 부처님 오신 날이라고 한다. 맞는 말이다. 이 시대의 교권이 실종된 지 오래다. 확연히 입증되는 사실이다. 교육 현장에서 힘을 불어넣을 틈을 스스로 챙겨 본다. 위로하고 자축하련다.

잠시 교실에 잘 자라나는 토마토 모종을 살핀다. 한 알의 씨앗이 햇빛, 거름, 정성으로 잎이 풍성해 알찬 열매가 예상된다. 저 모습이 바로 교사가 아이들을 지도하는 원리와 같지 않을까 생각한다. 어느 음악가 어록이 생각난다. 진정으로 음악을 배우려면 생각해서 익혀보고 진심으로 사랑하고 열정적 심혈을 기울이며 성취를 위한 과정에 자신을 믿는 것이라고 한다. 옳은 말씀이다.

모든 학습의 효율에 도달하는 기법이 바로 생각하고 사랑하고 믿는 일이다. 잠시, 황금찬 시인의 「5월의 노래」 시를 떠올려 본다. '언제부터 창 앞에 새가 와서 노래하고 있는 것을 나는 모르고 있었다. 심산 숲내를 풍기며 5월의 바람이 불어오는 것을 나도 모르고 있었다. 저 산의 꽃이 바람에 지고 있는 것을 나도 모르고 꽃잎 진 빈 가지 사랑이 지는 것도 나도 모르고 있었다. 오늘 날고 있는 제비가 작년의 그놈일까? 저 언덕 작은 무덤은 누구의 무덤일까? 5월은 4월보다 정겨운 달 병풍에 그려져 있던 난초가 꽃 피던 달 미루나무 잎이 바람에 흔들리듯 그렇게 사람을 사랑하고 싶었던 달! 5월이다.' 그렇다! 오월은 사랑하고 싶은 풍성한 달이다. 풋풋한 어린아이들 환경이 이렇게 오월처럼 풍성하길 바란다.

24평 네모 공간에 어떻게 하면 아이들이 즐겁고 행복할까 고민한다. 교실은 항상 웃음과 놀이공간이다. 오랜만에 야외로 셔틀버스는 달린다. K군에 있는 DB 농원에 봄 현장 체험학습 활동이다. 그곳에는 딸기와 블루베리를 자라게 하는 시설 농장이다. 딸기향이 새콤달콤하다. 한 코너에는 밀가루 반죽으로 피자 만들기로 분주하다. 한 아이는 여우 얼굴 형태로, 또 다른 어린이는 토끼 모양의 피자로 만든다. 자신 코언저리에 하얀 밀가루 반죽이 묻은 것도 모르고 생글생글하게 열심이다.

화덕에 넣어두고 줄을 선다. 바구니를 들고 딸기가 잘 자란 비닐하우스로 향한다. 처음 만난 빨간 딸기와 초록 잎 앞에서 어리둥절 멍하다. 하지만 빨간색에 까만 점박이 딸기 열매 앞에서 환호성을 토한다. "와! 딸기다!" 딸기는 바구니 한가득 채워진다. 풍성하고 완전한 행복이 아이들 가슴에 오롯이 담아진다. 양손 가득 딴 딸기는 마치 행복이

주렁주렁 열리듯 있다. 그렇게 수확한 딸기는 도시락 모양의 상자로 이동한다. 그리고 하트 모양의 상표에 자기 이름을 적는다. 부모님께 드릴 것이라고 행복 얼굴이 된다. 드디어 피자가 화덕에서 나온다. 구수한 냄새가 아이들 미각을 자극한다.

그 순간 모래놀이 터에 각종 놀이기구가 있음을 알고 달려간다. 이리 뛰고 저리 뛰더니 허기진 배를 안고 맛있는 피자를 먹는다. 저 모습이 바로 행복 덩어리 그 자체이다. 오늘만은 풍부하다. 왜 저런 아이들에게 경쟁심을 조장하는 교육을 해야 하는 것일까? 오늘과 같은 딸기 따기 체험과 피자 만들기 모래놀이로 몸으로 체화되고 활동해 느끼게 하는 학습 활동이 하루빨리 현실로 다가오길 기대한다.

수영 피아노 등 특정한 행동을 하지 않은 채 아이가 놀고 싶은 대로 원하는 만큼 그냥 놀게 하는 것이 덴마크의 교육 핵심이다. 윤택과 풍성함을 주는 출발은 바로 저런 것이다. 결핍의 부모 세대로 인해 경쟁과 불행은 계속 도미노 현상이다. 풍부 의식과 나눔에서 오는 행복은 바로 '기다림과 여유'이다. 차(次) 세대에게 가능성과 잠재력을 인정하고 아이들 눈빛에 인정과 믿음을 주고 존중한다면 5월은 더 풍요로울 것이다.

감정, 그 알아차림

Emotions, that perception

현대인은 하루를 보내며 자주 감정의 뒤틀림을 경험한다. 많고 많은 복잡한 사안들, 소소한 이해충돌에서 오롯이 나 안에서 갈등을 자주 한다. 4년 전 법정까지 가야만 했고 해결이 되던 전대미문 사건으로 인해 오늘의 근무지에 이르게 된다. 그것을 아동학대라고 치부해 순서를 밟아야만 해결이 되던 그 악몽 같은 일! 당사자는 없었던 것으로 여기고 용서를 빈다.

그러나, 이유를 만들기 위해 안 그랬던 것도 그렇게 했다고 우긴다. 41년간 교직에 정말 불명예다. 뜨거운 글로건 사용 학습! 그것을 들고 장난치고 책상에 질퍽질퍽 밟고 다녀 딸애가 가스 불에 라면 물이 흘러넘치는 아찔한 심정과 유사하다. 그리하여 그 아이에게 등짝을 치는 반사적 행동이 아이의 눈과 그 주변에서는 아이를 때렸으나 교무실에 학부모가 오신다. 민원이다. 그 당시 컨트롤타워에서 방어막이 있었다면 고통과 마음고생은 정말 덜했을 것이다. 물론 엮이기 싫어서 빠져가면 그만이라는 관료적 성향이 더 강했다. 숨통이 막히고 환장할 노릇이었다. 그러나. 이해한다. 제 식구 감싸기로 말을 갖다 붙인다고 한다. '정말 안 그랬던 일을 그랬다고 말하고 경찰에 심문을 요하는 과정에서 거짓 증언을 하나, 조사자 입장은 순수한 아이가 또 그 환경이 그랬다고 우기면 그렇게 답을 해야 한다고 강요받는다. 감정에 뒤틀림을 인지하면서도 그랬다고 할 수밖에 없는 구조'이다. 정말 정말 고통스러웠다. 그러나 상담과 교육을 통해 많은 것을 배웠다. 지금은 사면으로 정리된다.

　잠시 아이들 세계로 들어간다. 할머니도 어머니도 결손 가정의 대물림인 **와 20살 차이의 귀한 ##인 딸애와의 갈등과 싸움은 연속이다. 창틀에 방울토마토 모종이 예쁘게 올라온다. **는 ##의 새싹이 밉다는 심경이다. 화분의 싹을 마구 뽑는다. 심지어 출입문을 통과할 때 순간 부딪힌 어깨도 일부러 그랬다고 한다. ##는 끝까지 그랬다고 우긴다. 놀이터 미끄럼틀에서 ##는 올라가려고 그랬던 것이 **는 막아서 못 가게 한 것이라 하면서 서로 앙숙이다. **는 오늘 아침에 책상에 엎드려 통곡하면서 운다. 집에 가면 오빠 둘도 항상 속상하게 하고 학교에서는 ##가 스트레스를 주어 힘들다고 호소한다. 맞는 말이고 옳은 이야기이다. 그리하여 자리 가까이 가 말해본다. '1층의 Wee Class 상담 선생님을 연결해 줄까?'라고 제안한다. 눈을 맞추면서 쾌히 승낙한다. 맞아! 그렇다. 그렇구나. 자신의 '마음 알아차림'을 먼저 한 경우이다.

　정신건강의학과 정혜신 저서의 『당신이 옳다』 책에 보면 오롯이 자기 자신이 주인이며, 자신에게 집중할수록 건강한 삶을 사는 것이라 한다. 그러나 우리 사회는 감정을 통제하고 조절해야 하는 대상으로 바라볼 뿐 자유롭게 발산하고 표출함에 누구나 경계한다. 사회이든 개인이든 풍요로운 상황에 도달을 위해 내 존재의 반경을 제한하고 끊임없는 자기 검열의 삶에 이끌도록 하나, 감정노동에 살아가는 현대인의 최고의 선물은 '힘든 나를 스스로 알아주는 것'이다.

무수히 많은 역할과 임무를 수행하면서 시시각각 변하는 마음의 표정도 살펴 가야 한다. 유난히 화가 났던 순간에 나에게 넓은 아량으로 수용하지 못한 나에게 자괴감도 든다. 힘든 분노가 꿈틀거리게 되고 스스로 솔직한 내 감정 들여다보지 못한 이유도 있다. 모든 감정에 본래 느낌에 충실하도록 펼쳐야 한다. 하지만 자칫 힘듦에 번 아웃일 때 어떤 방법으로 할지 우선 허용하는 태도이다. 첫째로 부정적인 감정이 느껴지는 순간에 긴 호흡하기 둘째 감정에 이름 붙이기로 나는 '지금 슬퍼요, 힘들어요'라고 외친다. 셋째 느껴지는 감각에 집중해 보기다. 오감에 집중하면서 느껴지는 여러 가지 방법을 찾는 것도 좋은 방법이다. (그라운딩 기법) 즉 현재의 감각에 집중하면서 생각과 감정의 굴레에서 벗어나서 잠시 평정심을 찾는 방법이다. 넷째는 감정을 다양한 방법으로 표현하는 것이다. 가족이나 친구, 연인에게 마음을 털어내는 것도 좋다. 감정 해소를 위해 명상이나 일기로 자기 인식과 수용은 아주 좋다. 감정적인 반응은 자연스러운 일이기에 '마음 알아차리기 기법'을 알고 조절해 슬기롭게 살자!

꽃비 오던 날, 그대를…

On the day of flower rain, you…

홀연히 벚꽃잎이 떨어진다. 하롱하롱 흩날리는 꽃비를 맞으며 그리운 이를 떠올린다. 차디찬 겨울날에 이러한 기적이 일어날까 했던 산야는 온전한 꽃물로 넘실거린다. 꽃들의 향연 앞에 어떠한 메타포도 은유도 요구하지 않는다. 그저 어여쁘고 아름답다. 심지어 황홀경에 빠진다. 그대와 거닐었던 그 밤 벚꽃길이 그립다. 벚꽃에서 풍기는 향기도 있으나 밤이라는 시간적 제한에 환상적이고 아주 몽환적이다. 바바리코트의 옷깃을 세우고 넓은 가슴에 기대고 싶은 중후함에 너무 멋있다. 차밍한 모습에 가까이 다가온다. 싱긋이 미소로 화답한다. 어느새 손에는 벚꽃 한 송이에 마음이 담겨 가까이 온다. 그 꽃송이는 나의 긴 머리가 있는 귀 언저리에 꽂아 어여쁜 꽃핀이 된다. 그립다. 그리운 그대는 지금 어디서 무엇을 하고 있을까? '꽃이 지더라도 그대와의 추억은 새록새록 기억의 창고에 있다' 그 앙금은 아직도 남아있다.

그 간절한 보고픔을 꽃잎에 선명히 새겨본다. 애잔한 그리움은 별처럼 반짝반짝 떠올려 뇌리에서 쏟아진다. 그대와 나눈 사랑의 대화와 추억이 봄 냇가에 맑은 물이 되어 하염없이 분홍색 잔물결로 일어선다. 그리운 그대의 얼굴을 볼 수 없다. 그 얼굴을 볼 수 없더라도 밤 하늘가로 나온다. 그대의 그 그림자만이라도 밟아 보련다. 그리하다 보면 마음을 좀 달래 볼 수 있을까 하여 위로를 스스로 해 본다. 그런 하루하루를 차곡차곡 쌓아간다.

　초록 초록한 어느 날의 일이다. 네잎 클로버를 건넸던 행운 사인에 외국 출장! 잘 다녀오리라며 새끼손가락 내밀며 서로 흔적을 남기고 약속한다. 그러던 미소년과도 같은 그 미소는 영원히 잊지 못한다. 유난히 영어를 잘하여 외국 지사를 다녀온다. 유창한 프리토킹으로 인해 외국 바이어들과의 만남이 잦았다. 누구에게나 열린 마음을 주는 듯하다. 히잡을 쓴 여인들과도 소통과 공유한 사진을 보여준다. 그러던 그는 지구촌, 마음 뜰에서 사라졌다. 호주머니에 넣어 다니고 싶다던 그! 선물로 루주를 건넨다. 앵두 같은 입술에 애장품으로 간직하라고 한다. 정말 따스한 마음이 느껴지던 그 선물을 지금도 사용한다. 그러하던 어느 날 그대와는 '잠수 이별'로 먼저 정리한다.

　그리하여야만 정선된 생활이 되어 당당함으로 갈 수 있으니 참 잘했다! 하는 생각이 든다. 그 이후 페이스북으로 만난 친구로 인해 큰돈을 잃는다. 이 사례 역시 긍휼과 자비를 동일시 한 나의 어리석음에서 나온 탓이다. 그러나 이민 사회의 고달픔과 평화를 위해 시리아전에 참여한 사연을 믿는다. '로맨스 스캠'이다. 이민 1.5세대 86이다. 가슴이 아리고 뼈저리게 질타한다. '남다른 공감 의식과 사랑'이라는 그물막이다. 모두 내 탓이다. 사실과 의견에 대한 분명한 분별력 결여이다. 사진을 포스팅화 함에 속은 것이다.

　그때 위에 언급한 분과 인연을 더 길게 유지했다면 이런 일에 대해 조언받아 물질을 뺏기지는 않았을 텐데 하는 아쉬움도 남는다. 그러나 텅 빈 마음자리에 그럴 수밖에 없었던 '이별 선언'을 해야만 한다. 잠시 이영애 주연 〈봄날은 간다〉라는 영화가 생각난다. VUCA 시대 인생길! '남자라는 세계'를 진심으로 가르쳐 준 그 ROTC 출신의 멋진 그 사람이 연분홍 물결, 이즈음에 정말 보고 싶다. 잠시 천재 시인 이상의 아내와 천재 화가 김환기 아내와의 묘한 연결점으로 인연을 살아야 했던 김향안 여사의 이야기를 떠올린다. 그 여인 역시 여러 권의 수필집과 소설집을 발간한다. 3년 만에 떠난 작가 이상을 보내고 김환기 화가에게 최선을 다했던 작가 김향안 여인처럼 나의 길도 그러한 것일까! 하지만 지금도 '풀은 마르고 꽃은 시들어도 하늘의 이치를 알려준 그대' 보고 싶다. 그 넓은 가슴에 진하게 안기고 싶다. 이 봄날 분홍 꽃비 내리는 벚꽃길에 다정히 팔짱을 끼고 영원히 영원히 또 영원히….

하이프 커넥트 시대, 집중은!

In the era of Hype Connect, focus is!

지금, 내가 아는 모든 정보는 screen을 통해 들어온다. 기상하자마자 스마트 기기의 화상을 본다. TV 채널, PC 액상을 접한다. 모두 화면이고 이미지로 이루어진 세상이다. 질문과 의문도 스크린에게 한다. QR코드로 들어가면 쉽게 영상이 나온다. 현대인은 너무나 많은 산만함에 놓여 있다.

그런 매체로 통한 영상에서 잠시 쉬어가기를 해 본다. 다시 말해 현대인의 뇌가 8초밖에 집중하지 못한다고 하여 지금의 인간을 '8초 인류'라 칭한다. 대부분 현대인의 삶이 분주하고 정신없이 바쁘다. 평온과 고요를 가져올 길을 언급한다. '마음을 두는 자리가 마음이니 스스로 지옥을 천국으로, 천국을 지옥으로 만들 수 있다.' 존 밀턴의 「실낙원」에 나오는 글귀이다. 어느 날 스승은 제자에게 질문한다.

"눈표범을 보았느냐?", "보지 못했습니다." 제자가 말했다. 경이롭지 않으냐? 스승께서 그에게 묻는다. 찬드라 리비아 칸디아니(Chandra Livia Candiani)의 시에 어록을 관계해본다. 산만에서 얻어지는 것이 없다는 것을 강조한다. 고요와 평온에서 집중과 몰입이 연결이다. 내가 아는 세상이 화상을 통해서 들어오니 머리 너머의 저세상에 다소 혼란이 인다. 최근 선거 기간에 열풍을 AI와 챗봇을 통해 홍보된다. 그러나 정작 그 진위는 받아들이는 사람의 몫이다. 하지만 그 판별 기준에는 혼선이 일어난다. 말하자면 가짜 조작이란 틀의 포상에 갇힌다.

리(RE) 프레젠테이션(Presentation) 리얼리티나 팩트와 일치하지 않다 보니 계속 재현된 이미지에 모든 것이 실체화되는 감각에 무뎌지는 것을 발견한다. 스크린과 사이버 공간을 자주 접하다 보면 인간의 무력감이 양산되고 두려움과 왜곡된 부분이다.

이러한 병폐를 다소 누르기 위하여 인간은 노력하지 않으면 안 된다. 21세기 들어 IT 기기들로 인한 기계화로 잠자리에서 일어나자마자 각종 알람과 SNS 문자 연결망에 깨어난다. 과연 여러 가지 문명 기물에 눌러 인간성을 상실하고 있다. 이러한 중독에서 빠져나오는 비법을 알아보자면 우선 스마트폰을 멀리 두자. 결국 연락할 사람은 어떤 방법으로든지 온다.

굳이 내가 먼저 반응하지 않아도 된다. 비만의 사람이 다이어트를 해서 요요현상을 극복해야만 진정한 자신 몸을 찾듯이 이러한 커넥트(연결) 시대의 산만함에서 벗어나는 길은 차단이다. 즉 정보와의 다이어트를 해야만 한다. 그야말로 '클릭 한 번으로'나 자신을 구할 수 있었는데도 계속해서 그를 만나는 이유는 설명하기 쉽지 않다. 어쩌면 내가 견딜 수 있는 것은 최대 한계치가 어디까지인지 알고 싶었던 것인지도 모르겠다. 그 당시 뇌의 메커니즘에 무지함이 예측되고 스키마와 해마와의 작용에서 작동한다. 행동 심리학자 스키너 박사 이론을 가져다 설명해본다. 동물행동 심리에 보면 비둘기와 가변 보상과 조건화의 개념을 알지 못한다. 중독의 작동방식(무한한 중독 이론)을 그때는 미처 몰랐던 것이다. 캐서린 프라이스(Catherine Price)의『스마트폰과 헤어지는 법』에서 스마트폰은 '역기능적 관계에 있는 전형적인 파트너로, 나를 아프게 하느냐? 그와 동시에 나를 자신에게 다시 돌아오도록 끌어당기는 힘이 있다.'라는 구절을 읽었을 때 어떤 의미인지 알게 되었다.

나쁜 점은 스스로 스마트폰과 오래 지속이 되었느냐의 관계이다. 좋은 점은 그것이 우리에게 달려있다는 것이다. 우리는 성장하면서 아픈 사랑에서 빠져나오게 된다. 우리가 삶을 통제하지 못한다는 것은 그만큼 삶에 지쳐 살아간다는 논리이다. 서로가 아끼고 좋은 존재가 되기 위해서는 아픈 사랑에 대한 더 이상의 재미가 없어야 할 것이다. 쉽게 설명하자면 체험이 있는 작가의 작품을 살필 때 공감과 실감이 아주 크다. 예를 들어 정원사 역할을 하면서 체화된 어떤 철학과 성과물은 감동이 있으니 그 작품에 집중과 주목할 것이다. 잠시 정용철 시인의「내려놓음」시를 읽어본다. '-중략- 잡고 있는 것이 많으면 손이 아픕니다. 보고 있는 것이 많으면 눈이 아픕니다. -중략- 내려놓으세요. 또 놓아 버립시다'

귀티 나는 인생, 건강한 질투에서
Out of a glaring life, healthy jealousy

인간은 태생적으로 시기와 질투를 지니고 있다. 어장에서 낚시하는 두 사람이 있다. 시간이 지연되어 고기는 잡히지 않는다. 그런데 더 중요한 사실은 옆 동료가 월척을 하다가 서툴러서 중간에 고기를 물속으로 떨어뜨리고 만다. 그 장면을 보고 같이 낚시하던 사람은 쾌감을 느낄 정도로 통쾌하다. 어디 이것뿐이랴!

아무리 좋은 마음을 가진 사람도 어떠한 상황에 놓여 억울한 일이 벌어진다. 공감과 동료애를 발휘할 즈음에 완전히 딴 모습을 보인다. 예를 들어 법적 묘한 이해관계가 놓여 있을 때 결과가 집행된다는 명료한 근거 공문도 안 왔는데도 종전의 선례가 그러하니 그래야 한다고 말하는 윗분을 접한 경험이 있다. 사회공동체와 연대 의식을 갖고 불가분의 업무도 솔선수범하고 수용한 사람이다.

그러함에도 불구하고 배경에는 안중에 없다. 품어주고 안아줘야 하는 위치에 있음에도 불구하고 매도하는 발언으로 그 사람의 모든 여력과 인격에 매도하는 일로 전락한다. 이러한 사례는 인간 본성에 있는 악한 마음의 발로이다. 상대를 짓밟고 하대하는 묘한 심리적 작용은 그 사회를 부정하고 밝지 못 하게 하는 문화의 발로로 위축된 네거티브(negative)적인 사회상을 낳는다.

때로는 본인인 내가 또 상대를 시샘하거나 질투할 수도 있다. 하지만 자존감과 자기 인식이 강한 사람은 이러한 상황에 흔들리거나 마음이 어려워지거나 약하게 보이지 않을 것이다. 만일 이러한 상황에 놓일 때 어떻게 해야 하는지 살펴보자. 건강한 방법으로 질투심을 관리하는 전략을 기술해 보면 우선 자기 인식과 자기 수용이다. 왜 그렇게 느끼고 그러한 마음이 드는지를 상대와 대화하거나 나를 살펴보아야 한다. 물론 그러한 감정이 들거나 상대가 느끼면 솔직하게 대화하고 소통한다.

본인이 시샘하는 마음이 생길 때는 질투심을 긍정적으로 수용하여 목표를 정하고 노력하고 자기 계발의 목표나 동기부여의 기회로 삼는다. 무엇보다 스트레스를 받으면 안 되니 자기관리를 위해 명상, 운동 등 안정된 심신을 유지하도록 노력한다. 질투심을 관리하고 수용하는 자세는 대인관계와 자아 성장을 도모하는 좋은 지름길일 수 있다. 물론 이러한 사례를 통해 풍요로운 삶을 영위하는 좋은 주춧돌이 되기도 한다.

질투심과 상실을 통해 우리 인격은 조금 더 고상하고 귀티와 품격 있는 인품이 되어가는 길이다.

그럼 과연 귀티 나는 사람들! 품위와 고상함을 지닌 사람의 특성은 어떤 사람일까? 첫 번째 예의 바른 언어와 바른 자세와 행동이다. 다른 사람과 대화할 때 공손하고 배려심 있는 언어를 사용하며 자신의 감정을 적절하게 표현한다. 다른 사람의 경험과 의견을 존중하고 이해력을 가지며 대화한다. 두 번째 아무리 어려운 일이 닥쳐도 차분한 자세로 자기 통제를 잘 유지한다. 그 자기 통제력은 상대방의 기분을 안정감을 주며 긍정적인 영향을 준다. 세 번째로 다른 사람을 관용하고 배려하는 자세를 보인다. 타인의 감정과 표현을 잘 알고 도움을 주려는 자세를 보인다. 배려와 관용은 사회적인 유대를 좋게 하고 협력을 강화하는 역할을 한다. 다시 한번 더 세부적으로 특징을 요약하면 예의가 바르다.

 자신감과 배려와 존중이 품어 나온다. 고상한 행동과 언어로 품위가 뿜어져 나온다. 인내심과 오래 참음이 돋보인다. 이런 유형의 사람은 어떤 프로젝트나 주제 활동을 할 때 그 모습이 역력하다. 존중하는 요소로 상대의 이야기를 끝까지 경청한다. 성장과 변화를 위해 끊임없이 배우고 학습한다. 공정함과 정의로움에 기반하여 어떠한 상황에서도 이 원칙을 고수한다. 한결같은 미소와 긍정적 자세와 태도이다. 마지막으로 귀티 있는 사람은 끝까지 자신을 드러내지 않고 겸손한 자세를 취한다. 항상 상대를 좋게 판단하고 자신을 낮게 내려보는 성향으로 어디를 가든지 품성하고 윤택한 삶이 기대되는 사람이다. 멋진 아우라! 귀티를 위해 오늘도 실천하고 행동하련다.

질문의 능력에서…

In the capacity of questioning

2022 개정 교육 과정이 적용되는 첫해이다. 급변하는 시대적 정신과 디지털 환경에 따른 여러 가지 배경에 부응하게 구성이 잘 되었다. 그런데 아무리 내용과 구성이 우수해도 삶과 연결되지 않은 앎은 도루묵이 된다. 특별히 살펴보니 핵심 가치는 문제해결력에 방점이 보인다. 다양성, 불확실성, 복잡성, 모호성을 안고 있는 VUCA 시대 지금 여기에 우리는 사랑과 질문의 능력 발휘이다.

구정 명절을 지낸 개구쟁이 킹카, 박**은 출입문을 꽝 열고 들어선다. 허리에 손을 올리고 장난감 총을 친구들 앞에서 호기롭게 뽐낸다. 와우! 너무 멋진 장난감 총이라 수용하고 달랜다. **야! 그런데 이 총으로 인해 학급 분위기가 엉망이 되니 잠깐 선생님이 보관하마. 그런데 학교를 마치는 시간까지 참을 수 없어 떼를 쓴다. 넣어놓은 곳이 열쇠로 잠금장치 되어있는 곳!

**는 자신이 할 수 있는 범주에서 애를 쓴다. 심지어 뾰족한 연필로 혼자 스스로 열어보려고 한다. 쉬는 시간에도 갖고 놀 거라고 주장한다. 거듭 부탁해도 반복 요구해 단호하게 그렇게 해야만 하는 배경을 설명한다. 만일 그 기준이 허물어지면 교실 안은 혼란스럽게 된다. 집으로 돌아갈 때 돌려줄 것임을 분명히 전한다. 그러던 **은 수긍하는 듯하더니 친구들이 꺼내지도 않은 여러 가지 소지품을 모두 수거해 온다. 의아했으나, 그래도 **의 활동에 큰 칭찬과 인정하는 말을 한다. 라벨 효과와 옵션 선택지 부여와 설득을 적용해 아이가 자신감이 생기게 어루만진다. 인간은 응징하고 강하게 거세되게 하면 더 큰 반항을 보인다.

그럴수록 마음을 읽고 인정과 존중 버전에 돌입한다. 그러나 **는 연필심으로 함몰된 곳에 키를 넣은 구멍에 흑연(연필심) 가루로 인해 문이 열리지 않았다. 시설 주무관님께 부탁하는 사이에 다급한 **는 화를 더 내면서 학원과 집에 돌아가야 한다는 조바심이 난다. 문제는 ** 태도이다. 갑자기 입술을 열쇠 넣은 구멍 쪽으로 향한다. 자신의 모든 힘을 다해 빨아들인다. **는 다가와 말한다. 만일 질문하지 않았거나 사랑의 힘으로 다가가지 않았다면 **는 더 마음이 자라나질 않았을 것이다. 어느 정도 경계이냐와 수용의 차이일 것이나, 문제 해결에 대한 팁이다.

"선생님, 키 줘봐요!" 아니나 다르게 열리지 않은 문은 키로 하니 순식간에 열렸다. 이 아이의 괴력과 돌출 행동은 1년 동안 너무나 힘들게 했으나, 그렇게 된 가정환경과 결핍이 오히려 보통 아이보다 남다른 능력이 있다. 주변의 아이들은 환호성을 지른다. "와우! **는 역시." 어쩔 수 없는 킹카이다. 그러나 어떤 조절과 경계이냐의 차이이고 그런 아이에 대한 어른들의 편견의 관점일 것이다. **는 숱한 일로 교실이 초토화도 되는 일이 잦았다. **는 격려와 인정과 존중에 의젓한 모습이다. 학년이 마무리되는 즈음에 클레이로 만든 '아낌없이 주는 나무' 그 모습처럼 생활하라고 한다. 앙증스러운 나무 인형이다. 잘 보이는 곳에 둬 언제든 새학년이 되어도 다시 선생님 교실에 찾아올 것이라고 한다.

교육 활동의 장에서 아이들 정서에 수치감 거절 감 스트레스가 없게 하는 것이다. 이 3요소는 교사의 교육권에서도 학생의 인격권에서도 동시에 준비되어야 하는 조건부이다. 무슨 일이든 질문하고 의문을 제시하는 자세이다. 그러한 것이 이루어지기 위한 조건은 용기와 자신감이다. 그 자신감을 키워주는 오늘날 가정환경이 자칫 여럿이 함께 활동하는 공간에 피해를 주는 사례이다. 그 조정이 가장 정말 힘들다. 지금 여기, 많은 것에 소통을 위해 평소에 좋은 모습을 위한 활동에 최선하고 준비한다. 조그마한 일에도 들어준다. 기다리고 반응이 올 때까지 상호작용의 시간을 갖는다. 어디 이러한 요소는 작은 사회라 할 수 있는 교실 안에서만 작동하는 원리는 아니다. 한양대 유영만 교수님 글에 의하면 누군가를 사랑하는 사람, 자기 일을 사랑하는 사람의 공통점은 질문이 많다는 점이다. 내가 누군가를 사랑한다면 사랑하는 사람에 대해 온통 질문으로 하루를 보낸다. 사랑의 끝은 질문이 없다는 것이다. 사랑하고 질문하니 행복하다.

인간의 품격! 아우라…

Human dignity! Aura…

최근 전교 임원 후보자 선발에 의사를 표한 아이들이 한 학급의 재적수만큼 나왔다. 민감한 부분이라 자유의지에 맡겨 수용한다. 지금의 교실 안 풍경은 모두가 왕자이고 공주이다. 존중과 배려로 양보하자고 제안하면 하나같이 목소리에 힘이 들어간다.

약 10여 년 전만 해도 현장 교육 연구 논문 주제가 일반적으로 발표력 신장을 위한 자기효능감 육성방안 등으로 아이들의 의사 표현을 위한 연구에 집중했다. 그러나 작금의 아이들은 개인 의견과 주장이 강하다. 자기 과시와 부각으로 관심을 끌어 인정욕구에 신경을 곤두세운다. 의도적 접근을 한다. 그러나 가만있어도 매력자가 되면 자연스럽게 알 수 있는데 모두 '나만 봐주세요' 패턴이다.

유튜브 채널에 여자가 남자에게 사랑받는 비법이란 주제가 뜬다. 어디 여자뿐일까? 인간으로서 사랑받고 멋진 삶이 보이는 자는 눈길을 끈다. 그 품격에 기법이 있다. 이러한 주제의 책이 떠올려져 서가로 향하니 있다. 도리스 메르틴의 『아비투스』라는 책이다. 일반적으로 40세를 넘으면 얼굴에 책임을 지라는 말이 있다. 남다른 외모와 아우라의 사람은 관찰해보면 그럴만한 이유가 내재되어 있다.

습관(habit)보다 더 강한 아비투스(habitus)의 힘! 나를 살펴본다. 여러 가지 인생의 시행착오와 역경 안에 자신만의 독특한 현재의 모습을 정리한다. 일반적으로 아우라! 그 사람만의 향취 체취일 것이다. 그 기법을 이르는 것에 가장 기본 베이스는 자기 긍정, 자기체면, 자신감이리라! 다음은 따뜻한 인간미, 세 번째 열린 마음, 네 번째는 공감 능력, 다섯 번째 지혜로움에 가장 중요한 여섯 번째로 성장과 변화를 추구하는 스타일이 있는 사람은 매력이 있는 아우라가 자연발생적으로 나온다고 한다.

누구나 한 번쯤 습관과 관련한 책이나 영상을 보고 자기 습관을 바꾸려고 노력한 경험이 있을 것이다. 금연, 다이어트, 영어 공부, 말투 등 우리가 바꿔야 할 습관 목록은 끝이 없다. 하지만 대부분의 결심은 오래가지 못하고, 노력한 만큼 보상을 받는 것 같지도 않기에 금세 좌절하고 포기하고 만다.

습관만 바꾸면 된다는데, 그 습관을 바꾸는 게 말처럼 쉽지 않다. 바로 이 지점에서 저자인 도리스 메르틴은 완전히 새로운 솔루션을 제시한다. 그것이 아비투스다. 책『아비투스』는 우리 삶에 중요한 7개의 자본(심리, 문화, 지식, 경제, 신체, 언어, 사회)에 대한 지식을 전달하는 책이지만, 결국 나를 조금 더 나은 나로 만드는 궁극적인 방법에 대해 알려준다. 습관보다 강한 아비투스의 진짜 힘을 깨닫고 나를 나로 만드는 많은 것들을 재구성하기 위해 노력한다면, 삶의 모든 영역에서보다 만족하는 삶을 영위할 것이다.

아비투스(Habitus)는 프랑스 사회학자 피에르 부르디외(Pierre Bourdieu)가 처음 제시한 개념으로, 사회문화적 환경에 의해 결정되는 제2의 본성을 일컫는다. 한마디로 내가 속한 계층, 내가 만나는 사람, 내가 즐기는 취미, 내가 해내는 모든 과제가 나의 아비투스를 만들기 때문에, 단순히 습관을 바꾸려는 노력만으로는 결코 원하는 바를 이룰 수 없다는 이야기다. 습관보다 진정으로 원하는 삶을 살 수 있다는 것! 나아가야 할 방향을 정확히 알고, 올바른 노력을 한다면 아비투스는 얼마든지 바꿀 수 있다.

누구에게나 자신만의 생활의 루틴이 있을 것이다. 필자는 새벽 4시쯤 기상하는 습관이 40여 년 갖고 있다. 먼저 새벽 별님에게 간구한다. 하루를 잘 받아들이고 승화를 위한 마중물을 마시는 시점이다. 전두엽이 풀(full) 가동해 피곤함을 느낄 때 잠시 알람 장치를 한 후 선잠을 잔다. 그 사이 '몰입'이라는 작용이 오히려 뇌에 상호작용으로 선순환 반응이 되어 작업 완결에 도움을 준다. 매력자의 조건 6요소를 언급하였으나 누구나 실천궁행이 어렵다.

일반적으로 아우라가 멋진 사람의 특징을 보면 자기 생각이 분명하지만 유연하고, 사려 깊고, 행동이 바르고 단정한, 내면이 단단해 보인다. 소소한 규칙과 시간관념에도 철저하고 부드럽고 온화하며 외모도 단정하며 대화를 독점하지 않고 말과 행동이 담백하고 이치에 맞다. 눈이 맑고 너그럽고 배려를 잘하며 매 순간 자기 자신을 점검하고 다독이며 성장과 발전을 위해 노력하는 사람이다. "아우라가 있어 보이는 그대여! 당신은 멋져요, 꽃으로 피어날 것이요 또 빛날 거요!"

변화는 유일한 상수다

Change is the only constant.

최근 81세의 친정어머니 생신이라 온 가족은 같이 했다. 감염병으로 친정집 인근 식당에서 식사를 마치고 거실에 자리를 잡는다. 더운 날씨에는 수박이 최고이다. 막내 올케가 큰 수박을 쟁반에 놓고 자른다. 싱싱하고 잘 익은 수박은 맛깔스럽게 붉은빛 과육을 드러낸다. 힘들게 자른 올케가 반쪽을 한쪽 편에 두는 순간 친정어머니의 격앙된 목소리가 들린다.

"아이고 못 산다."

나는 무슨 일인지 놀라서 올케 가까이 다가가 본다.

그 후 어머니의 목소리는 연달아 하소연으로 터져 나온다. 당신의 의향은 수박을 긴 쪽의 단면을 잘라 랩으로 덮어두면 물이 흘러내리지 않고 잘 먹을 수 있다는 내용이다. 물론 잘 아는 바이다. 하지만 필자는 용수철처럼 분(忿)으로 터져 나오는 어머니의 심사보다 올케의 어린 마음에 상처가 될까 우려되어 바로 이렇게 응수해 준다.

"아이고, 어때! 짧은 면을 자르든 긴 면을 자르든 무슨 상관이서요. 이내 또 먹을 건데."

"우리 어머니는 항상 자기주장이 강해서! 자기 뜻대로 하려는 모습이 대단하서!"

그리했더니 그때부터 큰 고함을 지르며 불화살은 맹렬히 쏟아져 나왔다.

잠시 생각에 잠겨본다. 6남매를 잘 키워 모두 단단하고 올곧게 삶을 누리게 해 주신 그 은혜를 잊은 적은 없다. 그러나 당신 자신의 화(火)를 자정(自淨)하지 못하는 모습을 접할 때는 참으로 안타깝다. 그 상황에서 맞서지 않음이 가장 바람직할 것이니 슬그머니 빠져나온다. 손자도 장성하고 나이도 서서히 들어감에도 어머니 패턴은 절대 변하지 않음이 당연하다. 내가 바뀌어야 함을 절실히 느끼고 스스로 위로한다. 변화되자. 나에게 '변화는 유일한 상수이다'란 문장을 떠올린다. 최근 어른들에게 너무 의존하지 말라는 글귀 역시 같은 맥락으로 공감하는 바이다. 지금의 세상은 어른들의 세계를 이해하지 못한다. 과거에는 어른 말을 따르는 편이 상대적으로 안전했고 어른들 말을 들으면 자다가도 떡이 생긴다는 당연시되는 관용구도 있었다. 왜냐하면 그때는 어른들이 먼저 세상을 아주 잘 알았기 때문이다. 그때만 해도 세계는 천천히 변했다.

하지만 지금은 다르다. 변화의 속도가 빨라지면서 어른들의 말이 시간을 초월한 지혜이며, 시대에 뒤떨어진 편견에 불과한지 결코 알 수 없는 모습이다. 도입부의 사례 역시 그러하다. 합리적으로 수박 자르기를 하는 올케 입장과 자기의 답을 고착한 상태에서 강요를 요하는 '정답녀' 스타일 친정어머니의 사고체계는 상당한 다른 해석의 차이다. 그렇다면 우리는 무엇에 어디에 어떻게 의존해야 하는 것일까? 기술이다.

결국은 IT이다. 그것은 오히려 훨씬 위험한 도박도 숨겨져 있다. 물론 기술은 많은 도움을 준다. 하지만 기술이 삶 속에 파고들어 많은 힘을 주는 반면 역발상적인 요소도 잔재해 있다. 이러한 요소를 덜 받고 자유로워지려면 가장 중요한 것은 올바른 정체감이다. 즉, 자신의 운영 체계를 알아야 한다. 내가 누구인지를 인지한 후 기계와 기술 앞에서 작동하는 유기적 운영 체계에 연합하는 합리적인 자세이다. 그것은 자신을 이루는 알고리즘이다. 그 알고리즘에 자신만의 권위를 다져가야 할 몫 역시 본인이다. 이러한 점을 인지하지 못하여 흔들림에 놓여 방황하는 모습이 바로 현대인의 자화상이다. 이러한 기반을 잘 세운 자신을 알고 삶의 경주에 수월하게 달리려면 짐을 줄여야 한다. 그 준비가 이루어졌다면 '변화'는 바로 일어난다.

기존의 자신 모습을 깨고 더 나은 세상을 알아가는 데미안의 주인공 에밀 싱클레어처럼 내 속에 쏟아져 나오려는 것에 또 한 번 냉철히 미러링한다. 하오린 작가의 『하버드 강의 노트』에서 인용해 본다.

'환경은 바꿀 수 없지만, 자신은 바꿀 수 있다. 현실을 바꿀 수 없지만, 태도는 바꿀 수 있다. 과거는 바꿀 수 없지만, 현재는 바꿀 수 있다. 내일은 예측할 수 없지만, 오늘은 잘 살 수 있다. 날씨는 마음대로 할 수 없지만, 기분은 바꿀 수 있다. 삶의 길이를 늘릴 수는 없지만, 삶의 목표는 확대할 수 있다. 외모는 선택할 수 없지만, 활짝 웃을 수는 있다. 타인을 조종할 수 없지만, 각각의 일에 최선을 다할 수는 있다.'

오늘도 '변화는 유일한 상수다'라는 문장을 살피며 나다움을 설계하여 간다.

디지로그의 영성으로…

With his spiritual nature

　코로나19 일상이 된 지금은 이어령 교수님께서 호소한 디지로그(Digilog) 용어를 가까이한다. 여기서 디지로그란 디지털과 아날로그의 합성어이다. 자동과 수동의 중간이라는 개념으로 해석하면 좋을 듯하다. 교육 분야뿐 아니라 모든 영역에서 디지로그 문화와 그 환경에 적극 호응하고 답해야 함을 느낀다. 우리나라의 최고의 지성인 이어령 교수님은 신을 인정하지 않았다. 그러나 그가 저술한 『지성에서 영성으로』라는 책에 보면 신을 만난 체험을 눈물겹게 풀어내어 공감을 준다. 다시 그 책을 꺼내어 본다.

　하루를 시작할 즈음 감염자의 숫자에 반응한다. 여전히 세 자리의 수이다. 정부에서는 접종에 최선을 다하기 위한 여러 가지 홍보와 실제의 노력에는 눈물겹다. 그러나 여전히 불안 요소를 안고 있다. 이곳 진주에도 3월 13일 전까지 1.5단계에서 목욕탕 감염으로 그 이후 2단계로 지냈다. 또다시 4월 12일부터 1.5단계로 진입했다. 교육 현장의 학사 운영 역시 연동된다. 학부모도 학생도 모두 정신을 차리지 않으며 오락가락 체계에 혼란을 가져올 수 있다. 이러한 행정시스템과 주기를 보면 인간의 연약함과 용렬스러움을 절실히 느낀다. 정말 안 되는 일인 듯하다. 역시 인간은 인간일 수밖에 없다.

그리하여 우리는 완벽한 신에게 굴복하는 것인가 보다. 그 신 앞에 고개를 숙여본다. 기고만장한 우리 인간의 오만과 교만, 자연을 함부로 대한 죗값을 치르는 모습이다. 소소한 습관 하나라도 먼저 환경을 생각하고 고쳐보려고 노력한다. 장바구니를 들고 가기, 비닐 한 장도 다시 정돈해 되쓰기하고 분리수거와 전기용품 덜 쓰기, 이동할 때는 차량에 의존하는 대신 걸어 다니려는 마음 자세이다. 최대한 탄소 배출을 줄여보자는 자세이다. 더 느리게 느리게 삶을 누리고 꾸리는 지혜가 바로 아날로그 환경이다. 하지만 스마트 기기로 인한 모든 것이 전자동에 익숙하다. 디지털과 아날로그 융합 조화 안에 들어서야 한다. 배송이나 배달에 그 효율성은 앱 '○○의 민족'을 통해 익히 아는 바이다.

대면해 실시간 동영상 수업을 하는 유프리즘 학습망인 Naver Whale과 상호교감이 없는 일반 E 학습터 활동의 실효성에서 본다면 역시 디지털과 IT의 우수성을 인정한다. 이런 흐름에서 본다면 가정과 교육 환경에서만 국한된 문제로 수용할 일이 아님을 느낀다. 더 큰 시각에서 살필 때 기업과 사회조직에서 역시 적절한 디지털 환경과 아날로그 문화를 적재적소 부여하여야 할 일이다. 기업, 역시 같은 마음에서 출발할 것이다. 내 가족이 먹고 마시는 공기이며 생명과도 같은 환경이 아닌가! 창조자 신의 마음에서 바라본다면 더욱더 겸허해야 할 것이다. 최근 추세를 미디어를 통해 접한다.

세계의 모든 기업이 사회적 기업에 성공한 ESG 경영 방식 접근이 아주 고무적이다. 이 슬로건에 최근 ESG 경영이라는 기업체들의 나날이 늘어난다는 점이다. 이러한 관심과 재인식될 때 사회와 나라는 희망이 있다. 사람이 중심이 되고 더 나은 미래사회를 약속하는 일이다. 말하자면 공익과 사익의 올바른 균형 안에 '함께라는 가치 실현'이다. 무엇보다 기후 재앙과 환경오염에 노출된 결과물인 바이러스와의 전쟁에 대처하는 것에 결을 같이하는 모습이다. 여기서 ESG경영이란 'Environment Social Governance'의 머리글자를 딴 단어로 기업 활동에 친환경, 사회적 책임 경영, 지배 구조개선 등 투명 경영을 고려해 지속 가능한 발전을 할 수 있다는 철학을 담고 있다. ESG 경영은 개별 기업을 넘어 자본시장과 한 국가의 성패를 좌우하는 것으로 접근하는 키워드이다.

더 자세히 이어령 교수님의 『지성에서 영성으로』 책 안에 있는 시 「어느 무신론자의 기도」를 읽어본다.
'오 신이시여! 당신의 재단에 꽃 한 송이 바친 적이 없으니 절 기억하지 못하실 겁니다. -중략- 그러한 것에 다하기 위하여 오늘도 모래알만 한 별이라도 좋으니 제 손으로 만들 수 있는 힘을 주소서'
그 힘의 원천은 절제와 인내로, 사랑으로 나아가면 이룰 것이다.

바람의 블루오션

The wind's blue-ocean

    몇 년 전 코로나19는 전국을 뒤덮었다. 철저한 방역 수칙과 안전의식이 미약하여 여기까지 온 것이다. 잠시 살핀다. 지난 8월 15일 국경일이 토요일 휴일이라는 점에 쉬지 못하였으니 다시 월요일, 17일을 휴일로 하는 바람에 힘들게 된 것이 사실이다. 그리하여 안타까운 마음이 든다. 그리 아니할지라도 또 나아질 것이라는 희망과 바람(希)을 갖고 마음을 추슬러야 한다. 서로를 탓하기보다 겸손히 회복의 날을 위한 마음을 시로써 엮어 본다.

    바람을 향한 여행

    햇빛을 가지런히 정리해 매달아서
    알싸한 가을 자리에 느리게 말리니
    혹독한 경자 2020년 바람(風)에 날려보아

    오솔길 인생 사계 쓰디쓴 삶 연극 무대
    빛줄기 희망 안에 바람(希)을 간구하며
    초연한 담대함으로 새날로 여행하여

    날아든 비둘기 편지, 등 뒤에서 읽어주어

힘내라 위로하는 응원의 큰 목소리
향유한 나그네 길에 여행자로 일어선다

혼돈의 시대를 살아가는 오늘날 미래는 예측할 수는 있으나 자세한 상황에 대한 대비와 준비는 미약한 것이 사실이다. 이러한 미래사회에 요구하는 창의적 인재를 양성하려면 지식과 정보를 새롭게 해석하고 판단하는 데 관심을 가져야 한다. 지식 정보처리 능력, 창의적 사고 등의 역량을 함양하는 데 역점을 둬야 한다. 주입식 교육은 비전이 없다. 개성과 재능을 발견하는 안목을 가져서 개별적 성향을 존중하고 의견에 귀담아 주는 자세이다. 사소한 일례를 안내한다. 고속도로 화장실 잠금장치에 대한 것이다. 화장실 잠금장치의 구조는 꽤 큰 선반이 달린 것을 발견한다.

수직으로 올린 잠근 장치가 수평으로 내리면 화장실 문이 잠기는 것이고 수평으로 놓여서는 선반 위에 스마트폰이나 지갑 등을 가장 소중한 것을 올려놓을 수 있게 만든 장치이다. 화장실 문을 다시 열려면 잠금장치이자 선반을 회전시켜 다시 수직으로 올려야 하고 이 과정에서 선반 위에 올려놓은 물건을 반드시 챙겨야 한다. 물건을 챙겨야 화장실의 용무가 끝난다는 것에 초점을 맞춘 것이다. 챙기지 못하고 그냥 두고 나올 경우를 예상한 것이다.

공중화장실에서 분실 사고에 대한 예건(例件)에 맞춘 반짝 아이디어 결과물이다. 이러한 사례처럼 우리의 불확실성 시대에 살아가는 지금은 창의적이고 문제를 해결해 나가는 좋은 팁이 절실하다. 포스트 코로나 시대와 천재지변으로 인한 안전이 요하는 시대에 사는 현대인에게 기발하고 즉흥적인 아이디어가 요구된다. 뉴 노멀(New Normal)! 새로운 표준에 알맞은 세심하고 깊이 있는 관심과 역량 안에 바로 접근하는 용기이다. 생산적이고 가치 있는 행동으로 옮기는 실천력이다.

다음 세대에만 해당하는 것이 아니라 누구나 언제 어디에서든 창발적인 아이디어를 바로 행동으로 접근하는 일이다. 최근 타임지에서는 프로그램 안내를 TV 편성표에 의하지 않고, 바로 실시간 스트리밍(streaming)으로 접근한다는 보도를 접하였다. 이렇게 세상은 전광석화(電光石火)처럼 변화되고 있다. 4차 산업혁명시대의 키워드! 코딩과 AI, 인공지능은 여러 일면에 진입한 것이다. 발명과 창조는 어떤 연구자나 교수들, 과학자들에게만 해당하는 것이 아닌 바로 즉시 나부터이다. 창의성 육성을 위한 적극적인 토론 문화와 협업하고 의논해 지원하는 사회적 분위기 조성을 위한 블루오션을 찾는 일에 깨어 있어야 함을 느낀다.

인생의 스크래치가 그 사람을 세운다
The scratch of life sets him up.

사람은 해야 할 일을 하는 것보다 할 수 있는 일을 하는 것에 균형감을 가져야만 행복한 삶을 살아가는 길이라 한다. 최근 정호승 시인, 「당신에게」 시를 꺼내어 되 내어 본다.

'당신의 밤하늘을 위하여 작은 등불을 끄겠습니다. 당신의 별들을 위하여 나의 작은 촛불을 끄겠습니다' 나의 삶의 바른 모습이 투영되어 쓴 글이 작품이 되듯 자신의 걸어온 길은 바로 그 사람의 모습이다. 그 길이 멋지고 화려한 삶이 아닌 인생 궤적이라도 그 안에 의미와 흥미(재미)가 녹여진 것이라면 훌륭한 인생 작품이다.

그러나 그 균형에서 일탈했을 때 그 사람의 인생은 무질서와 혼란으로 갈 수 있다. 크고 바른 방점은 아주 소소한 것에서 출발해 기쁨이 된다. 나는 무언가를 위하여 걸어왔던가! 내가 가진 좋은 점은 타인에게 얼마나 빛으로 다가가는 것일까 아니면 내가 사람들을 피하며 간 것이 아닌가? 하루를 여는 아침 출근길에서 만나는 수많은 눈빛을 발견하며 떠올려 본다. 골목에서 만나는 여러 인상을 되짚어 본다. 나는 어떠한 인상일까? 회의 중에 깊이 만나는 그 인상은? 중요한 인상에 그 순간에 만나지는 내 모습이 비친 것에 다시 돌아오는 방긋 웃는 모습인가? 엘리베이터에서 마주친 눈빛, 길거리에서 만나는 짧고 강렬한 인상의 눈빛이 굴절되어 다시 돌아온 것은 모두 나이다.

누구나 인생에 스크래치(Scratch)가 있게 마련이다. 그 스크래치! 고통(苦痛)을 통과하여만 다른 경계로 넘어가 큰 사람이 된다. 고타마 싯다르타는 인간이 겪는 모든 괴로움의 근본 원인은 우리의 마음속에 있는 쓸데없는 욕심이고 나쁜 생각에 있다. 그러므로 괴로움의 원인을 알고 마음을 다스린다면 진리를 깨달아 열반에 이를 수 있다고 설파하였고 그 붓다의 경지로 다시 태어난 석가모니는 인간이 나쁜 마음을 가지게 되는 원인으로 욕심을 가지는 것, 화를 내는 것, 어리석은 것 세 가지를 들고, 이 3요소라도 잘 다스리기만 하면 이미 진리를 깨달은 것이다. 마음의 번뇌와 속박에서 해방되는 해탈의 경지에 이르고, 마음에 의하여 진리를 깨우치는 열반에 이를 수 있는 진리만 깨달아도 그 사람의 삶은 정말 풍성할 것이다.

인생을 의미와 흥미의 조화라고 서두에서 언급했듯 내가 하는 일에 사명, 소명, 즉 천직으로 여기는 자는 이미 행복한 사람이다. 하늘로부터 받은 일, 즉 소명(Holy Mission)을 조용히 귀 기울여 들여다본다. 그 기저에는 소리(Voice)가 울림으로 다가와 연합한 것이 직업(Occupation)이란 뜻에 조합해 글자가 만들어졌다. 그리스 로마신화에 보면 '신이 인간에게 내린 형벌은 똑같은 일을 반복하게 한 것'이라고 한다. 가장 평범한 것은 반복된 삶을 살며 지루함을 느끼지 않고 같은 일을 오랫동안 하는 일에 대한 박수를 보낸다. 오랫동안 생경함을 잊지 않고 살아가는 자만이 성공할 것이라는 뜻이 내재한 말이기도 하다. 한 남자와 50여 년을 살아가는 우리네 부모님들께도 또 여타 지인들의 평범한 삶에서도 바로 위 진리를 찾을 수 있다.

　올여름이 되기 전 포도나무에 하얀 꽃을 피워서 바로 떨어지는 경우를 발견했다. 그 꽃들이 떨어지고 이내 열매를 맺는 형상의 근영(近英)에서 모습을 발견하듯… 우리네 인생 역시 시기별로 간격을 나눠서 어울리는 문구들이 있는 이유가 여기에 있다. 10년 단계로 그 연령별 의미를 함축적이고 핵심적으로 정리해 본다. '혼란스러운 10대와 질풍노도와도 같은 20대를 보내고 30대와 40대는 똑똑하다는 말을 듣고 40대는 "인격적이다"라는 말을 하고 50~60대는 덕이 있다는 말로 칭하고 70~80대는 어른이시구나… 하는 인간적 발달단계는 바로 참 인생의 맛을 알고 지칭하는 이유다' 오늘도 의미와 흥미(재미)를 조화롭고 균형 잡게 되길 소망한다. '이 세상에는 열정 없이 이루어지는 것은 절대로 없다'는 진리 앞에 당신의 인생 무대를 크게 응원한다. 단, 어느 동화작가가 언급하였듯이 한 가지 좋은 것을 지키기 위하여 나쁜 것 100가지를 참아야만 분명히 쟁취할 수 있다는 진리도… 그리고 생명과도 같은 사랑을 하면서 그 사랑에 집중과 몰입이 될 때 모든 일은 척척 이뤄질 것이다. 인생의 스크래치야! 나는 너를 사랑한다.

좌로도 우로도 아닌 경계에서 꽃핀다

It blooms at the border, not at the left or right.

학기가 마무리되어 가던 어느 날, 교실 안은 과일 파티와 물놀이 활동을 위한 준비물로 아이들은 잔뜩 설레고 들떠있던 분위기였다. 교육과정이 마무리되고 날은 고온 다습하여 어디든 돌출구를 준비할 수밖에 없었다.

매스미디어와 인터넷 문화로 인하여 마냥 어린이로만 생각하였던 만 6세의 집단은 거의 어른 흉내를 내었다. 예쁘게 준비한 과일 접시를 마련하는 일보다 먼저 먹는 것에만 집중하였다. 그 후 행사는 개인기를 자랑하는 순서, 교수용 마이크를 아주 자연스럽게 잡고 노래를 불렀다. 순수한 동요보다는 랩 같은 유행가나 BTS의 노래를 부르기 위해 마이크를 가져갔다. 그 후 일은 생각하면 머리가 혼란스럽게 멘붕 상태가 된다.

이동식 충전기에 장착하는 잭이 눈 깜짝할 사이에 없어졌다.

그것을 자연스럽게 가져다 놓을 수 있는 기법이 어떤 것일까 고민하였다. 결국 심증은 가지만, 물증이 없어 지금까지 그 잭은 못 찾았다. 그 자료가 없어 너무 불편한 입장이 되었다. 하지만, 그 아이를 꼭 집어서 말할 수 없어 개학이 되는 날까지 기다리며 스스로 가져다 놓길 간절히 기도로 기다리고 있다.

삶을 사노라면, 국가든, 사회든, 가정이든 어느 단체든 과민하게 여겨져서 벌어지는 일에 대해 우리는 아연실색할 때가 많다. 그러나 질서와 위계를 위하여 적당하게 속아주고 또 말없이 입을 다물고 지내는 트릭을 써야만 덜 피곤한 현대인이 되어가고 있다. 최근 우리나라의 정세와 또 국제적인 여러 일을 보면 과연 민감한 선상까지 말을 연결하여 함부로 말한다면 그것 또한 바람직하지 않다.

우리는 지금이야말로 휘둘리거나 엮이거나, 흔들릴 수 없는 굳건한 판단과 교양, 민도, 세계시민 의식과 정신을 발휘하는 지혜가 요구된다. 섣부른 감정을 민감하게 건드리거나 또 정서와 환경이 다른 입장에서 우리는 고차원적인 접근과 혜안이 요한다. 일선에서 학교(학급) 운영을 하는 경우는 장기적인 관찰과 이해력으로 교육 활동에서 일어나는 사안을 풀어가는 능력은 리더의 직관과 통찰이다.

평소 문제해결력을 위한 좋은 요소와 촉, 즉 오감을 통한 체화된 현장실습적인 모습에서 나온다. 이처럼, 나라든 사회든 역시 그러한 견지로 접근한다고 본다면 교양과 양식이 있는 사람은 거의 흐름을 인지하고 있다. 우선 정의부터 살피자. 직접적으로 바로 보는 것이 직관이다. 통찰력은 꿰뚫어 보는 것이고, 단편적인 관점이 아니라 전체적인 관점에서 바라본다. 둘 다 있는 그대로의 사물을 본다는 의미로 같이 사용된다. 직관, 통찰력은 사물을 있는 그대로 본다. 일상적인 이성, 기억, 지식, 논리로는 사물을 각색해서 바라본다. 보고 싶은 그대로 본다는 것이다.

직관(통찰력)은 사물을 올바로 훤하게 꿰뚫어 본다. 그래서 사물이 누구에게나 같게 보인다. 이성은 사물의 겉모습만 바라본다. 환상적인 시각으로 바라보기에 각자가 사물을 다르게 보는 것으로 직관(통찰)이 사물을 MRI, CT의 관점에서 바라본다면, 이성은 사물을 겉모습 혹은 배운 지식으로만 바라보아 나만의 해석을 붙여서 결말을 짓기도 한다. 직관(통찰)은 기억(이성), 선입감, 지식 없이 사물을 바라보는 것으로 초이성적인 관점이다. 그에 비해 이성은 배운 지식, 경험, 기억, 선입감으로 사물을 바라보는 것이다.

그러나 대부분은 극단으로 치닫지 않는 것은 한 끗 차이라 보인다. 무슨 일이든 좌로도 우로도 과하게 치우치지 않는 모습을 갖는 안목과 지혜가 절실히 요구되는 오늘날을 우리는 살고 있다. 다시 말하자면 내가 옳다고 생각한 고정관념이 사회정서와 환경에 또 시대 흐름에 맞물려 해석이 달라진다.

그 분별력은 세상을 읽어 내려가는 현미경적인 미시적인 관점과 망원경적인 거시적 관점의 절충의 조화를 잘 접근하는 자만이 현대를 살아가는 현명한 사람의 자세라 여긴다.

보이지 않는 것이 더 소중하다

What is invisible is more precious.

　디지털 미디어 시대를 살아가는 현대인의 일상은 보이는 것보다 보이지 않은 것들에 소홀히 대하는 경향이 있다. 평범한 사람은 자기 이권이 개입되는 일, 손익에서 우선 이익이 돌아오는 근시안적인 것에만 구하고 먼저 결과물에만 반응한다. 최근에 언론을 달구고 있는 큰 이슈! <Sky캐슬**보다 더 끔찍한 스포츠계의 폭력과 성폭력 사태>로 사회 전체가 분노하고 있다. 보통 사람의 상식으로는 도저히 믿기 힘든 오늘날의 현실 앞에 모두가 아연실색할 정도이다. 특권층 자녀가 대학을 가기 위해 수단과 방법을 가리지 않는 모습과 스포츠계의 금메달 쟁취와 좋은 학교 진학을 위한 성과를 내는 데 있어 지도자나 코치의 폭행과 성폭행적인 비뚤어진 관계망은 정말 이해가 안 될 정도이다. 과연 우리 사회가 이 스포츠계만 그러할까? 양상은 다소 달라도 분명 이러한 일은 비일비재하다. 영화 <버드맨(Birdman)>에 보면 "당신이 보는 것이 당신이 생각하는 모두가 아니고 또 전부가 아닌 그것이 아니다"라는 우리 시대를 대변하여 주는 부분이다. 최근의 관공서나 기관, 단체에서 부르짖고 있는 '부패척결', '청렴'이란 용어 역시 더 깊숙이 들여다보면 앞에서 언급한 내용과 맥을 같이 하는 일면도 없잖아 있었다. 지금은 많이 쇄신되어가고 있지만, 그래도 사람이 사는 사회와 단체는 이러한 것에 자유롭지 않다. 우리 시대는 남녀 간의 갈등, 세대 간의 갈등 또 고용주와 피고용주 간의 이권으로 이뤄지는 보이지 않은 알력 안에 진정한 자신의 양심을 속이고 인간의 못난 민낯을 보여 사회적인 문제를 일으키는 경우가 아주 많아 마음이 아프다.

인간은 살아감에 있어서 꾀를 내어 요령을 피워 잔머리를 굴리는 것 누구나 쉽게 하고 싶어 한다. 결국 그러한 편법은 언젠가 노출되어 그 여파는 거세게 사회의 지탄을 받게 된다. 큰 틀에서 보자면 급변하는 스마트 기기 시대를 사는 오늘의 시대는 모두가 성과이고 결과 위주라는 것을 누구나 잘 아는 바고 또 분명히 드러난다. 분명 속력이 아니고 방향성인데 우리 인간의 진정한 참 양심에 거짓 나쁜 가면을 하여 사회적인 문제를 일으킨다.

그러면 이러한 것에서 자유롭게 생활하려면 어떻게 하여야 할까?

첫 번째, 사회를 바로 보는 올바른 시각과 통찰 의식이다. 인간이 살아가는 이치에 반하는 행위를 거부하고 평소 올곧은 정신세계를 단단히 준비하여야 할 것이다. 분명한 것은 사람은 자기 안의 소리인, 내면의 생각에 깨어있어야 할 것이다. 한낱 강아지도 자신을 좋아하는지 안 하는지를 잘 안다. 하물며 만물의 영장인 인간의 영성은 대단한 주파수로 간파하는 능력이 있다. 한마디로 영혼이 맑아야 한다.

두 번째, 인간은 '내가 하면 로맨스, 남이 하면 불륜' 즉 내로남불 의식이 강하여 상대를 폄하하고 실추시켜서 스스로 짜릿한 통쾌감을 느끼는 나쁜 인간 본성이 있다. 그러한 어리석음은 개인과 단체를 좀먹는 실상으로 더 나은 정신세계를 고양하는 간접 체험인 독서나 다양한 라인의 인문적인 소양을 함양한 인격을 갖추어야 할 것이다.

　세 번째, 성숙한 인격을 가진 자는 자기만의 이야기(Story)를 차곡차곡 준비한다. 그러려면 고통과 괴로움을 이기고 승화하는 경지를 가져야 한다. 즉 자신만의 아우라(Aura), 카리스마(Charisma)로 나만의 열정(Passion)을 만나서 모든 문제를 해결하고 뛰어넘는 준비된 자가 되어야 할 것이다.

　네 번째, 위에 언급한 열정(Passion)위에 더 승화시킨 고차원적인 가치 요소인 긍휼(矜恤)과 자비(Compassion)를 체득한 인간은 아주 높은 고매한 인격성에서 마음이 자유롭고 평안하게 되어 삶의 혜안이 나올 것이다.

　위 4가지 덕목을 잘 접근 조합하여 삶을 대한다면 우리네 사회조직과 구성원 개인은 모두가 행복하고 건강한 모습으로 거듭날 것이다. 오늘도 성경의 데살로니가후서 1:3~5장의 말씀이 선연하다. '가장 소중한 것은 눈에 보이지 않는 것이지만, 우리가 살아가는 현시대는 이미 다 보이는 것(일)들이니 항상 보이지 않는 가장 중요한 일에 우리는 깨어있어야 한다'고 유난히 나의 피부를 꿰뚫고 명쾌한 촉으로 뇌 새김이 된다.

조화로운 접점에서 지혜로운 경계를!

From a harmonious point of contact to a wise boundary!

　최근, 일기는 가을을 알리는 입추, 처서라는 절기가 지났음에도 불구하고 폭염이라 할 정도의 31도를 오르내리는 여름 날씨다. 교실 안은 자기목소리를 모두 강하게 낸다. 에어컨을 켜라는 의견과 끄라는 의견이 상충한 경우를 접한다. "여러분 더운 사람과 덜 더운 사람은 누구나 있을 수 있다. 그러나 우리가 알아야 하는 경계가 있다. 그것이 무엇일까?" 질문을 하니 노루의 까만 눈동자들처럼 반짝이며 나를 응시한다 이미 조건은 '더워요', 그러나 어디에다가 맞추어야 할까? 조용히 눈을 감고 마음의 평정을 찾기, 다음은 다시 눈 떠 보기, 더운 사람 손 들어보기, 네에 잘 알았어요. 그리고 판단하여 에어컨의 온도조절 등 통제부분을 조정한다. 그리고 정리하여 전달하는 요점의 기술에 도달한다.

　"좋아요, 더운 사람이 많구나! 친구들의 개인적인 신체기능과 활동 범주와 체질은 누구나 달라요, 그런데, 다수를 보는 선생님 입장에서는 어디에다가 경계선을 그어야 할까?" 한 박자 쉬고 반응을 들어본다. "어때요? 지금도 추워요?" 질문을 하고 전체를 살피니 1~2명이 춥다고 한다. "그래요, 어떻게 하지? 추워서" 먼저 공감하여 주고 그 다음 교실안의 형편과 처지를 알아듣기 좋게 친절하고도 따뜻한 어조로 접근한다. "선생님은 서울에 자녀들이 있어서 자주 고속버스를 이용해요, 그 버스 안에는 선생님 의사와 상관없이 에어컨이 작동해요, 당연히 추워서 선생님은 기사님께 요구도 못하고, 또 요구할 수도 없어요, 왜냐하면 승객 중에 더위를 많이 타는 사람도 당연히 있을 수 있으니, 그리하여 선생님은 카디건을 백에 넣어 다녀요, 추운 친구도 선생님처럼 윗옷을 준비하여 다니면 참 좋겠다"라고 전달한다.

그러다 수긍하는 모습을 보인다. 비록 만6세 아이들이 요구하나 그 상황을 존중하고 수용하여 풀어가는 지혜가 접근된다면 예민한 이 시대를 사는 불편을 다소 감축할 수 있을 것이다. 인생을 사노라면 분할과 짜임새를 잘 안배하여 정하듯, 소소한 일상에 일어나는 여러 상황에 맞닥뜨려질 때도 건강한, 지혜로운 경계를 접근한다면 무척 편해질 것이다. 특히 이성과 감성을 소유한 만물의 영장인 인간은 동물적인 본능과 정신적이고 영적인 고차원적인 부분의 조화로움이 뒷받침되어야 원만한 삶을 지탱하여 갈 것이다. 특히, 인간은 개인 중심적인 일면이 너무나 강하다. 진화한 사회일수록 배움이 깊은 지식인이 많을수록 더욱 더 이기와 개인중심적 성향을 발견한다.

최근 우리나라의 언론을 도배하고 있는 어느 정치인의 사례 역시 그러하지 않은가? 그러는 필자 역시 알게 모르게 실수와 오류를 범한 때가 자주 있으리라 생각한다. 그러나 하늘 아래 부족한 인간임을 시인하고 실수 잦고, 허물 많은 나약한 못난 죄성(罪性)과 오류(誤類)를 회개(悔改)하고 반성(反省)하는 삶은 천국(天國)갈 때까지 반복과 응징(應徵)으로 동반하여야 하는 큰 과제이기도 하다. 다만, 그것의 경계(境界)와 접점(接點)의 선에 현명한 판단과 좋은 관점의 눈이다. 물론 안목(眼目)을 가지려고 날마다 배우고 익히고 또 갈고 닦아가는 여정(旅程)에서 나를 관조하는 마음근육을 키우는 일이 무엇보다 필요하다. 정보가 홍수처럼 쏟아져 나와 잘 알지도 못하는 허술한 자료들로 인하여 또 개인의 감정이 존중되어져야 한다는 요즘의 취향 저격과 인권 등을 운운함으로 인하여 자칫 전체가 흔들리는 오류를 주위에서 흔히 본다. 그 여파로 인하여 어려움을 자초하는 상황과 번복된 악순환은 계속된다.

단순히 풀어갈 문제도 오히려 엮임을 당하여 그 실타래를 풀지 못하는 자가당착식의 난재(難在)로 빠져드는 경우도 본다. 그 얼마나 안타까운 일인가? 수많은 에너지와 물량이 헛된 것으로 되어 손해를 보는 일임을 알면서도 반복으로 진행된다. 그 원인의 본질은 바로 소통의 부재이다. 현명하고 올바른 소통은 통합을 이끌어내는 단초이기도 한데, 애초부터 신뢰와 믿음의 밑거름이 없다보니 악순환의 고리는 계속된다. 그 믿음은 신실함, 즉 사랑이 담겨진 진실이다.

다시 말하자면 진실은 성실과 정직이기도 하다. 결론에 가서는 사랑은 덕으로 연결되기도 하는 일이지만, 오늘날 매스미디어(Mass Media)에서 언급하는 많은 갈등과 진창이 되어버린 사회이슈들의 한결같은 결과물의 시발점은 모두 사랑의 부재(不在)에서 나온 것이다. 국내의 핫(hot)한 모든 뉴스거리들도, 국제정세의 흐름도 그 해결할 큰 방점(傍點)은 바로 사랑이다. 다시 한 번 강조할 것은 단단한 사랑의 기저에 조화로운 접점과 건강하고 지혜로운 경계를 지켜야만 진정한 평안함이 도래할 것이다.

꿈꾸지 않으면 사는 게 아니리!

If you don't dream, you don't live!

'꿈꾸지 않으면 사는 게 아니라고! -중략- 가르친다는 것은 희망을 노래하는 것이다' 이 문구는 대안학교 간디학교의 노랫말로 익숙하다. 그 노랫말 끝에 내려가면 '배운다는 것은 꿈꾸는 것'이라고 정돈하여 맺는다. 잠시 가치관 교육에 눈을 돌린다. 버츄(virtue), 가치를 어느 관점에서 두고 살펴보느냐의 차이다.

최근 보도이다. 우리나라 출산율은 0.78 정도에도 못 미친다고 한다. 두 사람이 결혼하여 자녀를 낳을 확률이 1명도 안 되는 것으로 나와 워낙 출생률이 낮다 보니 대한민국이 가장 먼저 사라질 나라라고 유명한 거시경제학자의 예측도 있다. 우리나라의 인구 대책에 대한 정책은 2006년부터 28조 원의 자금을 내리부을 정도의 정책을 펼쳐왔으나, 그 결과는 부정적 요소를 보여 호응을 얻지 못한다. K 본부의 패널들이 나와 하는 토크쇼를 접해 들은 내용이다. 일찍부터 인근 일본은 노령화되는 인구정책과 출산을 장려하는 묘안을 세워 다소 낫다고 본다. 하지만, 우리나라는 고령 진입인구와 청장년 인구 구조에 역 현상으로 인한 모든 사회구조가 원론적으로 변화된 시각에서 살펴야 한다는 것이다.

교육시스템, 주거, 군인체계, 여러 산업 라인 망도 대거 변모하지 않으면 정말로 살아가기 힘든 한국 사회가 될 것이라는 내용이다. 가장 복지가 잘된 스웨덴의 경우 부부학자가 이 부분에 연구하여 각각 노벨상 수상한 사례도 소개한다. 그분들이 지향하는 것은 인간이 살아가는 본질인 행복이라는 것에 키워드를 집중한다. 잠시 우리나라로 돌아와 생각해본다. 성장 주도성 사회 구조를 이뤄왔던 70~80년대 분위기로 인해 국민 머릿속은 경쟁과 성공이었다. 입시 위주의 교육방식과 좋은 집, 많은 돈을 벌어 잘사는 것으로 기인한 우리 시대상도 반영된 것이라 본다. 어느 리서치에서 MZ 청년들에게 조사한 바가 있다. 오늘날 내가 사는 한국은 '차별이 너무 심하다'라는 의식이다. 그 항목은 여자와 남자라는 편견! 왜 남자만 군대 가야 하는 건지? 여자는 왜! 안가는 것인지? 또 결혼하면 왜 여자만 임신하고 양육하는 책임을 져야 하는가? 이러한 사회적인 분위기를 전하거나 교화의 기회 제공이다.

10여 년 전과 달라진 가족 친밀감 풍속도로 인한 것이기도 하다. 그러하다 보니 결국은 가정을 꾸릴 절실함이 사라지는 부분도 인구정책에서 소원한 이유 중에 들어간다. 인구정책을 위하여 가장 먼저 해야 할 일은 개인적인 행복 추구이다. 우리라는 공동체 의식은 갈수록 멀어지고 있다고 본다. 당장 아이들을 보더라도 모둠이나 협력해서 하는 것을 거부한다. 이처럼 어른들 역시 극단의 개인주의 취향이다 보니 번거롭게 엮이는 것을 좋아하지 않는다. 그러다 보니 1인 가족이 늘어나는 배경이다. 결국은 행복을 추구하는 기본 마음에 터치하는 것이다. 큰 틀에서 두 가지로 접근할 방법을 제시한다.

스웨덴의 경우 첫째 임계소득 효과라 하여 대기업과 중소기업에서 소득원을 거의 균일하게 접근한다. 다시 말하자면 대기업에서 100만

원 이상 급여를 지급 안 하는 원칙 고수, 중소기업에서도 90만 원 이하는 급여가 안 되게 한다. 둘째 고학력자나 정규직, 비정규직 간의 차별이 가능하면 그 갭을 적게 한다. 육아를 위한 시간도 노동의 개념에 넣어 정부가 책임지고 복지를 증진하는 정책에 산입한다. 50년 후 한국은 고령화 인구로 생산 가능 젊은 층 인구를 앞지르니 당연히 경제 인구가 적어 산업 생산량 저하는 역시 명약관화하다.

하루빨리 행복 지수에 충실성을 가할 기본으로 돌아가야 하는 것에 착안한 정책을 세워야 할 것이다. 성경에 남자와 여자는 서로 도움을 주는 배필로 짝을 정하여 좋은 가정을 꾸릴 수 있는 행복 추구권을 뉘앙스로 예견한 바가 있다. 몸이 귀찮고 자녀를 양육하는 고달픔보다 덜한 반려견을 함께하는 일인가정이 나날이 증가하는 사회적 분위기에서 자녀를 낳고 생애주기 발달단계에 알맞은 그런 날을 꿈꾸어 보아야 한다. '우리들의 세상', 이 시대를 살아가는 사람들이 꿈꾸는 '모두가 꿈을 꾸고 꿈을 노래하는 인간다운 세상'을 찾아야 한다. 마치 윤동주 시인의 별 헤는 맘으로 프로스트 시인의 가지 않은 길을 우리는 가야만 꿈을 꿀 수 있다. 그래야만 집집마다 아이들의 밝은 웃음소리가 들리는 날이 올 것이니….

VUCA 시대의 학습법!

How to Learn in the VUCA Era

　VUCA 시대에 사는 우리는 공부가 필수이다. 나이와 함께 공부가 받쳐주지 않으면 도태되거나 꼰대라는 말을 듣는다. 자본주의에 발을 담그고 지낸다. 평범한 입장에서 공부와 돈과도 연계된 마케팅이 나날이 늘어난다. 최근 『최재천의 공부』라는 책을 접했다. 6장으로 되어 일상 적용이 원활해 연결한다. 차분히 천천히 마음을 가다듬고 가라앉혀 마음을 모으면서 좀 더 진지하게 읽는다. 전체 삶을 즐길 수 있고 누림에 적극적으로 반응하자.

　바로 자전거를 익히는데 적용하면 도움 되는 점을 발견한다. 잠잠히 자전거의 구조를 먼저 알고자 무던히 애를 쓴다. 종류와 형태 그 외 성능을 살핀다. 그리고 집 앞 골목에 지나쳐 가는 자전거를 유심히 살핀다. 물론 중학교 남학생이 타는 모습에 반응하고 나도 한번 타기를 희망한다. 흔쾌히 허락한다. 어디 그뿐인가? 공원을 끼고 있는 자전거 대여소에 가서 대여할 목록과 안전 수칙 외에 연관 안내문을 꼼꼼히 읽는다. 그리고 배움의 완전체는 아니지만 빌려서 구릉지가 아닌 평지에서 한발로 지탱하면서 자전거에 타 본다. 그 후 배우는 학습장에서 훨씬 빠르게 익힌다. 물론 자연스럽게 자전거는 속성으로 익히게 되어 지금은 자전거 전용도로 강변 외 구릉지에서도 전력 질주한다. 배움의 기쁨이 바로 이거구나! 하면서 '아 하!' 한다.

우리의 삶에는 항상 배움이 일어난다. 배움이 함께하는 과정에도 먼저 존중이 가장 기본이다. 객체가 마음에 아무리 안 들어도 오래 보고 자세히 보는 훈련이다. 최재천 교수님의 통섭과 직관의 원리로 이미 언급한 바가 있다. 이 책에서도 공부의 뿌리, 공부의 시간, 공부의 양분, 공부의 성장, 공부의 변화, 공부의 활력에도 모두 관련이 있다.

특별히 교수님의 아내가 음악을 하는데 성가대 지휘하는 그 시골 교회 목사님 자녀에 관한 내용에는 깊이 공감이 된다. 목사님 부모 역시 입양하여 키우는 일에 거부하였으나 곁에 성가대 지휘하는 분의 남편, 즉 교수님으로 인해 오갈 데 없는 3세의 아이가 공원에서 논다. 개미굴 앞에서 손등에 기어오르는 개미를 보고 동물과 식물에 관심 두고 관찰하는 습관이 생긴다. 아이는 장족 발전을 거듭해 곤충 박사가 될 정도이다. 말하자면 그냥 삶으로 보여주라는 뜻이다. 과연 어떻게 될 것인지 아무도 모르는 배움의 길!이기는 하다.

영어 공부도 이와 같은 원리이다. 'Time For Voca'라는 30일 완성 과정이다. 초등 5학년이지만 이미 중학생 30일 완성 영어 단어 완전분석 교재였다. 그런데 영어를 익히는 과정은 다양하겠으나 『최재천의 공부』에서 적용하면 우선 K-pop을 자주 듣고 관련 어휘 요리와도 접목한다. 6가지 단계 모티브로 공부에 몰입한다. 극히 "알면 사랑하게 되고 꽃피어 기쁨이 배가되리라." 그리고 보다 더 좋은 삶도 누리게 될 것이다. 누구나 매일 아침 새벽에 일어나 명상하고 자신의 미래를 그려본다. 하루하루를 열심히 살아가고자 또 일에 즐거움을 느끼고자 자신을 정갈하게 한다. 오늘 감사한 일 한 가지!

무언가를 알아가는 가치는 가장 소중하다. 오늘도 사랑하고 또 꽃피기를 위해 나를 조망해 본다. 개미와 베짱이 예화에 보면 개미는 단순히 부지런함의 상징이고 베짱이는 그 반대인 게으름이다. 단정하기는 어려운 해석이다. 그렇게 흑백논리는 아니라는 점이다. 그 안에 자세한 이면을 보고 누군가를 무언가를 알아가고 알고 이해하려는 점에 생명에 이르기까지 모든 길에서 배움이 일어나서 사랑하게 된다면 앎에도 이르기가 아주 쉽다는 것이다. 알면 사랑하고 꽃이 필 것이다. 벌써 마른 잎은 포도 위에 한잎 두잎 나뒹군다.

난 너로 인해 행복하고, 넌 나로 인하여 더 좋아
I'm happy because of you, and you're better because of me

    일터에서 있는 일상이다. 만 6세 아이들의 집단을 자세히 살펴보면, 절대 손해 보는 일을 안 하려 한다. 즐겁게 공부를 하고 가방을 챙겨 모두 바르게 자신의 자리에 선다. 그 후 자신이 생활한 뒷정리와 즐겁게 자리를 청소하고 귀가하자고 제안한다. 그때 사물함에 달려가서 개인이 소지한 빗자루를 꺼내 자신의 자리만 처리하고 돌아가려는 아이들이 대부분이다. 그러면, 책상과 책상의 틈새 공간의 더럽게 된 곳은 누가 할 것이냐 물으니, 아무도 안 한다는 의사를 표한다.

    일전에 김창현 목사님이 저술한 『손해의 낭만』이란 책을 접한 적이 있다. 최근 1인 가정이 급증하는 저변에도, 부부가 살면서 이혼하는 요인이 성격 차이라고 하지만, 위에 언급한 손해 안 보려는 모습에 귀결되어 있다. 다시 말하자면 저 밑바닥에는 희생하고 헌신하겠다는 의식이 결여된 연유에서 온 것임을 분명 찾아볼 수 있다. 『손해의 낭만』이란 책을 자세히 읽어 내려가면 이러한 부분을 적나라하게 정곡을 찌르는 내용을 찾을 수 있다. 요즘의 현대인은 물질에 집착하는 물질주의 세계관을 통해서 자신을 미화시킨다. 결코 영원한 만족감을 느낄 수 없다고 말하고 싶다.

    손해 보려 하지 않고 모든 사람이 이익만을 추구하는 경제적 마인드는 결국 나중에는 사회의 공멸을 불러올 뿐이다. 일전에 도교육청 주관 2019 사회적 경제 교육 교원 연수회를 다녀왔다. 그 연수회를 통하여 많은 공감을 하게 되었다. 사회적인 공의의 이익을 도모하는 일에도 일조하고, 또 그러한 일터를 통하여 의미와 보람이란 두 마리의 토끼를 취할 효율성이 돋보인 좋은 교육연수회였다.

조만간 새로운 교육 과정에 도입할 것이라 한다. 무엇보다 사회가 진화될수록 개인적 성향은 강해질 수밖에 없다. 이러한 시점에서 '더불어, 함께'라는 의식을 고취하기 위하여 교육 패러다임은 바뀌어야 한다고 보인다.

다시 말하자면 '나누고, 섬기고, 주고, 희생하고, 헌신'함으로 나의 가치와 그 수준을 높여가야 한다고 느낀다. 우리는 당장 손해 보고 져주는 문화와 정서가 결여된 것이 한국의 현실이었다.

그 배경은 학창 시절부터 SKY대학을 지향하는 성적 지상주의 문화와 사회적인 정서가 남을 짓밟고 이겨야 좋은 직장과 신분을 취득한다는 의식의 잔재다. 최고가 되고자 하는 국민 정서로 인해 안전 불감증과 연대하여 사회적 문제를 자초한 것 역시 사실이다. 스마트 기기 모노 사피엔스 시대의 정보기기 안에 빠르기에 익숙하고 조그마한 일에 갈등과 의견충돌이 일어날 때 우리는 참을성이 없고 패닉할 때를 자주 접한다. 한마디도 지지 않으려고 하는 본능이 바로 우리 모습이다.

부부간의 갈등 요인 역시 서로에게 일 푼의 양보도 안 하려는 기저에서 온 것이다. 남편이란 권위로, 아내로서 사랑받지 못한다고 결핍 요소로 인하여 서로는 눈을 부라리고 투쟁을 한다. 마치 땅따먹기해서 그 쾌감을 통하여 무언가를 획득한 것에 못난 모습으로 연결되어 있다. 이러한 일이 소수 가정의 부부에만 국한된 일이 아니다. 형제지간에서 일어나는 갈등 역시 똑같다. 부모로부터 물려받은 유산을 더 소유하려는 원색적인 태도 역시 손해를 안 보려는 적나라한 모습이다. 그러나 우리는 섬김과 역설로 접근하여야만 우리의 삶은 분명히 행복해질 것이다. 그 인식을 다음 세대에게 심어주어야 한다.

남아공의 우분트(UBUNTU) 정신을 얘기하고 싶다. '우분트'는 남아공 만델라 대통령이 즐겨 쓴 아프리카 반투족의 말로 '우리가 함께 있기에 내가 있다'라는 의미인데, '내가 너를 위하면 너는 행복하고, 나는 너 때문에 두 배로 행복하다'라는 뜻이 담겨 있다.

성적이나 운동, 외모 등에서 무조건 남보다 앞서거나 먼저 가려 하지 말고 함께 가려는 자세는 이 시대를 사는 사람의 가장 기본적인 덕목이다. 그리하여 나보다 능력이 부족하고, 여건이 안 좋은 곳에 시각을 돌리는 사회적인 분위기를 조성하여야 한다고 보인다. 잠시 '바보 의사 장기려 박사님'의 그 정신을 떠올려 그리워해 본다.

좋은 말하기 훈련

Training to say good things

　말과 글은 그 사람의 모든 것을 반영한다. 특히, 좋은 말하기는 평소에 어떤 사고를 갖고 어떠한 생각과 마인드를 가졌는지를 모두 적나라하게 드러나게 한다. 지난 5월 중순쯤 진주 종합운동장 야외공연장에 들른 적이 있다. 그날의 행사는 진주시청이 주최하고 진주 아지매 카페의 주관으로 이루어지는 행사였다. 일명 <**영화제 ***마켓>이라는 행사명으로 좋은 시설과 지원에 가세한 20~30대 Z세대들의 기운을 한껏 느끼고 공감하였다. 최근 이슈화되고 있는 저출산으로 인하여 아이들 모습을 찾을 수 없었는데 그곳의 40여분에 모여든 6세 이하의 영아들의 집결체에서 밝은 기를 느낀 순간이었다. 그 무렵 "아이 좋아, 우리들 세상이야! 모두들 비켜라"하는 외침이 운동장 야외 뜰에 함성으로 들리는 듯하였다. 행사의 오프닝 송으로 잔잔한 오카리나 연주가 신록 오월의 해거름 산그늘을 감싸 안았다. 하나의 프로그램이 끝나고 두 번째 순서가 되기 전, 주최 측 기관장님 나오셔서 축하와 격려의 인사말을 하셨다. 많은 가족이 어느새 야외공연장 가득히 모였다. 잔잔한 음악과 사회자의 명쾌한 멘트 역시 훌륭하였으나, 그래도 가장 인상 깊은 내용은 주최 측 기관장님의 말씀이 잔상이 되어 뇌리에 남는다. '아이 낳아 잘 키우기, 좋은 진주 만들기'에 적극 지원하시겠다는 결정적 순간에 좋은 말씀을 하신 것이다.

사람과의 관계에서도 매개체는 말이다. 오늘날의 디지털시대에 살아남으려면 말하기 기술이 아주 뛰어나야 하고, 상대를 설득하고 전달을 잘하는 자는 이미 성공한 인생이다. 그러한 배경을 갖고 인간관계를 원만히 하는 자체 역시 말이다. 최근 『결정적 순간의 대화』라는 책을 공감 있게 읽은 적이 있다. 그 자료에 근거하여 일반적인 경우에 결정적인 순간에 어떠한 접근으로 말하기를 잘해야 하는지 알아보고자 한다. 우선, 말하고자 하는 자가 자신을 스스로 잘 다스려야 한다. 두 번째는 말하기나 대화에서도 좋은 위력을 정황과 맥락을 통해 파악을 잘해야 한다. 세 번째는 진정과 결과에 계속 집중하는 방법으로 목적에 맞게 생각하여 말하기이다. 네 번째는 전체적인 큰 그림을 알고 스토리를 돌아보게 한다. 다섯 번째 나의 입장을 말하되 거슬리지 않고 설득력 있게 상대의 입장을 알아보고 말하기 준비한다. 여섯 번째 결정적인 순간에 최선의 말하기 원칙(과정, 안전)에 입각하여 말하기를 실행하는 것이다.

어느 순간에 잃어버린 추억을 찾기 위하여 우리는 '리마인드 사진'을 촬영하고자 사진관 문을 열어본다. 그러나 추억은 되살리기를 위하여 분장하고 말쑥한 복장을 차려입어 카메라 앞에 앉아서 재현을 애써 한다면 되찾을 수 있다. 그러나 나의 실수로 인한 말실수나 잘못 말한 말하기로 잠을 이루지 못한 경험은 누구나 경험한 바가 있을 것이다. 다시 주워 담을 수 없는 말실수를 줄여보는 활동을 위해 읽은 책을 또다시 음미해 본다. 말이란 '이' 다르고 '아' 다르다. 같은 내용이라도 어떻게, 어떤 분위기에서 하느냐에 따라 달라진다. 자신의 감정을 흉금없이 털어놓고 상대방의 말을 끝까지 들어주는 것이 지름길이다. 감정

노동과 감수성이 연계되는 SNS 시대의 조류에 알맞은 결정적인 지혜로운 말하기 기술은 남녀노소 직위 고하를 막론하고 아주 중요하고 민감한 주제이다. 우리는 아주 좋은 말하기 훈련과 좋은 말하기 습관의 반복만이 바르고 좋은 언어습관으로 이어질 것이다.

심지어 우리 속담에도 말의 소중함과 그 가치를 드러내고 도전되는 글귀가 있지 않은가?

'말 한마디로 천 냥 빚을 갚는다'는 그 말을 되뇌어 본다.

환경 사랑과 안전 행복 더하기
Add environmental love and safety happiness

지난주 강원도 일원의 산불은 큰 충격이었다. 복잡다단한 오늘날의 시대는 사고가 나면 대형으로 일어난다. 우선 재해를 입은 분들과 여러 관계자님께 큰 위로와 격려를 보낸다. 봄기운이 완연한 약동의 계절, 아동문학가 이원수 님의 「4월이 오면」 시가 떠오른다.

'4월이 오면 벚꽃이 피겠지요. 4월이 오면 복사꽃이 피겠지요. 4월이 오면 나뭇잎이 파랗게 피겠지요. 희뿌연 바람 속에 제비들이 날겠지요. 4월이 오면 보라색 비둘기들, 4월이 오면 4·19 역사 속에 날개 치며 오겠지요. 4월이 오면 그림자 된 언니들의 어깨동무 짜고 우릴 보고 오겠지요. 4월이 오면 꽃잎들이 지겠지요. 꿈같이 피던 그 꽃들도 뜰에 허옇게 지겠지요. 어떤 애들은 모른다고 말하지만 아! 4월은 가슴 떨리는 달, 4월이 오면 4월이 오면…' 이처럼 설렘을 주는 4월, 푸르른 산야에 화마(火魔)가 닥친 것이다.

식목일이라는 연중행사가 있는 4월! 하필이면 나무를 보호하고 가꿔야 하는 이 시기에 대형 산불이 2000년대 들어서 두 번째라는 관련 자료가 나온다. 물론 이 시기가 가장 건조하고 워낙 강풍인지라 야산을 접한 곳의 전봇대 변전기의 떨어짐이 발화라 본다지만 평소에 환경 보전과 안전 점검에 대한 인식 전환과 준비가 있었다면 그 피해는 비껴갈 수 있었을지도 모른다는 예측을 해 본다. 최근 우리나라의 기후는 아열대에 근접하여 그 기후대의 과일이 진열대에서 쉽게 찾을 수 있다. 불이 나고 3~4일 전, 그저께는 눈이 내려 밤낮의 일교차는 약 15도를 훨씬 넘어 감기 환자들이 늘고 있다. 더 심각한 것은 미세먼지로 인하여 야외 교육 활동을 못 하는 일상이 되어버린 학교 현장이다. 이러한 사태는 어제, 오늘의 문제가 아니다. 그 요인은 우리들의 얄팍한 편의를 도모한 산출물임을 누구나 인지하고 있는 입장이다. 그러한 병폐를 더 악화하지 않으려면 소소한 생활 속에서도 작은 실천과 행동 변화가 있어야 한다. 자라나는 다음 세대들에게는 훼손된 지구를 물려주지 않고 환경오염에서 벗어날 길은 환경 보호를 위한 바른 인식과 의식 전환을 위한 프로젝트 학습에 적용, 실천하여야 할 것이다. 사소한 일이지만 마트나 시장에 물건을 구매할 때는 장바구니를 들고 다니는 생활화를 통해 비닐 팩, 비닐봉지를 줄여가는 실천, 저탄소 활동을 범국민적으로 실천하면 분명 다가오는 미래사회 후손들에게 좋은 환경이 승계될 것이다. 디지털 시대는 갈수록 복잡하고 섬세해진다. 목련꽃 그늘 아래에서 벨테르 편지를 읽던 희망의 아이콘인 4월이 잔인한 사월로 인식된다면 우리네 삶은 갈수록 피폐해질 것이다. 강원도 고성의 산불, 화마(火魔)로 인하여 우리는 또 다른 타산지석(他山之石)의 지혜를 찾아야 한다. 소나무 한 그루의 그 탄탄한 모습을 하기에는 수많은 세월이 걸리는데 하루아침에 검은 잿더미가 되는 이런 불상사가 오지 않도록 평소에 안전에 관한 의식과 준비된 점검을 해야 할 것이다. 현대인의 속성은 지나친 속도 지향에 있다. 그것에서 야기되는 잘못은 결국 나쁜 결과물인데, 우리는 가치와 덕목의 방향지시등을 밝혀 출발하여야 할 것이다. 주변의 위험과 불안을 야기하는 요소를 제거하기 위하여 긴밀한 안전의식을 취하여야 한다. 그러한 연대감을 통한 안전 행복 더하기는 평정심을 낳을 것이다. "불은 조심하면, 행복! 방심하면 악마!" 이런 글귀가 스쳐 간다.

 아가의 잇몸에서 서서히 젖니가 나듯, 주변의 산야에 어린 연한 연둣빛 이파리들이 하루가 다르게 색감을 더해가는 이 시점에 예쁘게 핀 연분홍, 진홍빛 꽃들과 조화를 이루어 내니 너무나 아름다운 자연이다. 그 잎들이 자라 가을이 오면 잎들은 또 곱게 물이 들 것이다. 그래서 제2의 봄이 되어 잎사귀들도 또 꽃이 될 것이다. 어리석고 우둔한 모습, 거울에 비춰본다. 반성적 사고(思考)와 미러링(MIrroring)을 해 본다.
 '솔아, 솔아! 푸르른 솔아 미안해, 그 뜨거웠던 불길 속, 얼마나 아팠을까? 더욱더 사랑해 줄게!'

맑음으로 사는 자세, 나 세워가기
The attitude of living in a clear way, standing up for me

사람이 밝아지고 맑아지려면 모든 일에 책임을 다하고 정직하게 생활하면 된다. 물론 그러한 삶의 궤적은 바로 표정에서 나타나게 된다. 맑음 안에 있는 얼이 담긴 얼굴 안에는 당당하고 걸음걸이 역시 자신감이 넘쳐서 멋스러운 매력이 넘치는 자가 된다. 최근에 언론을 달구고 있는 관심 뉴스는 역시 버닝썬(Burnning Sun) 클럽에서 일어난 풋풋한 20대 말부터 30대 청년들이 벌써 그러한 진흙탕과도 같은 과정을 쉽게 했다는 자체가 너무나 낯 뜨거운 모습이었다. 그것에 연루된 여러 가지 일에 여러 연결고리로 얼기설기 엮어져 사회적인 문제를 일으켰다는 자체가 경악을 금할 수 없는 부분에 이르게 된 것이다. 무엇보다 밀레니얼세대들인 Z세대가 기성세대들이 하는 나쁜 모습과 그 병폐를 그대로 답습하였다는 정황이 더욱더 가슴을 아프게 한다.

인생을 사노라면 의미와 재미가 공존하여야 한다고는 한다. 최근 1990년대 이후에 태어난 세대들이 사회생활에 진입한 조직사회에는 상당한 괴리 현상이 일어나고 있다. 최근 필자의 일터에서 있었던 일이다. 치마를 입고 온 딸과도 비슷한 후배가 바지 형태의 옷을 입어야 하는 훈련 활동 상황이 있었다. 그리하여 나의 체육복 한 세트를 빌려 줘 입고 활동하는 곳으로 집결하라고 전하였더니, 계단을 막 내려오는 중 다시 뒷걸음질을 치고 되돌아갔다. 훈련을 하는 곳에 학년 단위로 날인도 해야 하고, 한 조가 되어 실습이 이뤄져야 하는데 그 후배는 계속 신경을 쓰게 오지 않았다. 마음을 졸이고 마구 조바심을 내는 순간이었다. 그것을 뒤로하고 우리 일행은 계속 활동을 하였다. 어느 정도의 시간이 지났는데 약 10분이 지난 후 그 후배는 나타났다. 어느새 필자가 주었던 체육복은 벗어두고 본인이 어디서 구해서 입었는지 자신만의 스타일로 입고 등장하였다. '그때 느꼈다. 그래 바꾸자 나의 생각과 사고체계를… 우리가 성장하였던 시대는 1000 수입원 시대라 하였다면, 딸 세대는 10,000 수입원 시대가 아니었던가?' 그러나 그네들의 사고와 마음 자세는 과연 고 소득원에 알맞은 교양과 질적인 부분이 충실한가를 다시 되뇌게 하는 순간이었다. 외양에 자기만의 스타일링은 고수하여야만 한 것이다. 조직을 알고 전체를 인지하여 함께하는 모습에 대한 상대를 생각하고 배려하는 태도에는 너무나 많은 점이 부족하니 보완되어야 하는 현실이다.

윗부분에 언급한 사건 역시 저 밑바닥에는 이와 유사한 부분이 내재하여 있었을 것이다. 자신만 챙기고 나만의 기준에서 온 얄팍한 재미와 계산에서의 출발일 것이다. 더불어 활동하고 함께 하는 부분에 배려가 없고 속도에만 치중한 교육시스템과 가치관에서 온 잘못된 기성세대들의 모습을 보인 우리들의 모습일 것이다. 그 답습한 모습을 그대로 한 것이라 여겨지니 정말 마음이 쓸쓸하다. 밀레니얼세대인 Z세대들은 긴 문장이나 긴 대화를 제시할 때는 지루하여 읽어 내려가지 않으려 하고, 아예 듣지 않으려는 경향이 아주 많다. 심지어 초성만 쓰고 읽는 습관을 주로 한다. 무엇보다 아주 합리적이고 개인적이며 철저하게 자기중심적이다. 최근의 워라블(Work & Life Blending), 워라밸

(Work-Life Balance)? 트렌드(Trend)로 인하여 요즘의 20~30대들의 추구하는 가치관을 인정하고 세대 간의 갈등을 풀고 서로 소통하는 중장년 기성세대들 간에 공부하고 연구하여야 한다고 본다. 이러한 세대들이 창안한 신조어인 소확행(少確幸), 그 용어에서 얻어진 좋은 점은 이미 기성세대들도 수긍하는 일면이다. 그리하여 세대를 이해하고 안아주고 알아가는 좋은 점을 통하여 그 사회와 단체는 더욱 끈끈한 구심점을 이루게 되어 밝은 기운으로 살기 좋은 행복한 연대감을 이룰 것이다. 그러한 가운데 진정한 맑음으로 살아가는 자세와 자신의 온전한 세움을 위한 자세를 가꾸다 보면 보다 나은 자신 모습이 되어 더욱 건강하고 멋스러운 사람으로 향이 나는 자로 기억에 남는 자가 될 것이다.

제3장

행복!
발견의 기쁨에서…

바쁜 일상에서 우리는 종종 목적지에 도달하는 것에만 집중하게 된다. 그 과정에서 만나는 작은 발견들이 우리에게 큰 행복을 선물한다.

행복, 그 발견의 기쁨에서…
Happiness, from the joy of the discovery

　인간은 아주 연약하다. 내 안에 연약한 그 동물이 원하는 것 하며 사려는 삶의 향유를 갈구한다. 그 연약함을 보듬어 줄 저녁이 있다. 아니 밤으로 인해 단단하고 허기진 마음에 윤활유가 흐른다. 아니 다시 말해 마음에 쉼을 발견하는 것이다. 성자 어거스틴의 경우 발견에 보화와 같은 것이 섬광처럼 변해 인생이 완전히 바뀐 경우라 한다. 그것은 어느 관점에서 보느냐의 '발견'이기도 하다. 그 행복의 묘미가 보이는 보화를 발견한 자는 전 재산을 다 팔아서 허름한 밭을 사게 된다. 보화가 감춰진 그곳! 가치 있는 땅임을 알고 사겠다는 의도이다. 현대인의 삶은 '피로사회'라고 한다. 즉 노예적 삶이다 보니 참 행복이 없다.

　그러한 삶에서 과연 어떻게 살아갈 것인가? 그 물음에 답하기 위해 우리는 행복을 찾고자 노력한다. 그 길을 어떤 방법으로 발견할 것인가? 단순한 삶을 예찬하는 장석주 시인의 「단순한 것이 아름답다」에 보면 '작은 것은 크다'라는 생각에 기본 바탕을 두고 있다. 시인이 생각하는 단순함은 깎고 덜어 궁극의 형태를 드러내 본질에 더 가까워지고자 함인데, 이는 욕심으로 채운 것들을 비움으로써 비로소 가능해진다. 그렇기에 삶의 단순화는 내핍과 절제가 절대적으로 우선된다. 적게 갖고 적게 먹으며, 작은 욕망으로 살 줄 알아야 단순해진다. 그렇지만 장석주 시인이 생각하는 단순한 삶은 매끈하지도, 쾌적하지도 않다. 허리를 꼿꼿하게 세우고 공(空)에 전념하는 좌선이 그렇듯이 단순하게 사는 건 불편한 일이다. '단순함! 예찬'은 낭비 없는 삶을 예찬하고, 참된 기쁨으로 가득 찬 삶을 예찬하는 것이다.

현대인들이 방황하고 마약 중독과 도박을 하는 사람에 접근해 보면 그렇게 하는 요인이 단순한 쾌락과 돈일까? 절대 그렇지 않다. 본질은 공허한 마음이다. 보화 같은 마음, 자기 안에 참삶의 의미를 몰라서 그렇다. 다시 말해 깊은 깨달음 즉 은혜의 경지에 도달되지 않아서 그렇다. 좀 더 쉽게 예를 들어본다. 성경에 보면 '세리장 삭개오'라는 인물의 스토리가 단적으로 그것을 말해준다.

돈과 부귀에 만족도가 아무리 높아도 영원성의 결핍에 허함을 느낀다. 그 이야기에서 보면 자신만의 절대자를 만나 자기가 가진 모든 것을 내려놓는다. 그때 절대자는 네 집에 있는 모든 소중한 것을 놓을 때 진정한 행복이라는 것에 깊은 공감을 한다. 어디 이뿐일까? 아브라함의 100세에 이르려 아들 이삭을 낳게 된다. 온전히 이삭을 절대자에게 바친 것이 대단한 것이 아니라 그것을 알고 발견하게 되는 에너지의 힘이다. 다시 말해 발견의 큰 힘이다.

보화를 발견함에 기쁨이 있을 때 탄력성은 제곱근이 된다. 그 기법은 현대 사회를 구성하는 빠르고 복잡함 가득한 거짓된 요소들을 빼고 소박한 마음으로 진정성과 실재에 더 큰 비중을 두는 방식이다. 두 번째 복잡한 가득한 삶에서 단순해지고 느리고 작아지려는 자세의 흐름이다.

세 번째는 처음과 두 번째 항목을 더함에 단순함에서 화사함과 아름다움으로 새롭게 발견되어 연결된다. 단순한 삶의 예찬은 낭비 없는 삶과 참된 기쁨으로 연동된다. 적게 소유하고 크게 생각하라 복잡한 것과 결별하라! 단순한 삶 속에서 삶의 전부를 깃들게 하라. 새는 적게 먹고 적게 배설하게 하여 자연에서 낭비가 범죄임을 깨닫게 하는 생태계 부류이다. 행복의 길을 발견하는 기쁨에 더 자세히 접근해 본다.

1. 어떤 일이 일어나도 당신이 할 수 있는 범위에서 최선을 다한다. 2. 마음의 평정을 유지하라. 3. 당신이 좋아하는 일을 찾아라. 4. 집 식사 옷차림을 간소하게 하고 번잡스러운 일을 피해라. 5. 날마다 자연과 만나고 발밑에 땅을 느껴라. 6. 농장 일 또는 산책과 힘든 일을 하면서 몸을 움직여라. 7 마음의 평안을 느끼며 하루살이로 살아라. 8. 혼자라도 좋으니 날마다 소통하고 자신에게 편지라도 쓰며 누군가를 도우려는 마음을 가져라. (소통) 9. 삶과 세계에 대해 생각해보는 시간을 갖고 할 수 있는 한 유머와 위트를 간직하고 실천하라. 10. 모든 것에 내재해 있는 하나의 생명을 관찰하라. 11. 모든 피조물에 애정을 가져라.

최근 '문협지'에 올린 자료이다. '시-「섬」'

이 세상 천만 곳이 섬이고 꽃이어도 -중략- 그러나 내가 외롭다면 홀로선 아리랑 섬, 그리운 그대 품어 하룻밤 뒹굴어보니 천국에 알콩달콩 풍성, 고운 님과 평안 나눌 때 성스럽고 충만한 섬 되리라!

힙(hip)하게…

Individualistic and progressive disposition

    청룡의 해가 힙(hip)하게 부각이 되길 간절히 바란다. 여기서 우선 '힙하게' 개념을 짚어보면 고유한 개성과 감각을 가지되 최신 유행에 밝고 신선한 것을 발하는 경우이다. 규범 표기로는 사실 미확정이다. 부연 설명하면 유명 연예인에게만 해당하는 In Side로 다양한 채널 SNS 등으로 언론에 주목받듯이 일반 평범한 사람도 뜨겁게 인사(In Side)가 되어 푸른 용의 해인 2024년도 그러하길 소망한다.

    그러나 새해 첫날부터 날렵한 청룡 모습에 버거워 힘들어하는 모습이다. 세계적 금융위기와 기후 재앙과 아울러 일본의 쓰나미 지진, 공항 사고가 그러하다. 최근 김정은 체제는 남한을 주적의 대상이라 호통치고 정치계는 나날이 자신과 당론에 유불리로 잇속 차리기에 초분으로 급급하다. 확연한 VUCA 시대이다. 그런 의미에서 올해는 누구나 갈망하는 것이 세계적으로 평화를 갈망하고 인류 공영에 귀착한다는 것으로 다양한 매체에서 전한다.

    이미 주지하는 바이지만, 청룡! 갑진년은 푸른 용의 해로 국운 상승의 해로 기억되기를 바라는 마음이 크다. 총애와 이익되는 일에 앞다투어 가기보다 덕을 베푸는 일엔 뒤지지 말아야 하고 과욕은 금물이고 노력한 만큼 얻음에 마음을 모아야 할 것이다. 물론 새로운 변화 조짐이나 어떤 때를 놓치지 말아야 할 것이다. 그러려면 지혜와 용기의 결집이다.

과연 우리는 어떤 전략으로 접근해야 하는 것일까? 첫째 '대화에 교육해라!'라고 하고 싶다. 둘째, '감사인데 단순한 감사를 넘어 약이 되는 비밀의 원리를 적용하라는 점이다'처럼 '호르메시스(Hormesis)' 기법을 적용하는 방법이다. 세 번째 천국은 침노하는 자의 것이라는 말이 있다. 다시 말해 훔치는 창의성을 발휘해야 한다는 일이다.

순서대로 설명을 자세히 한다면 첫 번째 경우 '대화에 교육하라!'는 대화를 통해 자녀교육에 일침을 가했던 유대인 가정의 교육 사례이다. 가족회의를 통해 아이와 대화함으로써 교육은 소통된다. 확장된 결과는 타인과 소통하는 법을 터득하게 되고 상호존중하고 협력하는 창발적 발현이라는 모습이다. 의견을 발표하는 법이나 어떤 문제에 접근하려는 수많은 삶의 지혜를 배우고 적용해가는 방법이다.

두 번째로 삶 향유 과정에 긍정과 감사가 선순환될 때 회복과 치유가 일어난다. 그러나 그 비밀에는 스트레스와 어려움을 극복하는 것이 내재되어 있다. 그 극복 과정을 '호르메시스'라는 용어를 꺼낼 수 있다. 다시 말해 적당한 스트레스는 건강을 증진해 수명을 연장시킨다.

역설적으로 이 경우 오늘날 노년층의 기대수명이 젊은 세대보다 높을 수 있는 건 이 세대가 젊은 시절 전쟁을 겪기도 하고, 배고픔을 비롯한 다양한 '고난'을 겪으면서 진화적 적응이 있기 때문이다. 다시 말해 세포에 스트레스를 주는 이 '고난' 외부로부터 오는 유, 무형의 자극, 충격이 오히려 인체에 좋은 효과('생명 과정의 촉진이다.')를 제공한다는 것이다.

세 번째 창의성의 문제로 급변하는 미래사회는 새로운 변화 시대를 이끌 새로운 학습 비전을 다양한 분야의 전문가와 다양한 의견을 듣고 수렴하여 좋은 묘안을 짜내는 미래지향적이고 지속 가능한 창발적인 사고이다. 아무리 간구하고 소원하여도 수도꼭지에 물을 트는 역할과 액션을 해야만 한다. 그 창발적 액션은 창의성이다. 21세기 교육 기본 원리이기도 하다.

그 요소를 보면 민감성 유창성 융통성 독창성 정교성이다. 최근 학급에서 일어난 일이다. 임원인 구**는 너무 억울하다고 발을 구르고 통곡한다. 쉬는 식간에 복도에서 교실로 들어서는데 $$라는 여자친구의 발등을 밟게 되었다. 그런 행동의 결과로 교실에 들어선 구**는 방어 자세를 하지 않은 상태에서 $$로부터 발길질로 호되게 더 당하게 된다.

그런 상태에서 억울하다고 눈을 부라리고 달려 나와서 $$를 호통치라고 소리를 지른다. 정황을 보아서는 충분히 이해가 간다. $$ 역시 그 부분은 사과했다고 한다. 구**가 장난스럽게 한 것인지 의도적 접근인지 애매하다. 그러나 구**는 남자이고 조금 더 조심스럽게 $$에게 행동했다면… 내용을 전달하니 더 분노한다. 선생님이 여자이다 보니 여자를 편든다는 뜻이다.

역시 공정과 정의! 형평성 운운이다. 그 안에서 창의적인 접근이 필요해 구**를 이해시키고 구체화된 물성을 갖고 예를 들어 설명하여 잘 해결했다. 삶은 역시 그 시대, 그 상황에 알맞은 재구성하여 접근해야만 한다. 규범적 기준에서 힙(Hip)하게 살아가는 묘약이 절실히 필요한 때라고 여긴다.

순박한 마음으로…

With an innocent heart

올해 뉴욕 타임지의 선정 인물은 '테일러 스위프트'. 연예인 최초 팝스타 테일러 스위프트가 미국 시사주간지 타임이 선정한 2023년 '올해의 인물'이다. 타임은 6일(현지 시간) "스위프트의 인기는 10년 이상 상승해왔지만, 올해의 경우 예술과 상업적 측면에서 핵융합과 같은 에너지를 분출했다"라며 선정 이유를 밝혔다. 경제적 효과를 동시에 안고 열풍이 된다. 마치 스텔라(빛) 효과로 전환된다. 내년 2024년도의 우리나라 경제성장은 1.8%로 OECD 예측 2년 연속 1%대를 넘지를 못하는 저성장 시대로 연결된다.

소비 트렌드 역시 주목해야 할 것을 살펴본다. 미리 대비해야 할 트렌드를 확인해보면 마케팅, IT, 브랜드, 디자인, 경제 트렌드 등 관련 분야에 자료가 인덱스(목록화) 되고 있다. 다시 말해 초개인화 시대를 병행해 24년 주목할 만한 소비자는 BB세대, 젤파세대, 펫런트족 등, 플레이디 '2024 트렌드 전망 리포트(TREND OVERVIEW)'의 예견이다. '마스크 걸', '무빙' 등 웹툰 원작 기반 드라마가 잇단 흥행으로 인기몰이로 영상화의 성공으로 콘텐츠 시장을 장악해 대세로 이어진다. 그 파급력은 대단하다.

해외 직구 트렌드 역시 중국 쇼핑 앱이 한국에 진격 중 지난해보다

10배 이상 증가다. 이외에 스킨케어 분야도 단순히 외모를 가꾸는 것을 넘어서 삶과 건강 사이에 균형을 지키기 위해 자리매김한다. 다양한 K 콘텐츠의 수요 역시 생성 AI 기술과 연관 폭발적인 증가다. 챗GPT(ChatGPT)와 같은 GAI(생성형 인공지능)의 엄청난 성장은 2023년 인력에 큰 영향을 미쳤다. 미래에는 높은 성과를 내는 기업과 낮은 성과를 내는 기업 사이에 별 차이가 없을 것이다.

제너레이티브 AI를 사용하는 기업과 그렇지 않은 기업 사이에 차이가 있을 것이다. 당연히 그럴 것이다. 또 더 주목해야 할 것이 바로 기후 위기에 대한 대응이다. 몇몇 주요 규제 기관과 정부는 기후 법안 및 보고 요구 사항을 법률로 통과시켜 2024년을 ESG 및 기업 지속 가능성에 중요한 해로 설정되어 ESG는 더는 단순한 추가 기능이 아니라 비즈니스 전략의 핵심 부분이 될 것이다. 다양한 분야의 소비 트렌드를 간략히 살펴보았으나 2024 보고서에 따르면, 2024년에는 어느 분야보다 가장 선호하는 것이 바로 여행을 통해 문화를 탐험하려는 경향이다. 일과 삶 사이에 조화와 균형을 갈구하는 입장에서 누구나 로망이 여행이다. 당연히 그럴 것이다. 나날이 세상은 편리하고 정보통신기술이 빠를수록 인간의 정서는 드라이(삭막)할 수밖에 없다. 디지털과 초개인화로 인해 모두가 바쁘다.

올해의 인물 '테일러 스위프트 효과'로 인해 엄청난 경제적 이득은 분명히 얻을 수 있었으나 그 이면에 잃게 되는 것도 있다. 이것이 동전양면의 원리와 같다. 균형과 조화를 얼마나 잘 이룰 것인가의 문제일 것이다. 인간에게는 오욕 칠정이라는 인간 본연의 마음으로 인해 혼돈하고 갈등한다. 조절을 잘못했을 때 큰 오류에 노출된다. 특별히 현대인 군상은 상대적 박탈감으로 인한 자기 피해 의식에서 인간성 말살에 따른 그 무언가를 갈구한다. 그러한 갈등과 마음 분란으로 인해 평안이 없다. 그러한 가운데 순전함과 순박함을 잃어버려 괴롭고 우울과 분노한다. 그러다가 병을 얻어 심지어 쓰러진다.

잠시 '작가 권정생 선생님'이 떠오른다. 시골 교회의 종 치기로 노후를 보내면서 '인간이 인간의 사랑을 간구하는 것이 얼마나 어려운 것일까?' 그것이 그리스도인들에게뿐만 아니라 일반인들 역시 그 사랑의 해법을 찾지 못해 방황한다. 인간이 살아감에 있어서 가장 중요한 것은 사랑하는 일이다. 사람이 사람을 얼마나 사랑하느냐는 것이 어렵고도 어려운 일이다. 고린도 전서에 사도바울이 말한 것처럼 '사람이 사람을 어떻게 사랑하기 위해 오늘 우리 세상 사회에 예수가 온 것 아닐까요?'를 가져와 본다. 고 언급한다.

우리는 얼마나 사람을 사랑하게 되는 것일까요? 당신은 사랑받기 위해 태어난 사람이다. 그 순박함 마음 찾기를 위해 또 그러한 것에 회복해 보는 기회를 두 손 모아본다. 하얀 눈이 내리는 하늘가로 다가간다.

갑진년 2024년의 교수신문에 나온 사자성어 강구연월(康衢煙月)이 소환된다. 번화한 거리에서 달빛이 연무에 은은하게 비치는 모습을 형용하는 말로서 태평성대의 평화로운 풍경을 그리는 그러한 나날에 순박한 마음을 실어본다.

나만의 리즈는!

My own unspoken rizz…

올해의 옥스퍼드 사전에 소개된 어휘는 리즈(Rizz)이다. MZ세대들 외 온라인에서 널리 언급된 그 용어는 옥스퍼드(OED) 사전에 발행된다. 옥스퍼드대학 출판부에 따르면 리즈(Rizz)는 스타일, 매력, 또는 연애 혹 성적인 파트너를 끌어들이는 능력으로 정의되며 "카리스마 (charisma)" 단어의 축약형이다.

사람이 세상을 살아감에 있어서 매력이라는 부분은 필수 요소이다. 그러한 점에 인간은 이끎과 설렘이 공존한다. 앞으로 2025년 고령인구 비중은 20.6%, 고령인구는 1,000만 명을 넘어설 전망이라는 보도를 접한다. 급변하는 시대에 보조하지 못하거나 상대적 박탈감으로 인해 디스(제외) 되는 느낌과 우울감을 느끼는 현대인이 대다수라고 한다. 이러한 배경에 위 용어가 요즘은 리즈에 관심군이다. 누구나 인생을 살아오면서 자신의 황금기, 리즈 시절에 반추한다. 만일 선수였다면 축구 선수 ***의 황금기! 또 연예인이라면 그 당시 장안에 인기를 몰았던 무슨 영화의 주인공 역할자 배우 ***, 평범한 사람도 마찬가지이다. 가장 멋지고 매력이 넘쳤던 시절… 누군가 끌어들이고 유혹하거나 수다를 떨다. 란 뜻이다. 때론 rizz up 리즈업 이란 말로 동사로 사용되기도 한다.

연말이 다가온다. 잠시, 삶을 조망하고 반성한다. 그리고 대문호 작가 톨스토이의 '인생이란 무엇인가'를 들춰 본다. 그곳의 어록을 정리하여 내 것으로 축약해 적용한다. '현재의 삶에 온 힘을 다해라! 모르면서 아는 척하지 마라. 지식은 행복을 위해 봉사할 때 가치가 있다. 그저 재미 삼아 남의 험담을 하는 것은 죄악이다. 자만심과 어리석음은 서로 상관관계가 있다. 폭력을 아닌 사랑을 위한 삶을 살아라. 사랑의 거목은 사소한 일에서 자란다. 싸움의 잘못은 양쪽에 다 있다. 이기주의에서 벗어나라. 스스로 나쁜 생각이 떠오르는 것을 깨달을 수 있어야 한다. 돈을 잃을지언정 철학이나 사상을 잃지 않고 굳건히 하라. 선량한 행위에 대한 대가를 생각하지 마라. 정신적인 거짓말이야말로 가장 큰 죄악이다. 인생의 의의를 모르는 사람은 어리석은 인물이다. 실의와 불쾌감을 드러내지 마라. 세상의 어리석음과 추악함을 자신의 거울로 삼아라. 죄성이 있는 인간의 경우 누구나 모든 사람은 비웃는다. 공정함에는 결국 자신의 희생이 따른다. 행복은 노력하는 과정에서 얻어지는 산물이다. 아무도 타인을 함부로 단죄해서는 안 된다. 누구나 죄를 짓는 인간이기 때문이라는 뜻일 것이다.' 20가지로 요약한 것이나 참다운 나만의 리즈를 위해 다시 한번 꼼꼼히 읽고 마음 청진기에 스미게 해 나의 것으로 가두어 본다.

최근 『트렌드 코리아 2024』에서는 사람의 감정과 행동을 조절하는 호르몬 중 하나인 도파민(Dopamine)과 게임에서 아이템을 수집하는 행위인(Farming)을 조합한 합성어 도파밍(Dofaming)을 새해를 성장하는 단어 중 하나로 예측한다. 끊임없이 도파민을 갈구하는 상태에 이르게 하는 도파밍 현상과 대처기법이다. 스마트 기기로 인해 빠른 콘텐츠에 익숙해 특별히 좋아하고 즐겨보는 영상에 뇌는 반응한다. 그 넘치는 도파민은 호르몬을 자극하고 조울과 우울로 왔다 갔다 하면서 감정을 휘둘리게 한다. 불확실성 시대와 환경으로 인해 각박한 사회가 즉각적인 쾌감을 주는 도파민 중독은 심각하다. 축적된 데이터양이 커지면서 정확도가 더 높아지는 AI가 앞으로 더 정밀하게 '취향 저격' 콘텐츠로의 매몰이라고 한다. 모든 중독 치료 과정이 그러하듯 스스로 그러한 중독 증세에 대한 자각이 먼저 있어야 할 것이다. 각종 디지털 기기와 멀리하기, 다양한 SNS 혹 영상 자료를 30분 이상 접근하지 않으려는 자기 의지다.

필자도 서서히 액티브 시니어 세대에 진입이다. 이 세대는 시간적인 여유뿐 아니라 경제적 여유를 갖고 건강을 유지하면서 인생은 즐기는 50~60대이나, 힘찬 인생 설계를 위해 현명하고 바람직한 플래너의 조언! 언어인 리즈(Rizz) 그 한 어휘를 떠올린다. 멋과 매력을 위해 부지런하고 깨어있어야 할 것이다.

'그대여, 그대는 진정으로 사랑하고 좋아하는 그대를 곁에 두고 가졌는가?' 해맑은 미소 보이는 영원한 그대! 나만의 리즈(Rizz)를 찾았다. 그리고 행복하다. 그리고 사랑하리라!

성공하는 인생, 섬김!

Successful Life, Serving!

　인생을 성공하려면 섬김에 있다. '톨스토이' 인생 어록에도 나온다. 지금 여기 행복하고 옆에 있는 사람에게 잘하며 그 사람에게 잘하면 모두 형통하다. 최근 교실 안의 풍경이다. 학급 사회는 바로 어른들 사회 축소판이다. 임원이 되어 활동하는 **는 갑자기 울음을 터뜨린다. 학급별 학예회(드림 콘서트)를 안내하고 소개하려면 일단 임원진 학생이 자신감이 있어야겠다는 전제하에 잠시 수정 보완한다. 임원진은 학년 초 3월에 아이들이 비밀 투표로 선출한다. 이들의 존재감은 충분히 인정하고 존중한다.

　그러나 그들이 역할 부작용으로 인해 오히려 학급의 분위기를 잘못 인도할 우려가 있다, 그런 일면에서 차치하더라도 때론 특혜 의식을 가질 것 같아 1번부터 20번까지 출석번호 순으로 바로미 활동(수업 시종 인사; 구령 붙이는 역할)과 도우미 활동(봉사)을 돌아가면서 해왔다. 그러나 디지털 젤파세대 아이들은 워낙 표현력과 자기 과시 의식이 강하여 조정 통제가 어렵다.

　하지만 20여 일 앞둔 학예회의 순조로운 진행을 위해 임원진 3명이 돌아가면서 바로미 활동이다. "**야 오늘 수업을 위한 인사 진행해요." 그 말이 떨어지기도 전에 가장 강하고 왕초 역할에 교실을 휘어 잡는 ##의 의견이다. "왜? 계속 **가 인사하는 바로미를 하는 거야?" 가까이 가니 **는 눈물을 보인다. 40여 년 교단생활 가능자는 학년 초 3월에 보인다. 태도나 자세로 아이들 눈에도 보여 결정된다.

그리되어도 모두 아픈 손가락이라 '함께 더불어 같이'에 가치를 둔다. 그 길이 공정과 정의로 향하는 길이다. '**와 ##와의 갈등'을 어떻게 응수해야 하는가를 고민하는 순간 '통쾌 상쾌 유쾌'로 나아가는 답변으로 응대해야지 다짐한다. 그 사이에 **는 갑자기 큰 소리로 울부짖는 어투로 불만을 토로한다. "사실, 저는 부회장, 회장 그런 것 하고 싶지 않았어요. 그러면서 눈물을 보인다. 그때 갑자기 ##가 **옆에 온다. "아니야. 내가 너를 추천했어. 너는 아는 것도 많고 성격이 좋아. 그러니 서운하게 생각 마라!" 너무 놀랐다. 그러고 있는데 두 번째 영웅 역할자 &&라는 아이도 **옆에 가서 하는 말이다. "**는 인성이 좋잖아. 그래서 우리가 너를 뽑아 준 거다." 필자는 **이를 살포시 토닥토닥 위로한다. 그리고 그렇게 된 배경도 설명해 준다.

잠시 어른들의 인생 패턴을 떠올리게 한다. 요즘의 시대는 자신을 부각하고 드러내기를 즐겨하는 SNS 소통 시대이기도 하나, 지나친 소통과 노출이 공유라는 전제에서 경계선 모호로 나가다 보면 자칫 자기 자랑으로 흐를 때도 있다. 이러한 시대적 정신으로 인해 교실 안의 아이들 세상도 자신이 먼저이고 모두 자기가 최고라는 의식이 나날이 강해지고 있다. 교실 청소나 빈 우유통을 갖다 놓는 역할 분담을 해 두었음에도 어느새 지속적인 활동을 하는 아이들은 1%도 안 된다.

자원해서 시간과 노력을 쏟아 봉사하거나 섬기는 의식은 일단 자신의 희생이 들어가는 부분이니 대부분이 거부한다. 그 가치를 인성교육과 맞물려 지도는 생활 속에서 반복한다. 그렇게 배우는 것과 실천의 장점도 이미 다 알고 있다. 그러나 너무나 바쁜 일상(분주한 습성, 학원이 더 중요~)이라는 것이다. 그래서 청소는 내 주변만 해야 한다는 의식이다. 언급한 ** 경우도 원래 임원이 되고 싶지 않았다고 한 이유이기도 하다. 현실적으로도 아무 이득이 돌아오지 않은 일이라는 것이다. **는 늦은 시간에 방과 후 활동을 마치고 텅 빈 교실에 업무 보는 필자에게 인사하려고 빼곡히 얼굴을 내민다. "**야! 잠시 들어오겠니?" 빙긋이 미소를 머금고 온다. "**야 회장 역할 하기 싫지?" 하니까 그냥 씩 웃는다. 그러나 그날 상황을 떠올리면서 설명하니 알아듣는다. 최근 MZ세대들이 학종부를 캡처해 올리는 것이 SNS로 유행한 바가 있다. 물론 자존감 차원에서 스스로 위안과 용기를 주는 통로이나 또 다른 각도에서 본다면 자랑일 수도 있다. 변화와 성장기에 놓인 20대 취향을 존중한다. **가 거부하는 이유도 저 저변에는 이득이 없다는 것이다. 먼 훗날 이득이 올 때 할 거란 것이다. 수용을 위해 어떻게 소통하느냐? 이다. 그래도 섬김이 성공하게 하는 길!

오매! 단풍 보니, 설렌다오!

Looking at the autumn leaves, I'm excited.

삶에서 설레는 감정은 좋은 감정 중의 하나이고 세로토닌 호르몬 적정선 측면에서도 중요하다. 페이스북에서 친구가 전한 이야기이다. 조락의 계절 이즈음에는 누구나 달달 몽글몽글한 것을 갈구한다면서 설레는 추억을 펼친다. 문학 소년이었던 그는 길 건너 여고 앞을 지날 때 눈에 들어온 한 여인과의 러브스토리를 꺼낸다. 지금은 어떠한 모습으로 살아갈까? 나처럼 머리가 희끗희끗하고 뱃살이 나와 그렇게 나이 들어 살아가고 있을지 궁금해한다. 그 당시 그녀는 귀가 제대로 들리지 않아 항상 왼쪽 가까이 서서 걸었고 헤르만 헤세 작가의 책을 함께 자주 읽었고, 그에 대해 시로서 응답해 주었다. 충분히 배려하고 그녀에게 맞추어 주려 애썼던 일화였다.

잎사귀가 보도 위로 한없이 나뒹굴어 버림받은 모습을 보이나 저들은 또다시 흙과 섞어져 거름으로, 또다시 자연으로 되어 내어주지 않을까 하는 기대 심리로 자연을 대한다. 위의 나이 든 시인과 옛 애인과의 스토리 역시 자연과 우주와의 교감과도 같은 컬래버레이션이 되어 가리라 본다.

잠시 얀 마델의 『파이 이야기』 소설이 떠오른다. 인생을 사노라면 적정거리가 필요하듯 모두가 거리를 어떻게 유지해 살아가느냐일 것이다. 배를 타고 전 가족이 이민 가다가 폭풍우에 파이만 남고 가족이 실종된다. 그러다 호랑이 리처드 파커를 만나서 두렵고 무서운 호랑이와 생명을 담보로 적정선에서 먹이를 주되 파이 역시 안전을 지키면서 목적지에 도달한다. 생존을 위해 처절한 거리 유지이다.

  재미있는 점은 첫 번째 이야기에서도 파이가 생존을 위해 야생적으로 변해가는 모습을 충분히 보여줬다는 사실이다. 처음에는 채식주의자이기에 고기를 먹는 것 자체에도 고민을 많이 하지만, 시간이 흐를수록 점점 모든 동물을 날로 뜯어 먹는 매우 고약스러운 모습이 묘사된다. 두 번째 이야기만큼 잔인한 묘사도 종종 있다.

  이와 유사한 이야기 『귓속의 세입자』라는 소설도 맥을 같이한다. 살아남기 위해 적정선에서 타협하고 또 맞춰주고 공유한다. 어디 먼 곳을 찾지 않아도 된다. 교육 현장에서 이러한 일례는 비일비재하다. 교실에서 생활하는 공간에서 '9살 감정'에서도 읽을 수 있다. 처음에는 본인을 괴롭히고 못살게 구는 왕초 노릇 하는 친구를 선생님에게 이른다. "선생님! **가 내가 가진 물총을 가져갔고 자기 마음대로 쏘았어요!" 묵묵히 응시한다. **이를 호되게 야단을 치라는 눈빛이다. "개인 면담을 할 것이니 우선 앞에 나와보겠니?" 죄를 지었으니 **이는 앞으로 나온다. 칠판 쪽에 잠시 나오라 한다. 생각하는 기회를 주려고 한다. 바로 그렇게 일러바친 $$는 갑자기 변심한다. "선생님, 너무 야단치지 말아요." 이제는 마음이 변했음을 전한다. '맞아! 쉬는 시간에 같이 놀 수 없으니 생존전략 차원'에서 다시 취소하고 회수한다.

  어린아이들 집단에서조차도 그러한데 성인들의 모든 관계의 원리는 그러한 것에 반응한다. 자신에게 유불리 차원에서 반성적 사고를 통해 심리적 작용이 이뤄진다. 이런 말이 있지 않은가? '보고자 하는 것으로

믿는 게 아니고 믿고자 하는 대로 보여지는 것 같이…' 더는 강요하지 않고 자연스럽게 묵인하고 한마디 일침 후 넘어가게 한다.

    VUCA 시대에 고물가 고금리 등 심리적 고충 시대이다. 그러하다 보니 누구나 마음이 허하다. 당연히 옛 애인도 그립고 내가 가지지 않은 것에 부러움도 느낀다. 무엇보다 상대적 빈곤이라는 박탈감으로 인한 그 후유증, 난지도에 매몰된다. 그런 결과 누구나 불안하고 외롭고 두렵다고 한다. 러시아와 우크라이나 전쟁에 이어 이스라엘과 하마스의 전쟁 여러 가지 국제 정세도 불안이다. 나날이 물가는 오르고 서민들의 생은 피폐해지고 이런 사회적 악재를 잘 풀어가려고 여러 가지 정책이 보인다.

    인플레이션이라는 용어를 붙이기보다 슈링크플레이션으로 풀어보고자 하는 기업들이라는 점을 언론을 통해 접한다. 착시적 현상을 자아내게 하려는 정책에서 보면 사회 과학적 심리로 풀어가려는 의도이다. 여기서 슈링크플레이션이라는 용어는 가격을 그대로 두되 용량과 질감에 약간 터치한다. 그리하여 소비자들에게 사회적 심리 차원에서 위태롭지 않게 안정감을 주기 위함이다.

    곱고 아름답게 물들은 가을 잎들이 보도 위에 마치 자줏빛 융단을 깔아 놓은 듯하다. 가을 편 '꿈 새김판에는 문안 공모전을 통해 당선된 김서현 씨의 글귀인 "설레었나 봐, 네가 오니 붉게 물들어"' 살아가면서 설레는 것은 흥분의 도가니이다. 잠시 김영랑 시인의 글귀도… '오매 단풍 들것네!'

다정함의 과학!

The science of tenderness!

　상반기 3월 3주 차에 공개수업을 했다. 그 후 후기를 들어본 학부모님 의견 "선생님은 너무 다정하고 친절하다"라 전한다. 그럴 수 있다. 창의성과 자신의 의견을 자유롭게 표현하기 위해서는 허용적 분위기이어야 한다. 그러나 디지털 기기에 노출된 젤파 세대 아이들은 선생님이 그러한 점을 악용하고 간을 본다. 통제 불능으로 인해 기본생활 규율이 엉망이 된다는 맹점이다. 아주 적합한 말씀이다. 기본생활 습관 형성과 학습 방법 훈련이 초등학교 시기에 접근 원리이다.

　그러나 지금 가정에서의 MZ세대 어머니들은 자유분방하게 양육한다. 단지 상대의 아이가 피해를 보지 않아야 한다는 의식을 갖게 하는 일에 초점을 맞춘다. 그러나 희한하게 담당한 학급의 구성원은 손이 유난히 많이 가는 아이들 집단이다. 도움반 특수학급 아이들만 개별화 교육할 때가 아님을 절실히 느낀다. 궤간 순시 후 개별지도 차 결핍으로 인한 아이 옆에 찬찬히 살핀다. 지금 아이들은 부모들이 모두 돈을 벌기 위해 생활 터전에 나간다. 아이들을 학원과 학교에 맡기면 모든 책임을 다한 것으로 보인다. 그러니 인성과 생활은 무방비와 무질서이다. 문제가 생기면 내 아이 중심에서만 해석해 민원에 교사를 강타한다. 삶의 현장에서 불안의 요인으로 인해 돈을 벌어야만 하는 강박감으로 인해 더욱더 경쟁적 사회로 치닫는다.

쉬는 토요일 오전에 EBS 방송에서 방영하는 K 다큐를 접한다. 주제는 '저출산의 요인과 그 바람직한 해법 제안과 방향성'이다. 초등학생부터 은퇴자 60대 후반의 패널들이 나와 '나도 한마디 코너'를 정리해 말한다. 그 가름줄이 어딜까 하는 부분에 관심이 간다. 이미 알고 있는 내용이었다. 한국 사회의 지나친 경쟁과 비교의식으로 인해 대다수의 가임기 청장년층들이 아이를 갖지 않으려 하는 요인이라는 것이다. 많은 공감이 갔다. 아이들과 지내는 필자는 오늘날 대다수가 승부욕에 불타고 상대를 배려하고 양보한다는 의식은 해마다 미약하다. 일단, 이기고 볼 일로 지는 일은 용납이 안 된다. 어디 여기까지 그치면 될 일이나….

아이의 바람직한 변화와 성장을 위해 교사로서 사명감과 교육에 대한 열정을 투여하려다 자존감이 미약한 학부모의 경우 그 자녀에게 해석적 측면이 달리 접근되어 오인해 되레 교사가 다치게 되는 현실이 지금 교단의 실정이다. 물론 신뢰가 단단했다면 충분히 풀어갈 일이다. 그러나 교직은 조직사회이고 권위로 연결되어 교사와 관리자 간의 소통에 미흡과 상충 갈등이 생길 때 일은 오리무중의 미궁에 빠진다. 그 해결을 위한 도움 발언을 제시하고자 하나 수용 안 되는 경우가 다반사다. 민원의 초동 단계 때 선제적으로 손을 써보고자 하면 엮이져 서로 힘들 수 있다는 측면에서 그 기회마저 차단하고 상실할 때는 교사는 암담하다. 선제적 접근에 부실했을 때 교사는 어떠한 방패막이 없으니 원론적인 문제를 혼자 해결하려다 생명까지 던지게 되는 실정이다.

최근 켈리 하딩의 『다정함의 과학』 책을 읽었다. 사랑과 연결의 힘은 언제나 조용히 승리를 이끈다는 내용이다. 필자 역시 위에 언급한 민원으로 인해(16학급 담당인 교과전담에 대면의 계기 상실) 의사와 무관하게 지금의 근무지에서 지낸다. 물론 인사기록 카드에 몇 개월의 감봉과 주홍 글씨로도! 하지만, 그간의 법적 순응에 답했고 3년간의 과정을 거치면서 많은 것을 배웠다. 또 다른 신세계가 펼쳐져 얻는다. 지금의 사랑스러운 초롱초롱한 눈망울로 인해 나날이 행복하다. 지금은 아이들 모두 귀하다. 335 기법을 써서 '그리 아니할지라도 끝까지 아이들에게는 친절과 다정함과 복합적인 사랑으로 가야 하는 것이 답'이다.

　우리는 많은 관계망에서 살아간다. 각종 SNS 외에도 소통과 교류를 한다. 다정함은 건강한 삶과도 연결되어 의학이 아닌 사회적 과학이라는 것이다. 친절, 신뢰, 공감 등 서로의 감정과 실을 맞대는 지극히 인간적인 것들 속에 숨어 있는 건강과 좋은 기운이 나온다는 점이다. 짓궂은 행동이 그룹으로 다가설 때 아이들은 감당이 안 된다. 방어기제나 투사 기법도 아주 지능적이다. MZ세대 트렌드가 말해주듯 그들의 자녀 역시 말 바꾸기와 변명 늘어놓기 일변이다. 자주 본 유튜브에서 대처기법으로 어른 용어인 고소, 고발이니 하는 어휘도 쉽게 한다. 그럴 때라도 기다려야 한다. 눈으로 마음으로 긍정과 수용의 신호로 한다. 또 인정의 단계로 칭찬기법에 오른다. 그 『다정함의 과학』에서 언급하는 지략에 들어선다.

맨스플레인, 꼰대질!

Mansplain, old man!

　더도 말고 덜도 마라는 한가위 풍속도도 이미 신자유주의 모습이다. 특히 코로나와 디지털 기기로 인해 대다수 사람이 생존에 더 몰입하는 모습이다. 극히 개인주의이고 합리성으로 치닫고 있다. 최근 명절 연휴라 바닷가와 수영장 옵션이 딸린 리조트에서 대가족이 머물다 지내고 왔다. 4년 전만 해도 온 가족이 거실에서 음식을 나누고 회포를 풀고 정담을 나눠왔다.

　하지만 초개인화 시대에 편리와 안위에 먼저 중심을 두는 시대이고 육 남매 자녀들이지만 모두 생활전선에 바쁨이 더 크다 보니 의견을 모아 이룬 결론이다. 기본 음식을 준비해 호텔에서 지내다 보니 시대상 트렌드에도 맞고 구성원 모두 만족도가 높다. 조카 대학생들은 웨이브 슬라이드도 하고 수영을 즐긴다. 한산한 해변도로와 윈드서핑 하는 모습을 바로 곁에서 접한다.

　언뜻 8년 전쯤 일본에 전 직원이 여행을 갔을 때 그 분위기가 떠올랐다. 이와 같은 규모의 호텔에 묵었고 인근 스시와 다양한 해물 요리를 맛보니 그때의 분위기 소환된다. 여기까지는 다소 부드럽고 유연하여 분위기가 좋았다. 그런데 적령기에 있는 조카가 들어선다. 갑자기 친정아버지의 직설 화법이 문제였다. '그래, 사귀던 여교사랑 언제 결혼할 거니?' 모든 시선이 한곳에 쏠린다. 올케와 나는 너무 당황한다. 같은 영성에 촉이 빠르고 현재 20대 아이들을 지도하는 대학 교단에서는 올케와 교육심리를 전공한 입장이라 눈빛이 불을 켠다. '아! 저런 질문은 하면 안 되는데…' 속사포를 쏘기 전에 용기 있는 막내 조카가 말한다. "외할아버지! 그런 질문 하려면 저희에게 5만 원 용돈 먼저 제시하고 질문하셔야 해요!"

충분히 납득이 간다. 동시다발로 "맞아." 그 이후 또 더 연설이 있을 자세이다. 끝까지 인내로 들어주면서 아버지의 의견에 옳음을 강하게 인정하여 준다. 그러나 잠시 이 용어가 스친다. 내 경험상 아무것도 모르는 주제에 상대방을 내 고정관념에 갇혀 자신감이 넘쳐서 상대를 정면 대결하고 가르치려 들려고 하는 모습 즉 꼰대질 스타일이다. 일명 맨스플레인(Mansplain)이란 용어가 떠올려진다. 이 용어는 맨, 남성(man)과 설명하다(explain)의 합성어이다. 유독 한쪽 성에 많다. 남자들이며 좀 연장자들의 옛 습관이다. 자꾸 상대를 가르치려 든다.

예를 들자면 남편과 아내가 동승해 어느 곳을 찾으려 할 때 옆 좌석의 아내가 "여보 이쪽이야!" 말하면 반사적으로 "아냐, 이미 내가 다 알고 있단 말이야!" 즉 아내가 여자이니 당신 말이 옳은 것이라도 난 인정하기 싫단 말이야 하는 암묵적 성향으로 깔린 반응이다. 특히 직장에서도 이러한 경향성이 많다. 하지만 시대가 변했다. 자기가 무슨 소리를 하는지 알든 모르든 대부분 남자는 그렇다. 여자라면 누구나 내 말을 이해할 것이다.

이런 현상 때문에 여자들은 어느 분야에서든 종종 괴로움을 겪는다. 이런 현상 때문에 여자들은 나서서 말하기를 주저하고, 용감하게 나서서 말하더라도 경청하지 않는다는 성향성이 바로 페미니즘과도 연관이 있고 남존여비라는 사상도 깔고 있다. 이제는 양성평등 인지성도 나아지고 있으나 아직도 부지불식간에 이뤄진다.

친정아버지의 훈시를 뒤로한 후, 한 달 전 결혼한 조카 결혼사진이다. 그때 입은 친정어머니와 시어머니 될 사람의 한복 차림 맵시가 화제 된다. 요즘 한복 트렌드는 은은하니 파스텔톤의 한복이 대여점에서 빌릴 때는 40여만 원 거금을 지불했다고 한다. 친정어머니의 강한 주장은 일회성이라 참 아깝다고 하신다. 어머니 세대 정서상으로는 맞는 말씀이다. 그 돈에 약간의 돈을 더 내면 한복 한 벌을 장만하게 된다고 한다.

하지만 합리적이지 않다. 자주 입는 옷도 아니고 드라이를 한 후 보관만 하는 그 한복의 실용성 접근에서는 아니라고 해도 친정어머니는 끝까지 주장한다. 역시 중국 속담 중 이 말이 생각난다. 물이 어떤지 물고기에게 물어보지 마라. 다시 말해 책 한 권만 읽은 사람이 그 안에서만 주장할 때 너무 답답함을 느끼듯 그 너머 저 넓은 경계가 무언지를 모르다 보니 참으로 안타까울 노릇이다. 옛 관점과 자신이 살아온 경험치를 가지고 가르치려 드는 어른들의 꼰대질은 언제까지 예의상 들어주어야 하는지 상당히 답답하다. 하지만 상대는 변하지 않는다. 나를 변화시키고자 자전거로 강변을 돌다가 남는 시간에 서점으로 가리라! 그런 부분은 존중은 하되 흐르는 물에 떠내려가게 하리라!

마음 도둑에서 살아남기

Surviving a heart thief…

무엇보다 필자는 상대의 마음을 먼저 알고 훔치는 마음 도둑을 잘해 손해 보는 일이 너무 많다. 인간의 의사전달 결정에 3% 언어적 요소이고 97%는 비언어적 요소의 작용이라 한다. 초자아적 인성과 성찰이 강하다 보니 상대가 무엇을 요구하고 필요한지를 먼저 짚어낸다. 그러한 결과로 역경 지수가 높을 수밖에 없었던 필자 인생이다. 본성적으로 인간은 시샘과 질투가 있다. 워낙 완벽한 성품으로 인해 미리 준비하고 공부하는 패턴의 결과물이라 여긴다.

약 20년 전 벽지학교 건너뛰기를 위해 급지 있는 학교에서 일이다. 후배들이 구성원이지만 모두가 원하는 학반을 맡아 가산점이 축적되어야 벽지학교에 입성한다. 그러나 기피 학년의 학급을 맡다가 학교에 불만과 지난해에 있었던 궂은 감정을 가졌던 아이의 어머니 민원으로 인해 그 학교를 포기하고 나온다. 벽지학교와 근평만 있으면 승진이 바로 눈앞인데, 다시 가 급지 학교에 근무를 채워 은퇴를 계산해 시내 학교에 근무한다.

5년 차 때 시내 학교에서의 일이다. 영광스러운 훈장과 함께 은퇴가 되게 마무리를 잘해야 한다는 강박관념으로 재미있고 새로운 학습 활동으로 아이들 앞에 당당히 준비한다. 그러던 중 새학년을 준비할 2월의 교실 안으로 학교 운영이 어려운 관리자님의 애절한 부탁에 교과전담을 할 때의 일이다. 크리스마스 하루 앞두고 캐럴을 즐겁게 부르고 크리스마스 대형 트리에 알맞은 꽃송이를 만든다. 안전과 밀접한 글루건 도구를 쓸 수밖에 없었다. 물론 미리 안전 수칙을 언급하고 보건교사가 출장 중이라 전한다. 심지어 만들기를 좋아하지 않은 일부 남학생들이 할 자료도 전달해 둔다.

한창 만들고 있는데 글루건을 들고 이 책상 저 책상에 호기롭게 건너며 친구의 팔뚝과 옷에 뜨거운 액상을 남발한다. 필자의 머릿속이 하얘진다. 이 일로 다치기만 한다면 완전 나락으로 떨어질 것이라는 벽 앞에 순간적으로 "너 왜? 이랬니?" 그리했던 남자아이는 자신 잘못이라며 필자 역시 수용해 머리를 쓰다듬고 화해한다. 그러나 그 모습을 보고 집으로 돌아간 여학생이 어머니께 전한다. 이튿날 학교로 여러 어머니가 무리 지어 교장실로 찾아온다.

필자는 교장 선생님께 무릎을 꿇고 "저도 은퇴를 잘하고 싶습니다. 저 좀 살려주셔요!" 울부짖는다. 그러나 그분은 외면한다. 왜냐? "너 잘못한 것이 너무 많다"는 것이다. 가만히 생각하니 교장 선생님을 불편하게 한 것은 교육청 청렴 TF 요원으로 활동한 것뿐이다. 그것은 사실 교육의 본질에 집중하는 선한 의도로 자원봉사라 할 정도로 한 일인데….

'왜? 그렇게 생각하실까?' 아이들에게 기억이 될 좋은 선생님, 최선의 모습에 그림을 그려서 갔고 1년의 친화감이 있어서 마치 딸이 라면을 끓여 뜨거운 국물이 가스버너에 흘러넘치게 해 지저분한 모습을 보고 반사적 행동을 하듯 한 것입니다 하고 애원한다. 관리자님께 애절하게 교권위원회를 열자고 해도 도망가듯이 거부한다. 멋진 은퇴를 위해 또는 교육의 본질을 위해 그렇게 쌓아온 인사기록 카드에 교육부장관상 외 25개 표창장이 무색할 만큼의 역리로 견책이라는 주홍글씨와 6개월간 급여도 지연하는 선로를 맞이한 것이다.

결국 필자는 폭풍우를 일직선상에서 맞았다. 그분은 2개월 후 은퇴한다. 그때 가장 인상적 태도는 경찰서에서 조사를 나왔을 때도 관리자님의 전달 내용은 '그들이 너무 이 사건 진의를 잘 아는 분이네' 하면서 그런 내용을 들은 담당자 생활부장님도 필자에게 전달한다. 너무 놀랐다고 한다. 어쩔 수 없이 수순에 의해 경찰서와 지자체와 교육청의 요원들이 와서 결론에 다다른 벌로 3년간의 연수와 상담을 해 지난 8월 말 마무리했다.

그렇게 3년이 흘러 원하지도 않은 이곳에서의 근무이지만 아주 좋다. 이곳은 젊은 층 교사가 섬을 가기 위해 모두 깨어있는 동료이고 무엇보다 관리자님들의 배려와 인정이 넘치는 학교이다. 승진을 앞두고 있었던 일이나, 시내 학교에서의 모습 역시 필자의 건전한 이기심이 부족한 탓이다. 이제는 나의 생존 필살기를 정비한다. '아, 그렇구나!' 원인은 그 누구도 아닌 본인 필자에게 있다라는 결론을 내리고 순응하기로 마음을 먹는다. 이젠 '착한 콤플렉스 모습이든 공동체 의식으로 품어야 하는 연대 의식은 그 상황과 그자가 누구냐에 따라 결정해야지 하는 큰 교훈'을 얻게 되었다.

두려운 설렘에 반응하기

Reacting to the dreaded excitement

　인간은 항상성을 추구한다. 새로운 곳을 탐방하거나 가지 않은 길에 접어들 때 두려워한다. 내비게이션에 의지해도 길을 찾는 것에 익숙해도 내심 불안해한다. 그 불안은 기쁨, 사랑, 화, 슬픔처럼 매우 정상적인 인간 감정이다. 알고리즘의 시대를 살아가는 현재 우리는 손가락 하나로 자유자재로 시공을 넘나들고 살아간다. 무엇보다 그 전제는 자기 주도성이 전제되어야 한다.

　코로나 시대와 디지털 상용으로 인해 유튜브를 시청하고 배민 음식을, 마켓컬리로 밀키트를 주문한 뒤 넷플릭스로 영화를 본다. 이런 플랫폼으로 로그인하면 마치 편안한 친구처럼 취향을 분석한다. 어디 그것뿐이랴. 온라인쇼핑으로 구매한 옷, 영양보조식품 등 연결이 되어 더 저렴하고 합리적인 가격의 상품을 추천하고 심지어 쿠폰도 날아온다. 취향에 알맞은 음악도 영화도 뜬다.

　아주 두려움마저 들면서 기대를 품는 설렘도 자극한다. 그게 바로 알고리즘의 유인이며 자기 주도적인 소비를 유도한다. 한 시간 내에 보고 싶은 콘텐츠를 계획하고 손가락으로 평가하는 절차 후 소비자의 자율성에 의해 같은 계열의 내용을 보도록 유인한다. 그 플랫폼을 먹여 살리기 위한 광고마저도 소비자에게 선택의 자율성을 보장해 준 것이지만 고정하기도 전에 채널을 선택받기조차 난해하다. 자기 주도성을 작동하기 전에 주체자는 흔들리게 한다.

이미 교육은 2009년부터 자기주도 학습에 진입해 2022 개정 교육과정 고교학점제 도입에 원하는 학점을 취득하는 라인이다. 하지만 정보의 홍수 안에 '선택과 집중' 기준에 흔들린다. 멘탈이 미약한 성인이나 미성숙 자녀는 이미 본성대로 유튜브 영상에 이른다. 과연 이러한 유혹에서 단단히 만드는 길은 어떻게 해야 할까? 다시 말해 두려움을 대하는 자세가 용기나 설렘으로 바뀌는 기술 전환을 살펴보고자 한다.

지난 4월 중순 뒷목이 아프면서 여러 가지 정신적 압박으로 K시 병원을 찾을 일이 있어 내비게이션 앱을 ON 한다. 처음 가는 길이라 지도상에 보여지는 그곳은 산을 끼고 있다. 기계가 지시하는 방향 안내문에 의지한다. 첫길이라 가도 가도 병원은 보이지 않는다. 높은 산봉우리를 넘어야 했고 아침 연무가 산허리를 감고 있다. 달리는 상대 차들도 보이지 않을 정도도 앞 시야는 흐릿해진다. 정말 머리가 쭈뼛쭈뼛하고 무서웠고 두려웠다.

결국 이곳에 왔으니 두려움을 회피하려면 현실을 수용하고 편한 마음을 갖는다. 그래야 덜 두려울 것이다. 그럴수록 마음을 침착히 평온히 가져본다. 두려움의 고정관념의 걸림돌에서 빠져나오자. 초록의 넓은 야산으로 주의를 환기한다. 그러니 어느새 내리막길에 마을 어귀가 보인다. 건물이 나오기 전 큰 길이 보인다. 마을 사람들 가까이 간다. 내비게이션과 달리 진행된 길임을 설명하고 찬찬히 마음을 다잡고 질문한다. 결국 간절히 원하던 병원이 눈에 쏙 들어왔고 찾았다. 두려움이 설렘이 된다.

최근에 저자 한스 모르쉬츠키, 지그리트 자토어 도서인 『두려움의 10가지 얼굴』에 나온 글에 주목한다. 내 안에 심리 불안 인정하고 내려놓기 훈련이다. "당신이 가진 것을 인식하고, 당신이 할 수 있는 것에 먼저 바라보라." 한스 모르쉬츠키의 주장이다. 현대인은 네 명 중 한 명꼴로 살아가면서 불안장애를 겪는다고 한다. 왜 인간은 불안을 느끼는 것일까? 태어나서 죽기까지 끝없이 뭔가를 추구하는 존재이기에 기존의 익숙한 것으로부터 새로운 것, 낯선 것, 더 나은 것을 향해 나아가다 보면 근원적으로 불안할 수밖에 없다. 또한 불안은 우리 앞에 닥친 어떤 대상이나 상황이 위협적이고 불확실하다고 판단될 때 작동하는 방어 체계이다.

두 번째 불안 극복 방법은 할 수 있을 때까지 기록하고 녹음한 것을 읽고 듣다 보면 불안이 제어된다. 본인의 문제를 알고 접근하면 치료에 도움이 되며 해소될 것이다. 이 외에도 자신의 행동 방식, 생각, 감정, 신체 반응을 기록해 살펴서 불안의 원인과 유발 요인을 인식되게 된다. 간간이 불안에 대한 기록 일기를 다시 보고 마킹 하듯이 풀어본다. 그 환경 탈출을 위해 산책도 좋은 방법이다. 하지만 '인생을 살면서 불안이 없다면 판타지도 없는 일'이라는 일면이 있다. 그럴 때 어떻게 수용하고 승화하는지가 관건이다. 불안 요소 해결과 그 제어 역량은 바로 "자기 주도학습과 융합형학습"에 이르는 길이다.

1%의 비밀, 자존감의 미래

The Secret of 1%, the Future of Self-esteem

아이는 부모 말 한마디에 모든 것이 좌우된다. 어른 그림책『너 왜 울어』, 바실리스 알렉사키스 원작인 내용을 간략히 소개해본다. 외출하자고 제안하는 아이의 의견을 존중하지 않고 엄마의 강인한 성정으로 인해 특별한 잘못을 지적하지 않아도 엄마의 태도와 어투를 살피고 아이는 결국 눈물을 보인다. 엄마는 철없는 모습으로 "왜 울어!" 자꾸 외친다. 자아가 강하고 성취 의욕이 강한 아이에게는 어떠한 접근을, 자신감이 미흡하고 매사 의욕이 미약한 아이에게는 어떠한 양육 태도를 보여야 하는지 먼저 판단하여야 한다.

지금의 교육은 개별화로 가야 한다. 일률적인 교육과정에 중앙집권적인 지침에 따라 두루뭉술하게 해왔던 교육 활동에 많은 반성과 회한을 느낀다. 가정환경, 타고난 성품, 기질과 취향에 알맞은 눈높이로 다가서야 한다. 이미 그렇게 해야 했던 교육 시스템이다. 교육에 대한 다양하고 전문적인 정보와 관련 책자는 봇물 터지듯 쏟아져 나온다. 모든 활동과 삶의 동력의 단초는 0.1%의 자존감이다. 자존감의 기저는 칭찬과 격려와 사랑과 관심에서 나온다.

이러한 요소는 아이들에게만 한정할 수 없는 문제이다. 성인의 경우 대인관계에서도 같은 맥락이다. 긍정적인 삶의 자세와 우호적인 삶의 태도를 갖고 생활하는 자가 만족도가 높아 행복지수 역시 좋다. 당연히 교육의 미래도 해석은 동일하다. 칭찬은 고래도 춤추게 한다는 센세이션을 불러일으킨 시대가 있었다. 물론 그것에 연합한 격려는 더 강한 확장성이 있다. 칭찬받은 고래를 저 먼 곳 바다까지 가게 하는 마력은 격려이다. 우리의 일상에서도 발견한다. 동사무소에 민원을 보는 직원이 일반인 주민을 상대로 대화를 할 때 그를 존중하고자 존칭어로 '선생님'이라 한다. 물론 교사라는 티처(Teacher) 개념이 아닌 여기서의 호칭은 그냥 서(Sir)이다.

상대를 인정하고 존중할 때 개인이나 단체의 업무 효율과 효능감은 아주 상승한다는 연구 결과이다. 최근 마스크를 착용한 아이가 복도를 지난다. 끈이 망가져 착용이 어려운 입장이라는 것이다. 엄연히 담당 학급의 소속 학생이 아니다. 다소곳하게 다가온 여자아이는 내게 질문한다. "선생님, 마스크 하나 주세요?", "어, 왜? 담임선생님 안 계셔?" 말은 없고 빙긋이 웃는다. 그냥 선생님이 좋다는 표정이다. 마스크를 건네니 미소를 띠면서 살며시 속삭이듯이 말하는 태도에 놀랐다. "사실 선생님 반이면 좋겠어요", "왜?", "선생님은 친절해서 좋으니까요" 그렇다, 이미 강아지도 인간의 내면세계를 간파하니 반려, 즉 가족이 되는 개념으로 교육과정에 언급하는 바도 있다. 영물인 인간의 경우 행동과 말씨에 사람을 판단하게 되어 알 수 있는 정보 체계이다. 모든 것이 개방돼 보인다.

학교전반에 지원과 감독을 해왔으나, 오늘날의 학교 운영은 자율성을 많이 부여해 훨씬 창의적 학교경영이 이루어진다. 위에서 언급한 자기효능감에 맥락을 같이한다. 스스로 자원하고 자발성에 귀착된 활동과 프로젝트 수행은 그만큼 좋은 효능감과 만족도를 낳게 되어 더 많은 영향을 준다. 이런 행간에 연결돼 과거의 직책에 교장을 하였던 역할(Role)에 충실함에 존중한다. 은퇴 후에도 어느 모임에서 그렇게 불러주기를 바라고 승진과 명예에 목말라하는 성향이 비치나 그럴수록 피폐해질 것이다. 지금은 4C 시대이다.

빛의 속도로 변하는 시대! 보다 더 창의적인 사람(A creative person), 비판적인 사고(critical thinking)와 의사소통 능력(Communication ability), 협업하는 사람(collaborator)은 이미 4차 산업 사회에 적응을 잘하는 현자(賢者)이다. 문화 간, 세대 간, 계층 간, 등의 진영의 논리로 인하여 발전과 혁신의 걸림돌을 과감히 제거해야 한다.

이러한 사고체계와 프레임은 빠르게 걷어낼수록 조직과 개인은 발전한다. 자라나는 다음 세대들에게 접근하는 교육 방법과 적용도 극히 개인적인 체제로 변화되어야 한다. 최근에 국제 학위 교육과정인 인터내셔널 바칼로레아 즉 IB을 통하여 개별적인 특성을 살려 전인적 성장을 도모하고자 하는 열풍이 일어나고 있다. 아이의 발달과업과 성향과 환경이 다름을 인정하고 질문과 탐구를 통한 교육 과정을 이행하는 모습이 현장 교육에서도 넘나들고 있다. 비록 미미한 실정이지만, 지금 바로 즉시 그러한 교육 방법을 수용하기 위한 자세로 아이 한 사람의 의견에도 귀를 기울이고 내재된 의지를 표출하는 기회의 장을 넓게 따스한 품으로 오늘도 맞이해 주어야 하는 큰 도량이어야 한다. 그 0.1% 비밀 안에서⋯.

산다는 것, 물 드는 일이다

To live is to be colored

온갖 물상이 단풍이 든다. 형형색색 빛이 고운 10월! 가슴을 파고드는 그리운 이의 얼굴이 떠오른다. 그 물든 고운 마음에 새로움을 더해 본다.

최근에 일이다. 습관처럼 식사 후 학교 뜰을 걷고 있는데 동그란 눈을 뜨고 묻는 귀여운 아이는 1학년이다. 빤히 얼굴을 쳐다보면서 질문을 한다. "대체, 누구셔요?" "으응" "그러는 너는 몇 반이니?" 4년을 근무하면서 모든 학반을 접한 입장이라 모를 일이 없다. 하지만 아이 입장에 생소하다면 당연히 새로우니 질문하리라. 필자 역시 새로운 아이라 물어본다. "그런데, 너 어디 가는 길이니?" "집에요" "그래! 그런데, 왜 등 뒤에 가방이 없니?" 등에 손을 얹어 보더니 아이는 부리나케 다시 교실로 달려간다. 화들짝 큰 소리로 웃는다. 연구실에서 모임을 하는 동료들에게 전달하니 모두가 웃음꽃으로 물든다.

지난주 5, 6학년의 음악 교과 수업에 AI 교육 기법을 예비 선생님들과 함께 수업을 나누었다. 인공지능 활용에 관한 연수는 4년 전부터 열심히 공부했다. 하지만 교육 현장에 그 기법을 바로 접목하지 못했다. 그러다가 모처럼 이런 기회에 실제 할 수 있는 좋은 행운을 얻어 배움이 일어나는 좋은 효과를 보았다. 이 교육 사업은 AI 교육 역량 키우기로 진주교육대학교의 STAMP(Student Teacher AI Mentoring Program) 정책 사업이었다. 디지털 학습 환경과 태블릿 도구를 활용한 수업은 아이들 눈빛을 초롱초롱하게 만들었다. 모두가 새로움에 눈을 뜨는 학습 활동이라 얼굴에 단풍빛과도 같은 홍조 색을 띠어 모두가 물들어가는 풍경이다.

그런데 그날 인상적으로 남는 느낀 점이 있다. 교생실습을 3, 4학년에 하는 일이 보편적인데 1학년 교대생들의 지도 기술력이 너무나 뛰어났다. 요즘은 마음만 먹으면 기술과 지식을 공유하는 정보화시대라 굳이 교생실습을 하지 않아도 이미 터득한다는 점이다. 역시 선점을 먼저 하는 모습이구나! 마치 인공지능이 모든 일을 척척해 내듯, 교단의 일상과 그 주변도 그렇게 돌아가는 실정을 확연히 알게 된 날이라 또 새로움에 물이 들어갔다.

그날 학교 일을 정리하고 동네 한 바퀴를 하는데 고등학교 3학년을 만났다. 가슴에는 너무나 예쁜 하얀 강아지를 안고 쉬엄쉬엄 걷고 있는 여유로운 모습을 보이길래 다가갔다. 무엇보다 고학년 수업에 도움 될까 해 대화를 청해 보았다. 요즘 고3이라면 야간자율학습을 하느냐는 질문에 그냥 씩 웃었다. 그 학생의 꿈은 호텔조리학부를 지원해 요리사가 되는 일이라 한다. 각자도생하는 모습으로 공부한다는 실상이다. 알아서 하게 한다는 것이다.

정보화시대는 개인화를 병행하듯 서서히 그렇게 가는 것임을 절감한다. 물론 Covid19 환경 또한 그 길을 빠르게 오게 한 요인이기도 하다. 오늘이 내 삶의 가장 젊은 날! 지금의 꽃 자리에 최선을 다하고 행복을 꿈꾸고자 언제나 새날에 새로움에 물들어 본다.

밥상 모임

Social Dinning

　최근 1인 가구의 증가는 전 세계적인 추세이다. 누구에게도 간섭받지 않고 자유로움이 충만한 일면이 있으나 외로움에 늘 배고파한다. 이런 현상은 VUCA 시대와 엔데믹(Endemic)과 디지털 성향으로 인해 바뀌어 가는 가치관들, 높은 미혼율 그리고 평균 수명이 늘어나는 것에 영향을 받고 있다.

　이런 사회적 트렌드가 지속됨에 따라 1인 가구는 꾸준히 증가하는 추세를 보일 것이며, 앞으로도 계속 상승세로 이루어질 것으로 예측된다. 앞에서도 언급했지만 1인 가구의 특성에는 자유로움은 충만하고 보장되지만 그 이면에는 혼자라는 격리감과 거리감에 무언가로 채움을 추구하고자 하는 갈망은 증폭될 것이다.

　심지어 허허로움을 보완하기 위해 관계와 소비를 넓혀보려고 안간힘도 쓴다. 다시 말해 자본주의의 거미줄 자유 시장경쟁 원리에서 자신의 행복이 채워지지 않아 각종 부작용과 사건 범죄 양상으로도 표출되는 실정이다. 이러한 보완책으로 스스로 위안하기 위한 다양한 행복론이 거론되기도 한다.

　행복이란 용어는 극히 개인적이기는 하나, 누구나 보편적인 행복을 누리려는 공통인수는 있으리라 여긴다. 결국 행복은 부와 권력과 명예는 아니라는 것, 그 어떤 내면의 평안과 위안이라는 점이다. 특히 1인 가구의 증가로 인해 나 홀로 식사가 늘어나면서 밥을 홀로 먹는 것에 대한 심리적인 부담감을 느끼며 더불어 건강에도 악영향을 미치고 있다. 1인 가구의 라이프스타일을 살펴보면 다른 가구에 비해 식비 지출이 증가하고 있으며 여가생활 지출 또한 증가하고 있다. 이에 따라 1인 가구의 경제적 영향은 더욱 커질 것으로 예상된다. 현재에도 1인 제품이 출시되면서 1인 가구를 타깃으로 마케팅 활동도 활성화되고 있다. 이 시대적 흐름에 반기를 들기는 어렵고 수용하고 순응하는 자만이 멋진 삶을 꾸려가는 길이라 여긴다.

이러한 허허로움을 보완하기 위해 필자는 봉사지원과 기부 활동에 약 6~7년 전부터 활동하고 있다. 이 활동은 매달 한 번씩 모이는 시민위원회 소모임이다. 문화 공간과 예술 영역에 관심이 있는 분들과의 교류와 소통의 장이다. 맛집을 돌면서 만나 저녁을 먹고 후식과 커피 타임으로 활동도 하면서 시의 이슈 문제점과 공론의 장을 마련해 좋은 도움을 주고받는 상생이 된다. 최근 회원 한 분은 그림을 그려 호수가 보이는 곳에서 '삶의 향기'라는 주제로 전시하고 또 연달아 회원전도 광복절 즈음에 인근 갤러리에서도 오픈할 것이라 한다. 그렇다! 혼자라는 것이 좋다. 하지만 막연한 혼자보다 홀로서기에서 언급한 시구처럼 그렇게 승화된 경우는 멋짐이 드러날 것이다. 철저히 혼자가 되어 칠흑 같은 고통을 아는 사람일수록 빛처럼 아름다운 삶을 살 수 있을 것이다. 잠시 서정윤 시인의 시 「홀로서기」를 가져와 본다. 그 내면을 표출한 시이다.

'기다림은 만남을 목적으로 하지 않아도 좋다. 가슴이 아프면 아픈 채로 바람이 불면 고개를 높이 쳐들면서, 날리는 아득한 미소 어디엔가 있을 나에 한쪽을 위해 헤매던 숱한 방황의 날들 태어나면서 이미 누군가가 정해졌다면, 이제는 그를 만나고 싶다./ 홀로 선다는 건 가슴을 치며 우는 것보다 더 어렵지만 자신을 옭아맨 동아줄 그 아득한 끝에서 대롱이며 그래도 멀리, 멀리 하늘을 우러르는 이 작은 가슴 누군가를 열심히 갈구해도 아무도 나의 가슴을 채워줄 수 없고 결국은 홀로 살아간다는 걸 한겨울의 눈발처럼 만났을 때 나는 또다시 쓰러져 있었다' 홀로 사는 것은 가슴을 치며 우는 것보다 더 어렵지만 그래도 1인 가구 시장이 현대사회를 반영한다. 다시 한번 '홀로서기-홀로 선다는 건 가슴을 치며 우는 것보다 더 어렵지만…'

무엇보다도 '소셜 다이닝'이라는 새로운 식사 문화의 등장이 눈에 띄어 우리의 소모임 시민 위원회에서도 예약한다. 이를 통해 1인 가구는 개개인의 외로움을 채울 수 있게 되리라 느낀다. 1인 가구 시장이 확대됨에 따라, 소셜 다이닝과 같은 모임이 더 다양하게 발전되리라. 이에 따른 기업의 다양한 마케팅 증폭도 예상된다. 자의 반 타의 반으로 1인 가구가 된 사람들 즉 싱글족들은 이 현상을 싱글족을 위한 하나의 식사 문화 트렌드이기보다 더 다양화가 되리라 추측된다. 어느 논문지에 보면 현재 트렌드는 단순한 식사가 아닌 새로운 밥상 문화로 문화 콘텐츠화되어 또 다른 사람과의 교류로 연결될 것이라 예견한다.

아름다운 일상

A beautiful daily life

하루를 평범하게 잘 보내는 것만으로도 우리는 "아름다운 일상이다"라고 표현한다. 인간의 이기심과 편리함을 추구하려다 지구는 온통 오염이 되었다. 그 결과 지구상의 기후대와 생태계는 교란이 되고 해마다 지표면은 상승한다. 장마기에 놓인 우리나라의 전 지역은 소중한 목숨과 재산상 손실을 낳았다. 모든 매스미디어 채널과 언론은 안타까운 그 시점을 보도한다. 그러한 희생을 직면하니 가슴이 아프고 저리다. 고인들의 숭고한 삶에 대하여 진심으로 애도를 표한다.

서두에서도 언급한 것처럼 앞으로의 기후 재앙까지 남은 시간은 딱 3년!이며 『반드시 다가올 미래 '한눈에 이해하는 기후변화 이야기'』를 집필한 서울대 남성현 교수의 책을 최근에 읽었다. 인문학도인 필자도 쉽게 이해할 수 있게 집필한 좋은 책이다. 다섯 장으로 구성된 내용으로 기후 재앙에 무게감이 실려 앞으로 다가올 지구 미래를 조망하는 내용이다. 무엇보다 평범한 나부터 환경 감수성을 가질 필요가 있다는 내용에 공감을 받았다. 오늘날 기후 위기는 마치 슈퍼히어로 영화에서처럼 누군가 초인적 영웅이 나타나 해결해 주는 것도 아니고, 각국 정부와 기업이 무작정 나설 것이라는 기대 역시 오산이란 것이다.

가장 근본적으로 지구 환경에 대한 감수성부터 높이는 것으로 탄소 배출을 줄이는 것이다. 누구나 잘 알고는 있으나 실천이 어렵다. 마치 비만이 될 것을 알면서도 식습관이 바뀌지 않은 것과도 같은 원리이다. 현재 인류가 배출하는 탄소 배출량의 절반 정도는 육상의 산림 생태계와 해양 생태계에서 광합성을 통해 흡수한다. 교수님이 언급한 견해와 밀착한 활동을 방학을 앞둔 최근에 했다. 환경부의 탄소 줄이기 활동 프로젝트이다. 장바구니를 들고 시장(마켓) 가기, 자동차 타기보다 자전거나 걸어 다니기, 자신의 주변에 나오는 쓰레기를 분리수거하는 활동, 내면화를 위한 환경오염이란 글자로 4행시 짓기를 실천한 것이다. 모두가 호응이 좋았고 반별 대항으로 아주 성황리에 매듭을 지었다.

이런 일련의 활동이 개인과 단체(사회), 국제 사회의 합의를 통해 최소한의 피해를 줄여 최대의 위협인 기후 위기를 극복할 수 있을 것이다. 물론 최근 친환경적인 사업을 추진하는 기업도 날로 늘어간다. 생존을 위해 ESG와 함께하는 환경이 기업과 국가가 연결되니 이제는 필수적이다. 기존의 방식과 다른 지속 가능한 발전을 추구해야 이유는 미래세대들에게 전해줄 생존 과업이다. 최근에 이런 용어인, 인류세(Anthropocene)란 것에 집중한다. 이 용어는 오존층 연구로 1955년 노벨화학상을 받은 미국 스크립스 해양연구소의 폴 크루첸(Paul Crutzen) 교수가 2000년도에 처음 제안한 표현이다.

인류세란 인류를 뜻하는 Anthropos와 시대를 뜻하는 Cene의 합성어로 인류에 만들어진 지질시대라는 의미로 인류가 지구 환경을 심하게 바꾸어 기존 지질시대와 구별되는 새로운 지질시대로 구분해야 한다는 것이다. 오랜 지구의 역사상 마지막 지질시대인 지금은 신생대 제4기의 마지막, 홀로세(Holocene) 중세대에 해당한다. 지금은 1950년 대 이전까지의 변화보다 70년이 너무 많은 이변을 준 것이라는 것이다. 그 요인은 바로 인간의 이기심과 편리성이다. 또 다르게 뒤집어서 살핀다면 과학기술이 만든 생태계 파괴가 과학기술로 책임져야 한다는 점이다. 과학에서 출발하는 인간과 지구의 공존 해법은 기후 공학으로 접근하여 우리의 삶의 버팀에 좋은 돌파구를 찾아내어야 한다는 점이다.

과학적 사실과 근거로 기후변화가 기후 위기의 연관성에서 지속 가능한 발전을 위해 인간과 지구의 공존 해법은 무엇인지 항상 고민하고 단순히 지식으로만 그칠 것이 아니라 핵심역량을 키워 가야 하는 점이다. ESG와 지속 가능성 교육에 국민 개별적인 눈높이에 맞춰 나갈 영역에 남다를 애정이 절실한 때이다. 세계 시민교육 측면의 삶에서 반드시 지구환경문제는 구현해야 할 문제이고 이슈이다.

인디언 속담에 "지구는 선대로부터 물려받은 것이 아니라. 후대로부터 빌려온 것이다."라는 말이 있다. 지구의 기후 재앙에 위기감을 느낀 첫 세대이자 해결할 수 있는 유일한 세대인 우리에게 '바로 지금 오늘' 해야 한다. 아름다운 일상과 내일의 지구 환경을 위해… 그저 꽃이 좋아서, 나무가 좋아서 해 맑은 뜰을 걷고 싶다. 그런 아름다운 일상에 나를 던져보고 싶다.

배우며 사랑하며…

Learning and loving

폭염이 연일 계속된다. 시원함을 채우고자 아이스링크와 수박화채 시식 장면, 풀꽃 관련 동영상을 제공한다. 그러나 풀꽃 자료를 보는 것에는 뒷전이다. 먹는 것과 놀이에 관한 것에만 한결같이 강한 반응을 한다. 아! 사랑하자. 인간은 사유(思惟)하는 동물이나 본능에 가까운 모습이다. 결국 식욕과 유희에 귀결되는구나! 그래도 끝까지 사랑의 시선으로 바라보자. 삼복더위에 나를 이겨내는 길 또한 배움을 사랑하는 일이다.

최근에 35여 년 전에 읽었던 레오 버스카글리아(Leo Buscaglia)의 『살며 사랑하며 배우며』 책을 들추어 다시 읽어봤다. 운명을 바꾸려면 달라지기에 결심하라고 지은이는 언급한다. 그 달라짐의 변화에 대한 사소한 거부감과 두려움을 극복하고 자신을 정확히 파악하고 마음이 가는 대로 행동하고 머릿속에 상상만 하기보다 구체적인 행동에 옮기는 습관이 가장 중요하다. 처음 직장에 몸을 담아 일하는 경우나 생소한 환경에 종종 봉착할 때의 일이다. 누군가에 의해 이러한 삶의 패턴이 좋아 그저 따라가기에만 전전긍긍이다 보니 쉽게 타성에 젖게 마련이다. 하지만 나를 분석하고 처한 상황에 대한 정확한 기준이 있으면 편안하다. 그러나 때로는 불가능한 일에 망설이지 말고 오롯이 자신에게 충실한 삶을 영위할 때 위대한 자는 평정한 마음으로 눈을 감을 수 있다는 발상의 전환이 녹여있다는 내용이다. 삶을 살아가면서 나는 얼마나 많은 지레짐작으로 망설이고 행동하지 않아 행복을 쟁취할 기회조차 상실하였나 그러한 것을 떠올린다. 극복할 수 없는 어려운 삶의 양상에도 용기 있게 밀어붙이는 적극성이 있는 자는 이미 살아 있는 자이다.

사랑 역시 그러하지 않을까! 위에 언급하듯이 정작 공부에 관계된 자료에 집중하기는커녕 먹는 것과 놀이, 유희에만 정신을 모은다. 그러나 개인이 존중된 긍휼로 사랑의 시선으로 접근해 보면 모두가 귀하고 소중한 보석이다. 배움터에는 한 학기가 정리되는 즈음이다. 그간 고마움을 느꼈다면서 교실 한쪽에서 대화를 원하는 눈치이다. 예쁜 마음을 깨알같이 정성스럽게 기록한 엽서와 털실로 활용한 손수 하트 모양의 소품을 전한다. 극구 사양한다. 하지만 마음이 그려진 사랑 표시라고 한다. 코로나 일상의 주변은 혼란스러운 학사운영과 학습 활동이었다. 자신의 진로와 꿈에 대해 가까이 다가와서 질문하여 자상하게 전하고 나를 가꾸는 길을 안내한 적이 있다. 빨리 철이 든 여학생이다. 세상이 너무 자극적이고 분주하고 혼란스럽다고 한다.

최근에 보기 드문 생각이 깊은 학생이라 지금도 떠올려 생각하니 너무나 사랑스럽다. '선생님! 나의 이야기를 진지하게 들어주시고 나의 꿈에 대해 생각해 고민을 풀어가게 도와주셔서 고맙다는 것이다' 생각이 난다. 라는 말보다 네가 먼저 생각난다. 보고 싶다고 보다 보러 간다. 좋아한다는 말보다 좋아해! 라는 말을 먼저 하는 사람이 바로 사랑을 실천하는 내 자리가 아닐까 한다. 오늘의 귀함을 있게 해 준 햇살

같은 보조개 소녀가 있어 너무 사랑스러운 내 삶의 주변이다.

배움을 떠올리면 먼저 지식을 생각한다. 진정한 지혜란 무엇일까? 배움에 있어 언제나 초심자라는 자세가 아주 중요하다. 이 세상 내가 알고 있는 것보다 알아야 할 게 100배나 더 많다고 보는 태도이다. 그 앎에 대하여 겸손히 오늘로 이어져서 시작해 본다. 그 과정은 모험하지 않으면 절대 내 것으로 만들 수 없다는 논증이다. 그 지혜를 위해 직접 부딪치고 경험하고 배우는 자만이 내 것이 된다는 이치이다. 그러나 삶을 사랑하고 지혜를 위하여 겸손히 접근하지 않으면 절대 내 것이 되지 않는다는 한 끗의 차이이다. 다시 한번 레오 버스카글리아가 부르짖는 글을 정돈해 녹여본다. 오늘도 모험하지 않은 배움은 무의미하다는 내용에 더 큰 방점을 찍어본다. 배움을 사랑하고 사랑을 배우며, 또 배움을 사랑하고 사랑을 배우는 자의 계속된 순환이 행복에 이르는 곳에 다가갈 것이다.

사랑의 힘, 질문하는 능력

The power of love, the ability to ask questions

'올여름에 할 일은 모르는 사람의 그늘을 읽어내는 일이다' 어느 작가의 글귀가 떠오른다. 초록이 무성한 강변을 거닐고 하루를 정리한다. 최근 등교수업과 원격수업이 병행되어 지속적인 교육 활동이 운영된다.

저학년과 고학년을 아우르는 입장이라 다양한 학년의 학생을 접한다. 감성과 이성의 경계선에서 어느 때는 마법에 걸린 듯 주문을 외우는 주술가처럼 또 어느 시간에는 개그맨과도 같이 학생들에게 최선의 교수 기술로 응대한다. 그중 고학년 학생들과의 수업에서 느낀 경우이다. 노출된 미디어의 영향과 스마트 기기에 길들어진 환경에서 오는 맹점을 발견한다. 아이들을 알고자 미디어의 예능프로그램에도 심취한다. 물론 그 정서에 공감하고자 청소년 감정코칭, 교육심리, 발달과업에 관한 다양한 책도 탐독한다. 그들을 존중하고 있는 그대로 인정하고 최선을 다하면 분명히 태도가 달라질 것이다. 친절하고 상냥한 촉촉한 언어인 저학년 교수법 용어로도 접근하고 때로는 단호하고 강한 건조한 어투로도 한다.

그럼에도 불구하고 수위 조절이 안 되는 일부 학생들 모습에 실망감을 준다. 주로 힘든 경우는 떼(群)와 또래로 무리 지어 달려드는 순간은 아주 가관이다. 물론 연필을 잡고 공책에 따라 적자라는 단순 제안에도 힘들어한다. 노랫말 작성이나 창의적인 글에는 더더욱 고통스러운 모습이다. 디지털 문화와 영상 시대의 환경이 낳은 이 시대 학생들 자화상이다. 그러나 다음 세대의 문제나 해결의 몫은 현장의 교육자가 갈 길이다. 분명히 나아질 것임을 기대하고 기다리면서 희망 고문을 해 본다.

지난 14일부터 개인형 이동장치(전동킥보드)를 운전할 때 헬멧의 착용이 필수 준수사항이라 한다. 그 후 매출이 저조하다는 관련 업주의 호소를 보도로 접한다. 아, 그렇구나! 교육 현장이 그러하듯… 오늘날 시대상도 그 모습이라 아주 씁쓸하다. IT 시대의 효율성과 속도감의 산출로 과정이 어떻게 되든 목적 달성만 하면 그만이라는 의식이다. 규정으로 헬멧을 착용하여 운전하니 덥기도 하거니와 그 번거로운 기구를 착용하는 시간에 그냥 더 좋은 조건을 선택해 결정하겠다는 의식이라는 뜻이다. 학교가 그러하듯 사회 역시 그러함에 피부로 느낀다. 번거롭고 귀찮고 내게 불편함을 자아내는 일은 더 생각할 일이 있어도 던져버리고 포기하는 경향이다.

디지털 시대의 순기능 안에 기본이 되는 것은 반드시 지켜야 윤택한 삶이 보장된다. 다시 말해 이해와 소통, 공감, 사랑하는 힘, 기본 가치를 기저로 하지 않음은 이미 핵심이 없는 공수래 이다. 최근 새롭게 부상하는 질병이 저장장애와 소외불안 증후군이라는 것도 맥락을 같이 한다. 역시 영상과 디지털 문화가 낳은 사회적인 정신 질환이다. 이미 저장장애는 누구나 알고 있어 생략한다. 여기서 소외불안 증후군은

SNS를 무분별하게 소통하다 보니 자신만이 뒤처지거나 소외되어있는 것 같은 두려움을 가지는 증상을 뜻한다. '소외되는 것에 대한 두려움'을 뜻하는 것으로 영문 'Fear Of Missing Out'의 머리글자를 딴 '포모(FOMO)'와 일련의 병적 증상인 '증후군(Syndrome)'을 조합한 용어이다. 이러한 병폐를 희석하기 위해 반드시 인간성 교육, 즉 인성교육은 어릴 때부터 차근히 병행해야만 미래사회는 밝아질 것이다.

인공지능(AI)과 로봇 시대에 삶을 어떻게 살아가야 하는지를 안내하는 구본권 저『로봇 시대, 인간의 일』(어크로스)에서 살펴본다. 그 책에 보면 사람이 중심이 되어 사랑 안에 인류가 생존하기 위하여 최고의 투자는 창의성과 호기심이다. 단지 이러한 디지털 시대의 변화에 적응하기 위한 인간 최고의 능력은 '사랑의 힘과 질문하는 능력'이라는 것을 시사한다. 4차 산업혁명이 세계화, 양극화, 저출산 고령화, 지구온난화 등 자본주의 사회의 기술발달에서 일어난 배경임을 주지하는 바이다. 과거와 비교해 훨씬 빠른 속도의 기술발달과 그에 따르는 미래 역량이 성큼 다가왔다. 무엇보다 고도의 좋은 기술과 인간 간의 상호 작용에 어떻게 작용하고 응대하느냐 하는 문제만 남은 것이다. 그러한 관계에서 세상을 바꾸는 힘은 인문학적인 통찰력과 커뮤니케이션의 효율 안에서 작동이다. 오늘도 아이들에게 사랑하고 질문하는 분위기를 조성한다. 웃고 떠들고 공감하고 수용해 시원한 그늘처럼 다가간다. 정호승 시인의 글귀 '나는 그늘을 사랑하지 않는 사람을 사랑하지 않는다. 나는 한 그루 나무의 그늘이 된 사람을 사랑한다'

미래 교육! 키워드는 왜! 이다
Future education! Keyword is "Why!"

봄의 교향곡이 울려 퍼지는
청라 언덕 위에 백합 필 적에
나는 흰 나리꽃 향내 맡으며
너를 위해 노래 부른다
청라 언덕과 같은 내 맘에 백합 같은 내 동무야
네가 내게서 피어날 적에 모든 슬픔이 사라진다

교육 동산에는 이러한 은은한 음악이 흐른다. 졸업과 은퇴, 입학이 연결되는 2월! 아쉬운 이별 즐거운 출발 힘찬 발걸음을 기약되는 교육 현장이다. 21학년도 교육 방점인 요소로 인재상 - 감성적 창조 인재를 육성하는 인재상, 초개인화 학습 환경(AI 도입) 모든 것이 기계화되고 로봇 드론으로 되는 시점이지만 감성이 녹아나는 따뜻한 지능화 정책인 정책 과정을 펼치는 것이 교육부의 비전이다.

진정한 인간다움과 미래다움이 공존하는 교육 패러다임의 실현이라는 측면에서 코로나 위기를 기회로 잡는 교육 안전망 하에서 원격수업에 정착을 둔다. 새해 벽두에 유은혜 부총리 겸 교육부 장관님의 언급에 학교 현장의 교육 구성원, 국민과 함께 해 교육부는 2022 국가 교육과정 개정을 본격적으로 준비함에 있다. 이 기저에서 미래세대가 무엇을 배워야 하는지 근본적 질문에 대해 당사자인 학생들을 비롯해 교사 학부모 국민과 협의해 국가 교육과정 개정에 반영할 계획이다.

아울러 교육부는 그린 스마트 미래 학교 사업과 고교 학점제의 안정적 추진, 교원양성 체제 개편안 마련, AI 교육 활성화의 다섯 가지 정책인 학교 교육을 미래 교육으로 이끄는데 구체적이면서도 중추적인 역할에 매진을 당부한다. 고등교육과 평생교육 역시 미래사회를 준비하는 교육에 혁신하며 대학 간 경쟁을 넘어서 공유와 협력을 통해 미래 인재를 양성하는 새로운 환경을 조성해나갈 것이라 한다.

여러 대학이 교원, 시설, 기술, 교육과정 등을 공유하는 디지털 기반 혁신 공유대학 사업과 AI 등 첨단 분야 인재의 집중 양성, 지역 혁신 플랫폼 사업, 인문 사회 등 기초학술지원, 사회 혁신의 다섯 가지 정책은 다음 대학교육을 미래로 견인하는 역할을 제공하게 한다. 평생학습에서도 대학 평생학습 직업훈련 간 연계를 강화하고, 범정부 온라인 평생학습 시스템을 만든다는 복안을 제안하고 중장기적인 교육 정책을 수립하고 교육 혁신을 견인할 국가교육 위원회를 출범시킬 수 있도록 국회와 협의하는 체제로 추진한다고 피력하셨다. 우리의 교육 현장은 예견할 수 없는 일면도 있으나 의지와 굳건한 교육 가족 간의 협조 체제로 지금까지 유지됐다.

그러려면 부모나 교사는 미래 교육을 어떻게 접근해야 할까! 디지털 교육 혁명을 기반으로 한 다양한 과학기술이 융합되어 개인만 아니라 경제, 기업, 사회의 혁신적인 변화를 가져올 것이다. 이러한 기술 융합은 기존의 일하는 방식이나 소비 형태뿐 아니라 생활방식 전반에 걸친 혁명적인 변화를 가져올 거라 전망된다. 무엇보다 특이한 점은 과거 인류가 경험했던 산업혁명에 비해 더욱 광범위한 분야에 걸쳐 급변한다. 이는 거스를 수 없는 흐름이며 인류 생활방식의 변화를 의미한다. 디지털 시대에 필요한 창의적 사고, 일명 컴퓨팅적 사고, CT(Computational Thinking)를 길러 연결성을 하고 인공지능과 인간의 바둑 대결을 IPTV로 시청하고 시리(Siri)에게 말을 걸며 증강현실(AR)과 위치정보를 이용한 포켓몬 게임을 즐겨 실시간 영상 통화를 하는 시대로 이미 아이들은 4차 산업혁명 시대를 즐겨 경험한다.

이러한 요소를 만족하기 위한 4차 산업혁명 시대의 인재에게 필요한 능력으로 상황 맥락 지능, 정서 지능, 영감 지능, 신체 지능 등을 꼽는다. 상황 맥락 지능이란 새로운 동향을 예측하고 단편적인 사실에서 결과를 도출해내는 다양한 과정과 능력, 자발성을 말한다. 이미 인공지능은 인간의 두뇌를 넘어섰다. 영어 단어를 외우고 수학 올림피아드에서 수십 개의 상을 받는 것이 장차 미래에 대한 경쟁력이 될 수 없다. 대신 기계가 인간보다 못하는 딱 하나가 창의적 사고다. 주입식 암기 교육보다 창의성을 길러주는 새로운 교육 패러다임을 수용해야 하는 이유가 '왜'라고 물으면 사람과의 관계에 대해 배울 수 있는 교육이야말로 미래 교육의 핵심 키워드이다.

단순한 것이 아름답다

The simple is beautiful.

　코로나19의 백신에 대한 균등한 개발을 위해 WHO, 149개국이 연합해 협약을 지난 10월 21일에 UN에서 결의한다. 그러나 각국의 이권과 여러 가지 이해타산이 숨어 있어 계속된 견제를 하고 다양한 형식의 백신이 나오고 있다. 이러한 상황과 자세는 어디 국제간의 문제에만 국한할 일일까? 국가의 정치판과 직장의 조직사회에서도… 심지어 친구 간의 소소한 관계에서도 이러한 일면은 많이 찾아볼 수 있다. 우리 속담에 사촌이 논을 사면 배가 아프다는 말이 있듯, 유럽 지역의 관용구에서도 자신과 친밀한 사람이 잘못되거나 피폐한 모습을 보일 때 가장 많은 통쾌함을 느낀다고 한다.

　그러한 관점은 인간 저변 심리에 지닌 죄의 본성으로 인함에 귀착이 되는 내용이다. 최근의 뉴스에 보도되는 내용은 모두가 서로를 짓이기는… 과연 어디가 옳고 어디가 그러하다는 것으로 수용하여야 하지 사실성, 팩트(fact)에 타당도가 상당히 어렵다. 그런 무리수에 알맞은 호감과 비호감의 차이로 접근함이 훨씬 많다.

　지금의 세계는 서양에서 발전시킨 민주주의와 자본주의를 공격적으로 하여 세워진 배경이라 본다. 경제나 여러 일면을 찬찬히 들여다보면 그 안에는 보이지 않는 손이 흐르고 있다. 이미 애덤 스미스의 국부론에서 언급한 이론인 생산자와 소비자 간의 알력 안에서 수요자 역시 소비할 때 자신의 이익을 극대화하려고 노력하는 접점에서 가격이 형성된다고 설명한다. 소비자와 생산자가 모두 만족하는 점에서 형성되는 가격은 사회의 공의 역시 극대화한다.

그래서 이 조정 과정이 바로 가격이 형성되는 것이다. 더 큰 틀에서 보자면 사회를 발전시키는 인간의 이기심이다. 디지털 시대와 IT 기기의 발달은 개개인이 존중되고 인권이 형성되는 시대이다. 바로 개인이 가진 특성과 개별성이다. 동양적인 사고에서는 전체를 아우르는 경향이 있다. 서구의 사상과 철학은 모두 개인주의가 대부분이다. 그러나 개인주의가 더 옆길로 나가 버릴 때는 그 한계가 모호하여 이기주의라는 곳에 빠질 수 있다.

이 같은 맥락을 갖고 사례를 곁들어본다. 사업 구조가 복잡해질수록 이익은 계속 감소한다. 이익이 감소하는 것은 생산성이 낮은 사업 때문이기도 하지만, 더 큰 이유는 사업을 점점 더 복잡하게 만드는 활동 그 자체 때문이다. 반대로 복잡한 기업을 단순화할수록 이익은 급격히 증가한다. 결국 이익을 늘리기 위해 우리가 해야 할 일은 복잡화의 코스트 또는 단순화의 가치에 대한 이해와 이를 토대로 간접비 80%를 삭감할 수 있는 용기를 갖추는 것이다.

연구개발, 제조, 배송, 판매, 마케팅, 서비스 등 부가가치 사슬 중에서 가장 강점이 있는 부분이 어디인지를 파악하고 그 외의 것은 모두 과감하게 외부에 위탁한다. 이렇게 하면 회사 구조가 복잡하기 때문에 드는 비용을 절감하고 간접비를 대폭 줄일 수 있으며, 제품을 생산해서 시장에 내보낼 때까지 걸리는 시간을 훨씬 단축할 수 있다. 결국 적은 비용으로 훨씬 비싼 제품을 만들어 낼 수 있다는 결론이 나온다.

그렇게 하면 기업에서 필수적으로 보유해야 할 기능과 비용만 남게 된다. 만약 한 가지 분야로만 특화한다면 별도의 본사나 사업 분야별 사무실도 필요 없을 것이다. 본사를 없앨 수 있다면 이익은 훨씬 늘어난다. 핵심 문제는 고객과 직접 접하고 있는 현장의 임직원들로부터 책임감과 자주성을 빼앗는다는 점이다, 본사를 없애면 기업은 내부의 자리싸움에 소모되는 정력을 고객의 요구를 충족시키기 위한 것에 노력이 집중할 수 있게 된다. 본사가 존재하는 상태에서는 각 사업 분야별로 본사로부터 받는 자금 지원과 간섭의 정도가 서로 다르다.

특이한 것은 보통 본사의 도움 없이 혼자 꾸려나가도록 방치해 준 제품과 서비스가 가장 많은 이익을 남긴다는 점이다. 마지막으로 사업 분야를 단순화할 경우 유리한 점은 경영상 절차가 간소화되어 고객들의 요구에 더 가까이 갈 수 있게 된다는 점이다. 회사는 고객의 요구를 잘 알게 되고, 고객은 자신이 회사에 중요한 존재라고 느끼게 되는데, 이러한 느낌이 들 때 고객은 더 많은 돈을 지출한다. 결국 단순한 사업 구조가 가격을 높이고 비용을 절감해 준다.

물건을 최소화하고 물질을 간소화할수록 본질의 내면이 드러나서 아주 명쾌한 면이 보인다. 왜 단순하게 살아야 하는지는 먼저 버리고 내려놓아야 본질적 가치에 집중할 수 있다. 본질에 충실한 단순한 것일수록 실효성이 있고 아름답다. 더욱더 버리고 내려놓고 단순히 살아가야 더 아름답고 자유스러워지리라.

모든 경계에는 꽃이…

All boundaries have flowers…

어머니는 놀이터에서 엎어지고 엉덩방아 찧으며 노는 아이를 끝까지 지켜보고 관찰한다. 그러한 세월과 정성의 경계 안에 꽃이 완성될 것을 소망이 있는 것이다.

달빛과 그림자의 경계로 서서 담장을 보았다/ 집 안과 밖의 경계인 담장에 화분이 있고 꽃의 전생과 내생 사이에 국화가 피었다/ 저 꽃은 왜 흙의 공중 섬에 피어 있을까 해안가 철책 초병의 귀로 매달린 돌처럼 도둑의 침입을… -후략- (함민복,『모든 경계에는 꽃이 핀다』)「꽃」에 위의 구절이 눈에 띈다.

모든 경계에는 꽃이 핀다. 영화 <애프터 라이프>의 주인공 리암 니슨이 죽은 이들의 마지막 장례식에서 그들의 가족과 죽은 당사자를 위해 준비하는 것도, 죽은 이가 생전에 좋아했던 것도 꽃이다. 라는 것을 시인은 언급하여 시작 노트에 기록된 것을 접한다. 우리는 누구나 장으로 군림하길 희망한다. 최선을 다하기보다. 왕초, 보스가 되길 원한다. 자신의 장점을 살려 그 토대가 되어 완성된 자기다움을 세우기 위해서는 적어도 10년은 소요된다. 그것도 모두 그러하지 않다. 개인차가 있으나 그래도 그만큼의 시간은 투자하여야 한다. 찬찬히 동료들을 본다.

꿈을 위해 스펙과 프로필과 지식을 쌓아 정상에 왔다. 그러나 아주 실용적이다. 자기 할 몫만 한다. 어디 옆트임을 보이지 않는다. 그것이 오늘의 세대이다. 그것이 나쁨으로 단정 짓기는 다소 비논리적이다. 단지, 남에게 피해를 주지 않고 의사에 결정권에 충실해 근무하면 되는 뜻이다. 옳은 일이다. 그러나 마음 한쪽에서는 도리질을 친다. 경제학자 이탈리아 파레토는 20:80 법칙이라는 책을 접한 적 있다. 개미의 움직이는 모습 안에도 먹잇감을 위하여 일사불란하게 움직이는 20%가 그 체제를 기여하는 80% 남은 자들에게 집단이 유지되게 하는 역할이 보인다는 실험이다. 다시 정리하자면 전체 인구 20%가 전체부의 80%를 좌우한다는 사실을 발견한다.

백화점 마케팅 원리에도 이 원리를 접근한다. VIP고객 관리를 잘만 하더라도 거대한 백화점은 운영이 된다는 논리와 같다. 이와 마찬가지로 개인주의에 익숙한 서구라파 미국 권역의 문화권을 자세히 들여다 보면 온갖 사회문제가 야기되어 혼란스러워 보여도 그 구성원에는 실낱같은 질서가 그 사회를 유지하는 광맥 같은 것이 있다. 최근 코로나 19의 일상으로 인하여 한국판 뉴딜 정책을 접근하여 어렵고 힘든 형편에 놓인 부분에 물꼬를 주었다. 일부분의 의견은 너무 많은 예산은 내리부어 그리스 사태와 비슷한 이이 봉착되지 않을까 하는 우려도 한다. 그러나 그렇게 생각하지 않는다. 생텍쥐페리의 소설 『어린 왕자』에 나오는 구절이다. '중요한 것은 눈에 보이지 않는다. 사람이 어떤 것을 정확하게 볼 수 있는 것 오직 마음으로 볼 때다' 눈에 보이는 것들은 관찰을 통해 포착하며, 눈에 보이지 않는 것들은 통찰을 통해 얻어낸다.

즉 관찰로서 현상의 변화를 추구하고, 통찰로써 본질적인 변화를 추적한다. 아주 중요한 것은 내면의 눈으로 보인다. 우리 눈은 뇌 안, 육안, 심안, 영안으로 나뉘어 영혼을 꿰뚫는 눈에 이르면 이미 남다른 안목을 가진다. 성공하는 사람들은 남다르다. 안목과 통찰력이 뛰어나고, 탁월한 직관과 혜안으로 감지한다. 실패하여도 그 뒤에 감춰진 숨은 의미와 뜻을 찾아낸다.

그 너머의 미래까지 가늠하는 관점이다. 이처럼 눈의 차이는 근본적으로 관심과 관점이다. 그 조건 안에서 관찰하는 방법적인 역량에 좌우된다. 카메라로 파사체에 초점을 맞추고 줌 기능을 살려 작품을 창출하고자 최선을 다한다. 이러한 상황은 교육 활동에서도, 시장의 원리에서도, 어떠한 인간관계에서도 똑같은 원리이다. 현재의 우리의 암울한 이 여건에서 어느 관점이고 어떤 각도이냐의 차이로 해석할 수 있다.

그러나 결론은 선한 곳이 목표이다. 누구나 어렵고 힘든 코로나19 일상의 경계 안에서 다시 시작하는 기술에 눈을 떠야 할 것이다. 꽃이 피게 하는 것은 그 틈으로 파고드는 강인한 용기이다. 그 경계에서 힘차게 꽃은 피어날 조건을 품어야 한다. 다행히 오늘부터 1단계 거리 두기에 돌입한다. 우리의 경험의 소유가 새로운 차원의 관점에서 꽃으로 피어나는 경계에서 더 가치를 창출할 것을 확신하며 승화되는 날이 분명히 올 것이다.

안목계좌(眼目計座) 지수 & 정서계좌(情緒計座) 지수
Accumulating the Anim Account Index & Emotional Account Index

스마트폰으로 5세대(G) 시장을 공략하고 폴더폰의 좋은 점을 언급하기 위하여 삼성, LG, 화웨이 회사에서는 서로의 장점을 부각하려는 모습이 요즘의 핫(hot)한 뉴스다. 그런데 소시민인 필자나 평범한 사람들은 그 스마트폰을 속히 구매하고 확장하려는 모습에는 다소 주저하는 성향이 있다. 그러나 IT 시대에서는 이러한 최신 상품을 늦게 구매하여 활용한다면 시대를 뒤지는 관점으로 보여 다소 스스로에게 갈등과 혼란스러움도 남기기도 한다. 무엇보다 정보 활용을 위하여 지체아가 되어 문화수용에 불이익을 초래하는 것은 아닐까 하는 우려도 가져본다. 하지만 오늘날 세대, 디지털 유전인자를 지니고 태어난 10대와 20대들은 그 폴더폰에 대한 로망은 가장 강렬할 것이라 보아진다. 물론 이러한 세대가 아니어도 신상품만 출시되는 경우 습관적으로 가장 먼저 구매하려는 사람도 상당수 있다고 본다. 이러한 선택을 판단하고 집중하는 자에게는 무엇보다 준거가 있어야 할 것이다. 복잡한 현대사회를 살아가면서 가장 먼저 가져야 할 일은 수준, 즉 안목(眼目)이라 여긴다.

"대한민국의 최고 트랜드 분석가가 말하는 성과를 내는 사람들의 비밀함은 실력(實力)보다 안목(眼目)이다"라는 김용섭 작가의 언급한 내용을 요약하여 보고자 한다. 첫 번째, 일반적으로 보는 눈이지만 당신의 눈으로 무엇을 보고 있는가? 다시 말하자면, 사소한 것에도 "적극적으로 보는 Keen-Sight, 예민한 눈을 가져라!" 두 번째, 세상 모든 것에서 연결고리를 찾아내는 "Cross-Sight, 교차하는 눈을 가져라!" 세 번째, 항상 미래의 시점에서 보는 "For-Sight, 넘나드는 눈을 가져라!" 네 번째 드러나지 않는 것에 "In-Sight, 더 집중하는 눈을 가져라!"라고 강력하게 언급한 바가 있다. 정보 활용에 노출된 IT 시대를 살아가는 우리들은 실력도 있어야겠으나 무엇보다 선제적으로 갖춰야 할 것은 선택과 집중을 잘하는 안목(眼目)이 있어야 한다고 여겨진다.

자신의 통장에 적금을 쌓아가듯이 안목의 통장 계좌에도 그 안목의 수치가 차근차근히 늘어나야 할 것이다. 그렇게 되어야만 빛의 속도로 변화되고 있는 현대에 적응하고 버텨서 살아가는 사람이 될 것이다. 그러나 이 부분은 안목지수만이 높다고 하여 그 효과와 영향력에 좋은 결과는 없다고 보인다. 인간의 감성적인 것과 컬래버레이션(Collaboration)이 되지 않는다면 모두 공수래(空手來) 공염불(空殮佛)이 될 것이다.

그러면 감성지수(感性指數)인 정서 계좌를 쌓아가는 길을 다양한 관점에서 살펴보는 예도 있으나, 간략히 알아보고자 한다. 최근 소확행(少確幸)이라는 유행어에서 알 수 있듯 소소하지만 확실한 행복이 있고 그다음에 무엇이 요구되어 만족 돼야 한다는 뜻일 것이다. 그 이면에는 내안의 소리를 듣는 자기 성찰과 힐링에 대한 관심이 고조되고 있는 요즘의 실정이다.

최근 김원기 작가의 더 울림(The 울림: 감동)에서도 언급한 바가 있다. 다시 말하자면 사랑과 감사가 담긴 본인의 삶의 태도는 더 큰 메아리가 되어 그에게 다시 돌아오고 있고, 다른 사람들의 메아리에 힘을 실어주기도 한다. 그 감성지수를 높이는 정서 계좌 지수에 쌓는 첫 번째 요소는 꿈과 행복의 문을 열어 줄 비밀의 열쇠인 감사와 긍정이 될 것이다. 두 번째는 스스로 자족할 만큼의 돈(Money) 안에 건강(Health)이 준비되고 세 번째는 나눔과 배려하는 태도를 통하여 행복을 쌓아가는 삶! 그 메아리 법칙을 삶에 적용하라는 것이다. 즉 감사하고 겸손하고 사랑하라 다시 한번 전하는 메아리의 비밀 세상은 언제나 아름답다. 그리되면 안목계좌(眼目計座) 지수와 정서계좌(情緖計座) 지수가 조화로운 하모니(Harmony)가 되어 소소하고도 행복한 삶을 살아가는 소확행의 주인공이 분명히 될 것이다.

길이 끝나는 곳에 또 길은…
Even at the end of the road, there is another road

　전대미문의 사태, 코로나19 리스크! 여러 행정 시스템은 어려움에 놓였다. 특별히 교육일선에 있는 작가의 입장에서 느끼는 강도는 아주 크다. 다섯 번째 개학 연기, 긴급 돌봄 운영, 온라인 개학 등 초유의 일들을 경험한다. 생명 이상 더 소중한 것은 없으니 이러한 상황에 충분히 직시해 대안을 찾고 또 새로운 길을 모색하는 자가 New Normal 시대를 사는 슬기로운 삶의 자세이다. 사회적으로는 우리의 상황을 바로 인정하고 협력과 연대를 같이 해 정부의 입장에 적극 호응하고 협조하는 일이다. 코로나 예방수칙과 행동 준수가 일상화되어야만 우리의 평범한 일상을 되찾을 수 있다. 그동안 인간의 욕망과 편의만을 추구하다가 이런 재앙에 놓였음을 인지한다. 그 답으로 인간에게 채찍을 가하는 것이라 여기니 조용히 신에게 마음을 내려 놓아본다.

　한편으로 보면 집에 머물 시간이 많아 그간 앞만 보고 살아온 패턴에서 가족과 함께 할 수 있어 좋다. 아울러 자연을 함부로 대하지 않고 근신하는 자세를 가져본다. 사람들의 발길이 뜸하니 공원과 인근의 야산에 있는 숲과 꽃, 식물이 유난히 자신의 빛을 강렬하게 발산하여 그 싱그러움이 너무 좋다.

　'그래 당신들 인간들이여! 바이러스에 고통을 받고 있어 좀 안 됐지만… 우리 자연은 편히 숨을 쉴 수 있고 마음대로 놀아도 되니 너무 너무 좋다' 이러한 이야기를 귓가에 들려주는 듯 해 귀가 간지럽다. 강물은 강물대로 평화롭게 흐르고 있고, 나무는 나무대로 그늘을 내어놓으면서 제 할 일을 다 한다.

    최근 강창희 노후설계 전문가의 100세 시대를 꿈꾸는 자! 부모 세대, 자녀 세대를 예측한 내용의 강의를 접한 적 있다. 가장 중요한 것은 건강과 물질이겠으나, 더 중요한 것은 수명이 연장됨에 따라 혼자 살아가는 싱글 시대의 도래가 기하급수적으로 증가한다는 것이다. 20년 이상 결혼자의 이혼 증가도 말할 수 없으나, 욜로족 성향의 강도로 인하여 1인 가정의 출현은 아주 자연스러운 현상이다. 특이한 사항은 50세가 되어도 결혼을 한 번도 못 해 본 사람의 수가 증가한다는 것이다. 이웃의 일본을 보면 우리의 당면한 사회현상을 예측할 수 있다 한다. 2030년 일본의 경우 남자의 47%, 여성의 경우 30%가 해당한다고 한다. 그러나 필자는 이러한 예견에 다른 시각을 가져본다. 본인이 노력과 의지만 있다면 영원히 싱글로 사는 시대는 아니라 본다.

    어느 날 잠이 오지 않아 TV의 '우리 다시 사랑할 수 있을까' 프로그램을 본 적이 있다. 앞에서 언급한 노후 설계 전문가님의 의견을 기저로 해 그 프로를 연계해서 떠올렸다. 프로그램의 제목이 언급하듯이 내용은 '다시 사랑을 할 수 있을까?'이다. 결혼하고 이혼의 아픔을 겪고 다시 혼자가 된 30, 40, 50대 등의 여성, 남성들의 출연자들이 하는 가상 토크쇼이다. 30, 40, 50대 여성 출연진이 난자 수를 알아보고 미래를 예측하여 병원을 찾아 연출하는 장면이다. 자신의 건강 체크와 아울러 차후 먼 훗날을 예측해 병원을 찾아봐 알아보는 것이다. 본인의 난자 역량을 인지한 후 좋은 남자가 나타난다면 충분히 아이를 낳을 수 있다는 인공수정 측면의 접근이다. 다소 흥미로웠다. 젊다고 하여 난자가 많고 나이가 들었다고 난자가 적은 것은 아니었다. 평소 건강관리가 따라 잘된 내면의 건강에 따라 결과물이 다르다. 충분히 납득가는 내용이다. 부부의 형성도, 가족의 탄생도 New Normal 시대다. 결혼 적령의 나이, 직업, 사회적인 위치로만 묶어 접근하던 시대도 점점 멀어져 감을 느낀다. 사람 됨됨이와 추구하는 가치관이 같고 필링이 된다면 연상, 연하도 개의치 않는다는 측면이다. 다시 말해 오늘의 코로나 감염으로 인하여 다양한 대안이 나오듯… 옛날 어른들이 언급하던 '라떼는 말이야!' 한번 결혼했으면… 등은 아니라 여긴다. 상호 취향이 맞고 공유가 된다면 결혼과 가족형성은 다양하게 펼쳐나갈 수 있을 것이라는 점을 예견해 본다.

'길이 끝나는 곳에서도 길이 있다. 길이 끝나는 곳에서도 길이 되는 사람이 있다'

새 행복 추구론

The pursuit of new happiness

　새로운 해가 되면 누구나 새 다짐을 한다. 작년에 못 한 여러 목록을 살펴 올해는 꿈을 꼭 이루겠다는 각오를 한다. 필자 역시 외국어를 더 능숙하게 잘하고, 좀 더 공감이 가는 좋은 글을 쓰고자 담금질을 해 본다. 개인 수첩을 꺼내서 리스트를 작성하여 실천할 수 있는 일에 밑줄을 그어본다.

　SNS가 덜 활성화 되던 초창기에는 구성원의 옳고 그름의 판단 준거는 다수 의견 쏠림에 타당도로 두는 집단지성에 핵을 두기도 했다. 그러나 지금의 트렌드 경우로 많은 의견과 견해의 다양성을 존중하는 인권적인 측면에서 보완해 보는 관점으로 달라지고 있다. 2020년도의 행복에 대한 취향 저격도 각각 다르다고 보인다. 추구하는 행복의 패턴들도 아주 다양하다. 나만의 행복 추구라는 맥락에 초점을 맞추기로 접근해 보려고 한다.

　여러 요인이 있겠으나 겨울다운 추위가 아니어서 동절기 농작물 고수확을 요하는 결실이 안 되고 쇼핑가의 겨울용품 가게에서는 울상을 표한다. 그러한 자연 이변과 기후에도 고정된 시각을 벗어나야 한다. 최근 보도에 의하면 제주도의 한라봉이 경북 영주의 농촌 고소득 작물로 톡톡하다. 이처럼 우리들이 추구하는 행복의 맛도 다양하고 아주 더 세밀하고 정교하여지고 있다. 행복에는 하루키 소설에 언급한 소확행(少確幸)과도 같은 행복론도 있을 것이고, 아리스토텔레스가 아들에게 행복론을 설파하기 위하여 쓴 『니코마코스 윤리학』에서 인용한 델로스의 잠언에도 있다. 그 책에서는 행복한 삶을 위해서는 궁극적으로 사랑하는 것을 얻는 것이 가장 즐거운 것이다. 그렇게 하려면 갖춰지어야 할 것이 무엇일까? 다양한 의견이 있겠으나, 가장 중요한 것은 건강일 것이다.

그다음에 좋은 것을 쟁취하기 위해 부(富)를 얻기 위하여 고군분투해야 한다. 그러나 그 획득된 재물을 어떻게 잘 쓸 줄 아느냐에 방점을 둬야만 진정한 행복을 취할 수 있다는 것이 『니코마코스 윤리학』에서 언급한 내용이다. 세 번째는 명리(名利)로 명예와 이재에 밝아야 행복하다는 것이다. 그 이름 알리기와 부의 축적 안에 선한 영향력으로 효력이 있을 때 그 시너지는 아주 클 것이다. 그러나 대부분 평범한 사람들은 그 단계에 도달하기가 어려워 중간에 지탄받게 되는 경우를 목도한다. 필자가 생각하는 진정한 행복은 다르다. 최근 우리나라의 고령화는 급속도로 진행되고 있다.

그러한 배경에서 고찰하는 행복에 대한 개념을 달리 접근 해 보고자 한다. 『우리는 그렇게 혼자가 된다』를 쓴 중국의 작가 우뤄취안(吳若權)도 언급하였지만 우리는 결국 혼자가 된다. 부부도 자녀도 떠난다. 행복을 위한 조건 중 돈, 사랑, 친구이지만 결국은 혼자된 인생을 어떻게 맞이하느냐의 자세이다. 언젠가는 '혼자 남게 될 나에게 어떻게 행복하게 살아갈 것인가!'이다. 누군가는 그 길을 걷고 있고, 누구나 걷게 될 혼자의 삶, 한 사람이 영원히 '나'라는 것에 함께 한다. 그 사람은 바로 당신, 나 자신이다. 그 혼자를 지낼 수 있는 나만의 비법을 속히 익히는 사람일수록 행복은 빨리 누릴 수 있다고 본다. 그러한 경지에 가기 위하여 자신의 정체성을 명확히 해야 한다. 과연 나는 누구인지? 또 나는 무엇을 위하여 살아가는지? 등 자신의 존재감을 알고 성찰하고 파악하는 자세일 것이다. 그러한 위 요소를 인지한 사람은 이미 그 결핍이 채워진 입장이라 분명히 행복은 보장되는 것이다. 그런 의미에서 법륜스님의 행복론(幸福論)을 정리하여 본다.

'아무리 좋아하던 사이라도 언제가 상대는 나를 싫어하게 될 때가 있다. 마음은 언제나 변하는 게 사실이다. 경계 따라 이랬다저랬다 하는 게 마음의 본질이기 때문에 마음이 변하지 않게 한다는 것은 불가능한 일이다. 행복으로 가는 길은 마음이 바뀌지 않는 게 아니라 마음이 바뀌는 줄 알고 그 변화에 구애받지 않는 것이다. -중략- 자기의 마음의 움직임을 스스로 알아차리고 지켜본다면 마음의 출렁거림 속에서도 참으로 여일한 삶이 찾아온다'라는 진리이다.

오늘도 나에게 묻는다. 행복의 키(key)는 내가 지니고 있다. '파도타기 인생'을 즐기고 나를 토닥이고 쓰다듬는다.

최고의 나, 발견 기술

The best me, discovery technology

'행복으로 가는 길은 단순한 두 원리에 있다. 자신에게 흥미를 불러 일으키는 것. 그리고 자신이 잘 해낼 수 있는 것이 무엇인지 알아내라. 그것이 무엇인지 알았으면 모든 정신, 에너지, 야망, 타고난 능력을 거기에 쏟아부어라'(록펠러).

출근길에 스스로에게 토닥토닥해 본다. 인내를 갖고 자신을 갈고닦으면 분명히 좋은 것을 하늘은 선물로 안겨 줄 것이다. 라는 주문을 읊조리면서 힘찬 기운을 한껏 품어 본다. 위에 언급한 '록펠러의 행복'이란 어록에서도 알 수 있듯이 '꽃이 예쁜 사람은 나의 마음이 그 꽃만큼 예쁘기 때문에 곱고 행복하게 느껴진다고 한다' 어느 관점에서 어떻게 바라보는 차이에서 진정한 나만의 가치를 발견하고 그 최고를 느껴 '나다운 행복'에 이른다는 것이다.

오늘날의 시대는 상실을 향하고 있다 할 정도로 혼미와 혼란스럽다. 문화와 세대 간의 갈등, 이념의 차이로 인해 모든 영역이 양분화된 모습으로 가는듯하여 우려스럽다. 모든 교육 과정이 창의성과 문제해결 기법을 지도하고 강조하는 생각의 힘을 육성하자고 부르짖은 교육 현장의 도래된 지도 아주 오래되었다. 그 성과와 결과물이 바로 작금의 우리 문화와 관습을 만들어낸 원동력인 것이다. 거기에 덧붙여 서구문화의 무분별한 도입과 디지털시대의 빠른 미디어 문화성으로 인해 방향성보다 속력으로 치닫는 것이 일상이 되어버렸다. 더욱더 큰 프레임(틀)은 개인화의 극단이다.

모든 기준이 나 중심이다. 자칭 제네레이션 아이(Generation I)세대라 칭한다. 내가 먼저이고 내가 행복하여야 한다는 것이다. 과연 그 접점은 어디일까? 최근 읽은 교육 관련 책 가운데, 인간으로서 원만하게 살아가려면 아래 6가지 요소가 준비되어야 한다고 강조한 미국 하버드 교육대학원 조세핀 김 교수의 의견이다. 하늘의 형상을 닮은 인간은 그 완전함을 위하여 영성(Spiritual), 사회성(Social), 신체적 건강(Physical), 감정적(Emotional), 지성(Intellectual), 도덕성(Moral) 요소를 갖추어야 한다는 것이다. 어려움과 고통의 늪에서 이길 저력(底力)은 바로 영적(靈的)인 힘이다. 대다수의 한국 남자들은 사회성이 미흡하다는 여론이 있다. 모르는 집단에 가면 엉거주춤 앉아 인사도 할 줄 모르고 서로 얼굴만 멀뚱멀뚱하면서 앉아 있는 자세. 그 순간 누가 먼저 '안녕하세요?' 하는 자세로 마음 문을 열고 접근하면 이미 그 사람은 한 수 위의 사람이다. 이 외 건강한 신체에 건전한 정신이 병행하듯 건강은 모든 삶의 기본이며, 필수 요소이다. 자신의 감정 역시 잘 조절 못 하는 어른, 즉 기성세대들이 자주 많은 것을 보는데, 몸은 어른인데. 여전히 속은 내면아이로 살아가는 딱한 좁은 그릇의 어른들이 너무나 많다는 것이다.

고해(苦海) 같은 인생을 사노라면 우리의 삶이 끝나는 시점까지 배우고 공부하여야 한다는 것이다. 그리하여야만 삶은 풍성하고 멋진 인생

길을 꾸려 갈 것이다. 위 다섯 가지 요소를 완벽히 잘 구비하고도 인간으로서 예절과 도덕성이 몰락한 사회나 개인은 너무 피폐하고 황폐한 생(生)을 영위할 것이다. 아무리 개인중심적인 사회이고 개인취향저격이라고 하여도 모든 중심이 나 중심에서 출발해 사회가 연합하고 통합되지 않는다면 그 집단은 상당한 퇴보를 가져올 것이다.

전통적인 한국 문화의 화두는 '우리'라는 문화이다. '같이'라는 의식이 공존한 586세대의 어린 시절은 그래도 인정과 사람 냄새가 나서 좋았다. 최근 어느 청년의 대화 내용이다. '아버지가 이른 출근길에 가족을 위하여 열심히 일한다고 하면, 아버지가 일하는 것과 나랑 무슨 상관이 있느냐'를 반문한 경우를 본다. 다시 말하자면 가족이라는 우리보다 아버지 자신이 생존을 위하여 단지 그렇게 살아가는 것이라 칭한다는 것이다. 역시 개인 내가 먼저임을 말하는 어조이지만, 그래도 씁쓸한 마음이 든다. 그러나 우리는 이러한 경우도 나무랄 수 없는 문제이다. 그것을 갖고 상처받아야 할 이유도 없는 것이다. 단지, 스스로 현 시대를 묵도하고 '우리'라는 가치에 의미를 두뇌 강요는 할 수 없다. 더욱더 나 자신을 멋지게 가꿔서 사회에서 최고를 발견하고 좋은 가치를 발휘하는 자세로 임하면 바로 그 사회는 이미 최고의 기술이 꽃물처럼 번져 가는 것이다.

한 번도 하지 않은 일 하기

Doing something you've never done before

　사람이 살아가는 것, 그저 막연히 살아가기보다 진중한 생각의 힘으로 자신의 삶에 노를 저어갈 때 삶의 가치는 분명해질 것이다. 스마트 기기의 출현으로 인하여 급변하는 오늘의 시대는 창의적인 사람이 되지 않으면 살아남을 수 없는 시대에 살아간다.

　최근 화두가 되고 있는 다보스 포럼에서 크라우트 슈발이라는 분이 최초로 사용한 4차 산업혁명 용어는 우리 곁에 아주 친근하고 자연스럽다. 이 분야는 인공지능, 사물인터넷, 빅 데이터, 융합 등을 통해 알수 있으며 그 핵심은 연결이고 이음이다. 이것을 이루는 4차 산업혁명의 기저는 창의성과 정서지능(EQ)의 병합이다. 이로 인한 앞으로의 직업군과 사라질 직업군을 대별하여 보면 법원 서기, 접시 닦이자는 분명히 사라질 것이나, 노스탈지스터 로봇카운슬러 패션디자이너 직업은 계속 부상할 것이다.

　다시 말하자면 노스탈지스터라는 직업은 고령화로 인하여 노인취향 전문가라는 측면에 대한 지식과 그들이 살아온 날날에 대한 정서를 감안한 가치를 부여해 병합한 용어이며, 로봇을 매개로 한 상담자인 로봇카운슬러이며, 역시 정서와 기술을 병합한 패션디자이너 직업은 영원히 뜨고 전망이 있는 직업이 될 것이다. 앞에서 말한 이음과 연결에 대해 보충설명을 해 보자면, 수저와 숟가락의 연결은 아무런 의미가 없다. 그러나 국화꽃과 소쩍새는 무언가를 연상하게 하여 전혀 관련성이 없는 두 사물의 강제 결합으로 이루어지는 그 효율성과 시너지는 아주 방대할 것이다. 다시 말하자면 창의성과 정서지능이 된다면 무조건 새로운 산물이 나오는 것이다. 아인슈타인도 상상력은 지식보다 너무나 중요하고 더 중요한 것이라고 언급한 바가 있다.

최근 AI기능을 한 아자황이 알파고의 명령에 따라 바둑을 두고 상대 인간과 사투를 벌인 경우를 우리는 TV 화면을 보고 접한 적이 있다. 아자황은 감정도 없는 대리인에 불과한 경우이다. 그러나 창의성과 상상력은 어떻게 하면 나오는 것일까. 그것은 몰입과 통찰이다. 무엇보다 그 몰입을 위한 선결 조건은 자주적인(Authentic Self) 인간, 즉 나만의 오리지널을 형성하는 일일 것이다. 자기 스스로 선택하고 책임지는 사람은 세상의 역사를 기록하는 열정이 나올 것이다. 무한경쟁시대를 살아가는 오늘날 자녀들에게 많이 하는 말이 '너 어떻게 하려고 그렇게 빈둥빈둥 지내니? 이러한 경쟁시대에 지지 않으려면 무조건 공부해야 해.' 이런 말을 자주하며 자녀 주변을 배회하며 떠돌아서 노심초사하는 헬리콥터맘도 같은 맥락이다. 그러한 양육 방식은 자녀를 망치는 길이다. 경쟁 자체의 용어는 불안, 불편, 등과 같은 부정적 정서이며 늘 자녀를 믿지 못하고 노심초사하며 자율성을 주지 못하는 부모는 자녀가 성장해 가는 길에 걸림돌이 될 것이다. 자녀를 긍정심리로 자녀 교육을 하거나 자율성을 인정하여 준다면 자녀는 자연스럽게 남들이 생각하지 않은 아이디어맨이 되고 창의적인 자녀가 될 것이다. 그러한 자녀를 양육하는 부모의 태도를 요약하면 규칙이 적고 자유롭게 하고 스스로 결정하게 한다. 또 포용력이 있다. 실패를 통하여 배우게 한다. 도전을 두려워하지 않고 적극적으로 장려한다. 이 부분은 창의성을 키워주는 부모 역할뿐만 아니라 창의성을 발현하는 사회에서도 구비되어져야 하는 요소이기도 하다. 신입사원이 참신하고 아주 좋은 아이디어를 내어도 중견간부급에서 거부하게 하는 분위기라면 남들이 생각하지 않은 주제는 사라질 것이고 생각하지 않은 영역을 발현하고자 하는 경우 거부된다면 그 손실을 오롯이 그 단체에 돌아갈 것이다. 다시 말하자면 한 번도 하지 않은 일을 하는 데 있어서 그 효용가치는 아주 대단할 것으로 여겨지는데 중간에서 펼치지 못하고 사양 된다면 손해는 모두에게 온다. 앞에서 언급한 이음과 연결만이 바로 융합(STEM)이고 창의적인 산물이 나오는 그 효과는 아주 대단한 일이 될 것이다. 창의성과 사회적 정서기능을 높이는 방법은 허용적인 분위기이고 선택에 대한 자유로움을 존중하고 소중히 여기는 분위기이야 말로 '한 번도 하지 않은 일'에 도전을 위한 아주 좋은 것이 될 것이다. 그리하면 자연스럽게 최선을 다하게 될 것이고 그러한 사람이 모인 단체는 나라의 발전을 가져오고 인류 공영에 이바지할 것이다. 그리하여 사람은 우리의 미래가 될 것이다.

결혼! 쉬어서 가기

Marriage! Take a break and go

　평균 수명이 길어진 100세 시대에 부부와 함께 사는 결혼은 쉬어가야 한다. 무엇보다 인간은 자유를 갈구한다. 특히 우리나라의 정서는 온정적이고 체면적인 문화로 인하여 남의 이목을 먼저 의식한다. 그리하여 결혼이라는 제도 안에서 갈등하고 괴로움이 야기되어 곪아 터져 병을 얻곤 한다.

　그러나 오늘날 개방화되고 자기주장이 분명한 개인주의 시대를 향유하는 21세기 문화에서는 결혼 생활에도 쉬어야 한다고 본다. 부부간의 의견이 반영된 관계라면 서로 간의 개인적인 프라이버시를 존중하는 범주에서 서로 떨어져 살아보는 관점은 아주 바람직하다. 결혼 관계는 유지하되 서로의 영역을 침범하지 않고 스스로의 능력을 계발하고 진정한 혼자만의 권리와 존귀감을 느끼게 한다. 이에 연계된 배경의 어휘가 졸혼(卒婚)이란 용어를 센세이션화된 배경이다. 한 여자로서 또는 한 남자로서의 진정한 인간으로서의 온전한 삶을 갈구하고픈 의도일 것이다. 이 낱말은 2004년 일본 작가인 스기야먀 유에코의 작품 안에서 졸혼이란 용어를 언급한 면이 있다.

　이와 유사한 맥락으로 아주 오래전 인도의 간디가 말한 해혼(解婚)이란 어휘도 그것이다. 자녀들이 모두 출가하고 여유를 느낄 때 서로의 본질과 인생의 귀한 의미와 답을 찾는다는 뜻에서 나온 어휘이다.

최근에는 노희경 작가가 쓴 「꽃보다 아름다워」에도 휴혼(休婚)이란 말이 나온다. 개인적인 삶을 중시 여기고 자신의 행복이 먼저인 오늘날 변화의 폭에 발맞추어 이러한 트렌드는 자연스럽게 수용하여야 된다고 본다.

그러던 어느 날 지인이 필자에게 이러한 질문을 한 적이 있다.

"그래 좋아, 졸혼! 그러면 어디까지 그것을 인정해 줄 건데…."
"아~ 그 질문은 부부간의 정조 문제 즉 남녀가 따로 살면 본능이란 게 있는데…."
"그것을 어찌 볼 것이냐?"

하는… 그때 본인은 이러한 답을 건네준 적이 있다. 부부가 그 나이가 되도록 같이 살았다면 이미 부부 모두가 다 알고 아는 것인데, 신뢰를 기본으로 깔고 보는 것인데 그 지엽적인 것을 갖고 그렇다면 애초에 서로가 갈등이 안 되게 잘 살아오든지 아니면 확 갈라서든지… 그릇이 덜 성숙된 성인이니 합의점을 찾기 위하여 인생 공부를 서로 더 한 후 결정해야 한다. 그 소소한 문제를 거론한다면 더 큰 그림은 못 그리지 않느냐 하는 반문을 한 적이 있다.

부부가 아름답게 성숙하려면 버지니아 울프가 말한 '자기만의 방'이 있어야 한다고 본다. 자기만의 공간에서 자신을 위한 시간을 향유하고 또 의미를 부여하는 삶이야말로 진정한 인간을 완성하여 가는 길이라 여긴다. 우리나라의 유교적인 문화권과 남의 이목을 먼저 생각하는 체면적 의식을 깨고 어렵게 살아가는 오늘날의 기성세대들의 결혼관을 수정할 필요가 있다.

마음이 곪아 터져 황혼이혼이라는 명제 앞에서 애써 감추기보다 진정한 나만의 능력을 계발하고 표현하여 더 아름다운 날을 위해 준비해야 할 것이다. 아름다움은 분명 어려울 수도 있다. 그러나 자신을 날마다 성찰하고 공부하고 절제한다면 그 인생은 분명 행복하여질 것이고 행복으로 향하는 아름다운 길이 열릴 것이다.

노마드 시대, 성품으로 리더하기!

Nomad era! Being a leader with character

21세기 지금은 새로운 노마드(遊牧民, Nomad)의 시대라고 한다. 우선 노마드(Nomad) 어원을 알아보면 들뢰즈에 의해 철학적 의미를 부여받은 말로, 특정한 가치와 삶의 방식에 얽매이지 않고 끊임없이 자기 자신을 바꾸어 가며 창조적으로 사는 인간형 또는 여러 학문과 지식의 분야를 넘나들며 새로운 앎을 추구하는 사람이다. 디지털 유목민이란 내용이 암묵적으로 깔려있다. 인터넷 시대! 시 공간을 넘나드는 사람을 지칭하기도 한다.

좋은 일을 하면서 스마트폰과 노트북 하나만 있으면 누구나 일하고 소득을 올릴 수 있는 세상이다. 장기적인 코로나19와 빠른 디지털 기기로 인해 VUCA 시대에 적응하지 못하게 되면 도태하는 시대이다. 필자는 J시 시민문화 협의회 회원으로 3년 차 봉사활동에 임하고 있다. 최근에도 J시 관광문화과와 조인이 된 기억탐사대라는 프로젝트 활동에 참여한 바가 있다. 멘토이신 훌륭한 교수님과 어울려 커뮤니티 매핑이란 활동을 한 바가 있다.

J시의 상권을 파악하고 그 매장의 위치와 이력을 인터넷망에 Up Load 하는 일이다. 그 프로젝트 활동은 세대를 아우르는 소통과 커뮤니티 매핑이 그 주된 요지이다. 모둠별 활동 후 시사점과 사후 토론도

의미와 재미로 나눈다. 물론 J시 문화와 상업적 가치를 홍보하여 보람도 느끼고 상생의 의미도 있다. 예를 들어 맛있는 음식을 맛보고 그 맛집에 대한 소개 후기는 20~30대 MZ세대들이 주로 한다. 다시 말해 디지털 기기에 민감한 사람만 반응하고 장년층은 기기를 다루기가 어려우니 식당을 다녀와도 공감 부분을 남기지 못한다. 어디 이것뿐이랴! 온라인망에 물건구매와 키오스크 기기에 덜 익숙한 사람은 역시 불가능이다. 이것에 문제의식을 느끼고 자원봉사도 한다고 본다. 도시계획을 전공하신 의과 교수님과의 만남은 VUCA 시대에 큰 기쁨이고 보람이다. 바로 이분이 진정한 노마드 시대에 필수 성품인 '나누고 섬기는 자의 소유자'인 듯하다.

또 한 분이 떠오른다. 역시 J시 문화시민위원회 활동 첫해에 만남을 준 여자분 J시 문화관광과 관계자 ***님이다. 그곳 일을 벗어나 프리랜서로 활동한다. 더 좋은 역량을 위해 일과 공부를 병행하는 모습이다. 그 당시 MK 티브이라는 유튜브 채널 진행에 호응이 좋았다. 아주 적극적이고 명쾌하고 시대를 읽어내는 여성분이셨다. 이 외에도 나의 피붙이 막내 남동생이다. 자기 진단과 이해가 적어 오랜 방황 끝에 중간에 친정 부모님께서 집 한 채 정도를 지원할 만큼의 애간장을 녹였다. 그리되다 보니 미더운 모습을 부모님께 보이지 못해 동생 자신도 불편했다. 그러다 최근 친정어머니 생신이라 부산 사상 자신의 사업장을 개방하여 신뢰를 주는 계기를 마련한다. 동생은 박사과정을 마치기까지 일과 공부를 같이하고 IT 관련 벤처 사업에 눈을 돌려 여러 인터넷망 보안 관계 사업과 특허 출현 후 여러 라인에 대한 정보활동 안내 업체인 듯하다.

전국을 돌며 강의하고 관계자에게 멘토 역할을 하는 활동을 연속해 왔다. 중간에 과로로 실핏줄이 터져 병원에도 실려 가는 모습도 했다. 가만히 막냇동생을 살펴본다. 남자아이나 타고난 성품이 곱고 상대를 잘 배려하는 동생이다. 다섯 동생 중 가장 온유하다. 리더로서 온유는 모든 것을 다 가진 자로 성품 요소 우선순위이다. 최근 어느 책자에 보니 미국 품성계발원(IBLP)에서 제시한 성품 49가지 중 10가지 기본 핵심은 경청으로 경청하는 자에게 리더십과 능력이 따른다. 둘째 순종! 권위에 잘 순종하는 사람이 좋은 리더이다. 셋째 질서! 인간과 지구와 우주가 일정한 규칙과 질서 속에서 조화를 이루도록 하늘은 창조되게 한 것이다. 넷째 인내! 우리가 세상에서 이루고자 하는 갖가지 승리는 모두 인내를 통해 얻어진다. 다섯째 용기! 용기 있는 사람은 옳은 일에는 남보다 먼저 행함으로 모범을 보인다. 그 외 책임, 신뢰, 충성, 지혜 등이 있다. 그래도 총괄적 성품 훈련 실천 사례로 보았을 때 가장 먼저 선결 조건은 순종일 것이다.

상대를 존중하고 인정할 때 일 성취와 미래에 대한 비전은 세워질 것이다. 일단 순종이 훈련되면 나머지 것들은 쉽게 익힐 수 있을 만큼 중요하고도 손쉽게 어려움을 통과할 것이다. 개인이든 단체든 순종의 정의와 결심을 반복해 읽고 나서 훈련에 돌입한다. 오늘도 아이의 이름을 부르면 "네, 선생님!"하고 달려오는 아이에게 먼저 눈길이 가고 부드러운 시선이 간다. 필자 역시 오늘 하루 일상에 순종하리라!

놀이 인간! 지금, 이 순간…

Playman, right now!

'지금, 이 순간 나는 성장한다. 여기서 언급하는 것은 내면의 발전을 의미한다. 누구나 성장통을 하는 10대인 아이는 한창 놀다가 들어와 발목이 너무 아프다고 호소한다. 보건실로 직행하는 모습에 어제와 다른 쑥 자란 키를 보니 우후죽순(雨後竹筍)처럼 자란다. 교실 안은 혼란스러움과 산만의 연속이다. 종이 울리면 총알같이 자유인이 되어 해방감에 쿵쿵 뛴다. 수업에 집중을 위해 자리에 앉혀 마음 가다듬기 훈련한다. 그러나 그 분주함을 거두지 못하고 혼란이 된다.

하지만, 영상 자료를 접목하는 순간 조용하다. 알파 세대들의 일반적 특성이다. 그러나 침착하게 집중하는 아이의 눈언저리는 아주 진지하다. 교재를 갖고 학습하는 상황에 아직도 진지함이 덜한 친구는 장난꾸러기 태도로 실물화상기 가까이 온다. 기록한 그림과 글로 발표하려고 교과서를 올려야 한다고 강한 주장을 한다. "여러분! 모두 보아요, ○○가 여러분 앞에서 발표하고자 합니다. 우리 친구들아, 잘 보자!"

아닌 듯 해도 인정하고 들어보자고 남은 아이들과 귀와 입을 모은다. 아니나 다를까, 시시껄렁한 텍스트이다. 놀래지도 않고 그냥 평정심을 갖고 ○○를 보고 인정한다. "아주 좋아요! 멋집니다." 그 후

○○는 자신의 자리로 들어간다. 이러한 정황에 화를 내거나 못마땅하기보다 순조로운 진행을 위해 인정하고 존중한다. 그 후 좀 더 나은 아이의 경우를 보인다. "이야기를 읽고 주인공의 따뜻한 마음을 헤아릴 수가 있다고 한다." 약간의 막간을 두고 학생들 앞에서 비교하는 답으로 안내한다. 모두가 고개를 끄덕임을 알게 된다.

그렇다! 지금의 시대는 모두가 재미와 흥미로워야 한다는 인식이 어른이나 아이들에게 강하다. 최근 보도에 의하면 소비 트렌드가 FUN슈머 즉 재미있어야 팔린다는 점에 맞춰 소비자의 구매 성향에 대한 전략의 제품이 나온다. "참깨빵 위에 순 쇠고기 패티 두 장, 특별한 소스 양상추!" 절로 가사를 흥얼거리게 하는 패스트푸드점 맥도날드의 '빅맥송'에 '펀슈머'가 등장한다. 맥도날드의 '빅맥송' 외에도 빙그레의 '세상에 없던 우유 시리즈', 배달의 민족 '배민 신춘문예' 등 기업들은 다양한 이벤트로 소비자의 재미를 얻기 위해 합리적인 가격과 더불어 제공한다.

다시 개념 정리를 하자면 펀슈머(Fun+Consumer)란? "저는 재미있고 가치 있는 소비를 할 때 행복을 느껴요!"로 제품을 선택할 때 '재미'와 '즐거움'을 우선순위로 두는 소비자를 뜻한다. SNS 의존도가 높고 일상을 공유해지는 것이 당연해 펀슈머 추세는 날로 늘어날 것이다. 이 현상은 어디 물건구매에서만 국한된 일은 아니다. 사회의 축소판 학급(학교)에서도 알파 세대! 10대 아이들에겐 자리매김이 되고 있다. 분명히 나쁜 행동임을 알지만 재미있고 흥미로운 아이에게 스포이트 라이트가 더 간다.

교실에 들어서는 아이는 새로운 장난감과 물건을 꺼낸다. 분명히 학습 활동에 저해되는 용구나 기구는 가져오지 않게 단호히 알림장에 안내한 바가 있다. 그러나 호기롭게 가져온 아이는 일단 영웅이 된다. 아이들 눈들은 그 아이의 물건에 집중한다. 쉬는 시간이다. 하나같이 놀이기구에 집중한다. 네덜란드 역사가이자 철학자인 요한 하위징아(Johan Huizinga, 1872~1945)라는 학자가 인간은 호모 루덴스(Homo Ludens)라 하여 놀이하는 인간이란 뜻을 명명한다. 생각하는 사람 호모사피엔스란 것과 도구 만드는 호모파베르라는 뜻과는 다소 대비되는 개념이나 놀이하는 인간이 곧 공부하는 인간이라는 뜻이 내재해 있다고 본다는 것이다.

한국의 아이들이 대치동에서 여러 가지 책을 쌓아두고 공부하는 모습을 본 일부 외국 학생이 놀란다. 이스라엘 가정에 입양된 어느 학생은 놀면서 공부하여 하버드 대학에 입학한 경험을 안내한 글을 책에서 접한다. 급변하는 4차 산업혁명의 지금 이 시대는 놀면서 놀이로 공부하여야만 응용력과 적용력이 뛰어남을 일선의 교육 현장에서는 절감한다. 물론 교육 정책이 바뀌어야 한다. 한국 사회의 학력 지상주의! 그 귀결이 부와 계급까지 바뀔 수 있는 길이 오직 공부로 승부를 거는 작금의 사회이다. 최근 킬러 문항 용어니, 초등 4년생 의대 지망생 반이 생겼다는 보도도 접한다. 순수한 놀이와 활동을 지향하는 북유럽식 공부 기법에 눈을 돌려본다. 우리 교육 현장에도 그러한 놀이가 교육활동 되는 날이 분명히 오리라 기대한다. 놀이 인간, 이 순간! 존중한다.

자신을 쓸모 있게 가꾸기

Making yourself useful

"인간은 강해 보여도 무척 연약하다." 무한경쟁시대인 21세기에 적응하고 조화롭게 살아가려면 따끈한 정보를 즉시 수용하고 바로 활용하는 자세가 요구된다. 우리가 사노라면 지난날의 잘못된 관례나 관습을 고치지 않고 답습하여 우리 사회의 적폐를 낳고 그 잘못된 구조체계로 인해 오는 어려움을 자초하는 다양한 사례를 미디어를 통하여 접한다. 그러한 요인은 본질적인 우리의 구태의연한 사고체계와 의식이 관행처럼 받아들여지는 무감각한 데에서 큰 원인이 되어 우를 범한다. 시대가 변하였다. 동서, 남북, 남녀, 세대 간 등 여러 요인의 갈등과 대립된 관계와 문화 연결에서 하루빨리 소통하고 상생하여야만 살아남는다. 즉 적극적인 윈윈(Win Win) 활동만이 활발한 시너지가 되어 결국 화해 모드로 전환하면 성과를 올리거나 성공지수에 바로 돌입하게 된다. 국제적으로나 국가적으로도 모두가 잘살아가고 행복하여지려면 한 발짝 더 앞선 선제적 자세에서 보는 관점이야말로 함께 살아가는, 더불어 세상의 아이콘에 아주 좋은 자세라 볼 수 있다. 어느 관점에서 비판의 시각도 아주 많다고 하는 의견도 있지만, 협업행정 조직문화를 위한 방안으로 수평적인 조직문화를 위한 추진과제로 <선생님 호칭을 ~님과, ~쌤으로 바꾸자는 방안>을 추진 중에 있다고 최근 8일 서울교육 조직문화 혁신방안을 발표하였다. 어느 조직이나 단체든 권위나 무게감만 내세우고 아집으로 뭉쳐진 곳은 쉽게 교분을 맺기 어렵고 그

소속의 발전은 상당히 어려운 것은 자명한 사실이다. 다시 말하자면 '신뢰를 바탕으로 한 친밀감'만이 모든 일을 성취시키고 발전의 기회를 주는 단초의 계기를 가져올 것이다. 조직과 단체에서는 위의 내용이 필수요소라면 개인을 쓸모 있고 합리적으로 가꾸는 비법과 훈련하기 작전을 몇 가지 제언해 본다.

IT 세대에는 민감한 정보 활용자로서 좋은 정보를 많이 선택한다고 능사가 아니라 나에게 맞는 목적과 안목에 필요한 요소를 집중하여 접근할 필요가 있다고 본다. 필자의 어린 시절에는 급훈으로 자주 접한 현모양처(賢母良妻)라는 훈(訓)이 과연 오늘날에는 적용되는 의미로 얼마나 나에게 맞는 것인가? 또 여성비하적인 관점과 남성우위의 관점에서 사용되어지는 가족호칭에 대한 용어, 역시 많은 재고의 여지가 있다는 점이 정보화시대에 재구성의 논란에 놓여있다고 보인다. 다시 말해 현명한 비판의식과 올바른 정보 활용 능력이라 본다.

두 번째는 관계의 기술이라고 말하고자 한다. 법륜스님의 글귀에도 언급되어 있지만 '사람은 언제나 변하기 마련이고, 마음이 바뀔 수밖에 없다. 단지 그 마음이 바뀌는 줄 알고 변화에 구애받지 않는 것이 진정한 행복으로 가는 길'이라고 언급한 것도 현명한 관계에 대한 태도이면서 바른 삶의 좋은 지혜법이라고 본다.

세 번째 자신의 감성지수를 관리하는 기법이라 보인다. 현대사회는 복잡할 수밖에 없다. 걱정과 염려는 항상 뒤따르고 스트레스 지수는 만연하다. 그러할 때 현명한 자기만의 대처법을 터득하고 비장의 마스터키를 소지하여야 한다. 인간은 아주 연약하면서도 이기적인 일면도 너무나 많다. 결국은 사람은 자기중심적이고 본능에 충실하면서 살아간다. 그런 것에 나만의 해소법과 자기만의 돌출구 같은 장비가 필요하다. 이미 많은 사람이 잘 알고 있듯이 긍정적인 생활 태도와 감사 기법은 당연한 요소이다. 그 이전에 가장 절실한 것은 현명한 적응력이다. 진화론의 대가 찰스 다윈의 말에 의하면 '가장 강한 자는 머리가 뛰어난 자도 아니고, 힘이 강한 자도 아니라고 했다. 어떠한 상황과 고통의 여건에도 자기만이 견뎌낼 수 있고 버텨낼 수 있는 기법과 적응력'이라고 언급한 적이 있다.

어느새, 우리 삶의 뒤안길에는 백세인생(百歲人生)이라는 목표 아래 꿈을 가꾸고 있다. '꿈이 있는 자! 그대는 영원한 젊음을 소유한다'라는 맥아더 장군의 어록이 되뇌어진다. 자신을 쓸모 있게 가꾸는 비법과 훈련으로 그대의 꿈이 앞당겨지길 힘차게 응원하여 본다.

너 늙어 봤나, 나 젊어 봤다

Have you ever been old, I've been young.

태풍 솔릭이 지나간 J시 SA 녹지공원 길은 한결 평화로웠다. 이곳은 필자가 마음이 분주할 때 자주 찾는 곳이다. 머릿속을 맑게 하고 여러 가지 구상을 할 수 있어 참 좋은 공간이다.

지난 토요일 오후였다. 많은 시민이 오가는 모습이 무척 정겹다. 저 멀리 팔각정 아래 마룻바닥에는 여자 어르신 열다섯 분이 앉아 이야기꽃을 피우고 계신다.

"안녕하셔요?" 하고 먼저 인사를 드리니 서너 분의 어르신께서 알아보신다. 사실 거의 매일 나오는데 시간대가 맞는 날은 지난번 보고 처음이다.

여기저기서 반기는 목소리가 더욱 밝았다. 편안한 찢어진 청반바지와 분홍 티셔츠 차림의 나를 보고 오늘은 더욱더 젊은 아가씨처럼 보인다고 칭찬 릴레이가 마구 벌어졌다. 자리 한쪽에 마주 앉아 어르신들의 말동무를 하게 됐다. 시간 여행을 하듯 어르신들의 살아온 호된 시집살이 얘기, 자녀 키운 얘기 안에 들어간다. 무르익은 분위기가 될 무렵, 어르신 한 분이 몸이 불편하다며 드러누우셨다. 그리하여 잠시 뇌 훈련법을 제안해봤다. 모두가 엄지를 굽힌 후 손가락을 접어 숫자세어보기에 돌입했더니 아무도 따라 하지 못한다.

다음번 숙제로 남기고 계속 연습하게 한 후, 한달음 주차해둔 곳에 가 트렁크 속에서 우쿨렐레를 가져왔다. 그런 다음 노래 부르기 활동으로 노사연의 「만남」을 부르게 하니 모두 따라 흥얼거렸다. 아까 드러누우셨던 어르신이 대뜸 자리에 앉더니, 노랫말을 제일 많이 기억하신다.

한창 절정에 달한 노랫소리를 듣고 지나가던 남자 어르신이 흐르는 땀을 닦으며 슬그머니 우리 일행에 합류한다. 이래저래 나의 아래위를 훑어보더니 "찢어진 청반바지는 우리는 공짜로 주어도 안 입을 텐데, 요즘은 많이들 입더니 오늘 이 새댁도 그러네" 하시며 말끝을 흐리길래 미소로 응수해 주었다. 노래마당은 계속 이어져 어르신들이 유년시절에 불렀던 노래들을 목이 터지라 부르니 큰길에 인접한 주택까지 들렸는지 한 젊은 남자 주인이 창문을 열고 한참을 내려다봤다. 그때 남자 어르신 말씀, "어! 너 늙어봤냐? 나 젊어 봤어" 하신다.

우리를 이상한 시선으로 보지 말아 달라는 요청, 되뇌는 말씀이신 듯했다. 우리가 이러한 곳에서 노래하고 노는데 더는 이상한 시선으로 보지 말라는 강한 어투였다. 사실 필자가 이러한 분들과 친숙하게 된 지는 7~8여 년 전부터다. 주말과 틈새 시간 자원봉사 및 나눔 활동이 일상이라 자연스러운 것이다.

단지 이곳은 비공식적인 길거리 공연과도 같았다면, 언급한 곳은 다소 시설이 구비된 곳이라는 점이 차이다. 이렇든 저렇든 구성원은 다 어르신이다. 노년층의 증가로 시원한 곳곳마다 삼삼오오 이러한 분들을 맞을 수 있는 것이 현실이다.

그렇다! 하루가 다르게 시급한 것이다. 멍하니 하늘만 응시하고 하는 것 없이 무료하게 하루를 보내고 있는 어르신들에게는 소소한 말벗, 이야기 들려주기, 간단한 놀이나 요가, 노래 활동 등을 해 줄 수 있는 인적 자원과 환경이 필요한 것이다.

어르신들은 주말 토요일 오후 녹지공원에서의 추억을 잊지 않겠다고 한다. 나에겐 사색의 길로만 여기는 공간이지만, 이분들에게는 오아시스 같은 곳임을 절감했다. 아주 의미 있는 주말 토요일 오후였다.

AH(AI+humanism) 시대
생각 혁명에 리부팅하라!

지은이 : 안정애

발행일 : 2025년 10월 25일

발행인 : 이문희
발행처 : 도서출판 곰단지
주　소 : 경남 진주시 동부로 169번길 12, 윙스타워 A동 1007호
전　화 : 070-7677-1622
팩　스 : 070-7610-2323
이메일 : gomdanjee@hanmail.net

ISBN : 979-11-94688-12-9 03190

이 책은 저작권법에 따라 보호받는 저작물이므로 무단 전재와 무단 복제를 금지하며
이 책 내용의 일부를 이용하려면 반드시 저작권자와 도서출판 곰단지의 서면동의를 받아야 합니다.
이 책은 2025년 진주문화관광재단 기금지원사업에 선정되어 제작되었습니다.